ピンクとブルーに分けない育児

ジェンダー・クリエイティブな子育ての記録

カイル・マイヤーズ 著
上田 勢子 訳

Kyl Myers

RAISING THEM

Our Adventure in Gender Creative Parenting

明石書店

RAISING THEM: Our Adventure in Gender Creative Parenting

by Kyl Myers

私の世界をすばらしいものにしてくれたズーマー・コヨーテへ捧げます。
今度は私があなたの世界もよりよいものにする番です。

◆目次◆

著者からのメッセージ

私は、当時のできごとについて、できる限り正確に思い出して書きました。家族にも尋ねて、事実や時系列をまとめました。人名や特定的な詳細については、プライバシー保護のために、変えたものが多くあります。

また、その人の代名詞を知らない場合は、they/them/their というジェンダー・ニュートラルな代名詞を使っています。

序文

ジェンダー規範と闘うためには、子ども時代を再構築しなくてはなりません。

本書、カイル・マイヤーズの『ピンクとブルーに分けない育児――ジェンダー・クリエイティブな子育ての記録』は、子どもたちにどうジェンダーを教えるか、その方法を変えようと読者を鼓舞する勇敢で先駆的な回顧録です。カイルはジェンダー・クリエイティブな育児法を実践しながら、バイナリー〔二元論的〕な世界をノンバイナリーな視点を持って生きてきました。これはカイルが私たちと共有するパーソナルな物語です。率直で、これまでの認識を大きく変えるような本書は、母カイルからズーマーへの愛情のこもった手紙でもあります。子どものアイデンティティが、ジェンダー・スペクトラムのどこに位置しようと、著者は、成長を続ける子どもたちのアイデンティティを力いっぱい讃え、祝福します。

この本は、ジェンダーにとらわれない「クィアな育児」に情熱を持つ人々へ向けて書かれました。男の子か女の子かにとらわれず、誰もが自由に自分のアイデンティティを選べたら、どんな世界になるでしょうか？　幼い頃からジェンダー探求を奨励してもらえていたら、私たちはどう成長していたでしょうか？　ズーマーを育てた自身の経験からカイルがその答えを教えてくれるでしょう。

TOPPLE社はジェンダー改革の最前線を行く出版社として、カイルの次世代へ向けた視点を出版できたことに大いに興奮しています。

――ジル・ソロウェイ

※　訳注：ジル・ソロウェイは、アメリカのＴＶクリエイター、監督、作家。アマゾンオリジナルシリーズ「トランスペアレント」によりエミー賞受賞。ノンバイナリーのアクティビストとして出版にもかかわっている。二〇二二年現在、ジルという女性名を、ジョーイという名前に変えている。

プロローグ

「男の子？　女の子？」

前触れもなく降りかかるこんな質問。スーパーのレジに並んでいたり、車にガソリンを入れていたりすると、まったく見知らぬ人たちが、私の膨らんだお腹をじっと見つめて、「男の子？　女の子？」と聞いてきます。胎児の性器について、どうしても知りたいというわけです。

誰もがそれを知りたがっていました。友人、同僚、映画館の見ず知らずの人、郵便局の列に並んだ人。妊娠中に一番よく聞かれたのが、この質問でした。

「そう！　人間の赤ちゃんを産むんです。すごく楽しみ！」と答えたかったけど、そんなことは言えません。「生まれるまでの楽しみにしようと思ってるの。サプライズにしたいから」というのが、私のいつもの答えでした。すると人々は、すぐに忘れてしまうか、あるいはこんなことを言うのです。赤ちゃんのジェンダーを知らないまま出産準備をするなんて、「すごく勇気があるね」と。まだ、その頃の私には、子どもの性やジェンダーを**決して**公表しないつもりだと周囲に伝える準備ができていませんでした。

実際に医学的なことを言えば、私とパートナーのブレントには、遺伝子検査によって妊娠のごく初期から子どもの性染色体がわかっていました。でも、その結果は私たちの子どものジェンダーと関係のないものだと思っていました。子どもが自分のジェンダー・アイデンティティについてどう考えるか、それを自分自身の言葉で私たちに伝えてくれるのは、まだ何年も先のことだと思っていたからです。その日までは、ジェンダーによってどうふるまうべきか、どのように扱われるべきかといった期待から子どもたちが解き放される世界を作るために、私たちは最善を尽くそうと思ったのです。

◆ ◆ ◆

それから数年後、この本を書いている今、私はズーマーという名のすばらしい幼児の育児に夢中になっています。自信を持って言えるのは、私は子育てに関する多くのことについて、**決してエキスパートではない**ということです。子どもの栄養学の専門家でもなければ（認めたくはありませんが、マカロニ＆チーズにすっかり頼っていますし）、トイレトレーニングの手腕家でもなければ、子どもをやさしく眠りに導く技術もありません。育児のエキスパートではないのです。（そんな人がいればお目にかかりたいものです！）それでも、私は育児のある一つの分野については熟知しています……生殖器の構造に基づいたジェンダー規範や社会や文化の規範からズーマーの人生が自由になるための努力をする約束を自分に課し、それを守ってきました。ズーマーが、男の子か女の子かというバイナリーに惑わされずに自分のアイデンティティを発見できるようにするためです。それだけではありません。私がジェンダー・クリエイティブな子育てを実践しているのは、それが世界をより良い方向に導くと信じているからです。

ジェンダーをなくそうというのではありません。ジェンダーに基づく差別、格差、暴力をなくすことが目的です。ジェンダーレスな世界を作りたいのではありません。**ジェンダーフル**〔ジェンダーに基づく社会規範にとらわれない人やものごと〕な世界を作ることに貢献したいのです。

ズーマー誕生の一〇年ほど前、私は社会学者としてジェンダーの探究をしていました。そしてアメリカ文化におけるジェンダーの風景を学びました。地質学者が地層の形成を説明するために堆積物の層の分析をするように、私はジェンダーがどのように形成されたかを理解するために社会的な堆積物のいくつもの層を研究しました。**性**《セックス》とは人間の解剖学的、生理学的な、たとえば染色体、ホルモン、生殖器官、性器のような生物学的構成要素によるものであり、一方、**ジェンダー**とは社会的や文化的な役割であり、個人のアイデンティティとその表現に関するものだと理解するようになりました。私は、性もジェンダーもスペクトラムだと考えます。男性や女性やインターセックスのあり方は、一つだけではありません。ジェンダーとは単に、男の子か女の子か、男性か女性か、ではなく、そこには、ノンバイナリー、アジェンダー、デミボーイ、デミガール、ジェンダークィアなどなど、さまざまなアイデンティティが含まれています。地球上の人の数だけ、性やジェンダーの体験があるのです。ジェンダーは社会によって構築され、時代や地域によってジェンダーの定義と体験は変化してきました。そして今後も変化し続けるでしょう。

ジェンダーが、人の健康面と経済面を予測する最も強い要因の一つであることもわかりました。しかし、それは生まれ持った解剖学的特徴のせいではありません。人々や制度が身体に課している、社会からの圧力や期待やステレオタイプや制限といったものが原因なのです。子どもは生まれた時から、割り当てられたジェンダーに基づいて、異なる扱いを受けます。外陰《ヴァルヴァ》のある子どもとペニスのある子どもの間には特に違いがないにもかかわらず、生物学的本質主義という文化規範によって、子どもたちには異なる名前や、異なる服やおもちゃを与えられます。さらには、異なる形容詞で描写され、与えられる機会も異なり、違った運命に追いやられるのです。決めつけや憶測がまちがっていることも多く、本当の自分を認めてもらうために闘わなくてはならないこともあります。

大人にも不公平が見られます。選挙運動では女性が性的対象に貶められ、男性は女性のような良い親になることができないと言われ、女性の賃金は男性より低く、男性は精神的な痛みも身体的な痛みも振り払うように期待され、男らしさという強いプレッシャーのために医療ケアを受けないこともあります。また、兵役に就く女性は前線で負傷するよりも性的暴行を受けるリスクの方が高いのです。男性にシートベルトをしない人が多く見られるために男性の死亡事故が多く、女性には摂食障害が、男性にはアルコールによる暴力が多く見られます。女性は家事をすることが多く、男性はなかなか育児休暇を取らせてもらえません……などなど、きりがないほどです。性差別は、人種差別、階級差別、能力差別、トランス嫌悪、同性愛嫌悪、ナショナリズムとも結びついているため、社会的アイデンティティの交差や、人のアイデンティティのさまざまな面が権力のシステムの中でどのように位置づけられているかを考慮せずには、解決できない問題となっているのです[*1]。

世界のさまざまな文化圏において、家父長制の解体や性差別への取り組みが画期的な進歩を遂げていることは確かです。ジェンダー平等がより進んでいる社会もあります。必要な取り組みとして、ジェンダー間の賃金差の解消[*2]、地方自治体や連邦政府への女性やノンバイナリーの人たちの選出、雇用や住宅や医療やその他の民間および公共のサービスにおける性やジェンダーによる差別の撤廃、レイプカルチャーと有害な「男らしさ」の根絶、性とジェンダーの多様性への認識を高めること、トランスジェンダーとクィアの若者を護ること、などが挙げられます。これらは人々の人生がかかっている取り組みです。

#metoo や同一賃金を求める #equalpay といった運動が勢いを増し、職場で劇的な変化が起きている一方で、いまだに「娘は閉じこめて護ろう（Lock up your daughters）」と冗談めかして書かれた女児用のベビー服が売られていたり、女の子は男の子よりお小遣いが少なかったりするのです。[*3] 成人してからのジェンダー不平等のルーツは、明らかに子ども時代までさかのぼることができます。企業の役員室と同じように小学校の教室でもジェンダー・バイナリーの解消に焦点を当てていけば、公平性と平等と包摂性に向けてより深く、より持続的な影響を社会が与えられるようになると私は信じています。子ども時代の社会化が、過度にジェンダー化され、二元化され、制限されていることに私は気づきました。そして妊娠した時、「そんな社会化はごめんだ」と思いました。私はバイナリーや家父長制や現状維持に屈したり、制度的なジェンダー間の不公正を維持するツールを強化したりするつもりなどありません。より良い方法を求めて、人の通らない道へ乗り出そうと決めたのです。

ジェンダーを取り巻く状況が進化しているのはうれしいことですし、新しい世代によって平等へのスピードがますます加速されています。若ければ若いほど、ジェンダー規範から離れているようです。アメリカの一〇代の大半は、ジェンダーはバイナリーではなく、スペクトラムであると考えています。一〇代の三人に一人は、they/them を代名詞として使っている人を個人的に知っています。[*4] ジェンダー・

ニュートラルな代名詞がより広く使われることによって、ジェンダー・バイアスが減少するという調査結果もあります。[*5]

トランスジェンダー、ノンバイナリー、インターセックス、クィアの人たちがメディアに登場することも飛躍的に増えました。ジェンダー革命が起きていることに、ワクワクします。

子どもにとってより良い環境は、ありのままの自分を受け入れてくれる環境です。クィアやトランスの若者がしばしば経験するネガティブなできごとも、家族や友だちの愛情や受容やサポートによって軽減されるでしょう。[*6] 親は子どもに水泳を習わせたり、ライフジャケットを着せたりして、子どもの健康と安全に気を配ります。火に近づかないように、火事になったら「ストップ・ドロップ・アンド・ロール」〔止まって、倒れて、転がって。着衣着火の際の対処法〕で身を守ることを教えます。喉に詰まらせないように、食べ物を小さく切って与えます。それだけでなく、子どもがトランスジェンダーやノンバイナリーやクィアである可能性について配慮することも、予防ケアの一つなのです。

ズーマーの世代はジェネレーション・アルファと呼ばれています。これまでのどの世代よりも、ジェンダーについて流動的な視点を持つだろうと期待されています。ズーマーがシスジェンダー（ジェンダーが、誕生時に割り当てられた性別と一致する人）ではない可能性も大いにあります。ですから私は、その可能性があること、そしてそれはまったく問題がないということを反映できるような子育てをしたいのです。ズーマーがトランスジェンダーやノンバイナリーである可能性も、私がズーマーを男の子や女の子としてではなく、ひとりの子どもとして扱ってきた理由の一つです。ズーマーのジェンダー自認は、私が決めるのではありません。ズーマー自身が決めることです。

私には、誕生時に両親にジェンダーを正しく割り当てられなかったトランスジェンダーの友人たちがいます。娘に停留精巣とXY性染色体があることを親が知らなかった、インターセックスの友人がいます。ジェンダー化された期待や規範やステレオタイプに束縛されていると感じることがよくあるというシスジェンダーの人たちも知っています。私は自分の子どものジェンダーとセクシュアリティについて、できるだけ思い込みをせずに、子ども自身が性とジェンダーのスペクトラムを探求したり、多様なアイデンティティを試したり、自分に何が「しっくり」くるのかを自己決定できるスペースと安全を与え、サポートしていきたいと思っています。

私とブレントは、子どもがどんな代名詞で自分を呼んでほしいかを私たちに伝えられるようになるまでは、ジェンダー化されたhe/him/hisやshe/her/hersではなく、they/them/theirというジェンダー・ニュートラルな代名詞を、単数代名詞として使うことを決めました。そして子どもの生殖器に関する情報は、子どもの世話をする人や医療関係者以外には開示しないことにしました。男の子と女の子という、ジェンダー・バイナリーの制約を受けさせないと決めたのです。ジェンダー・クリエイティブに、ジェンダー・オープンに、ジェンダー・エクスパンシブ〔ジェンダー規範にとらわれない〕に、そしてジェンダーについて子どもが自主性を持てるような子育てをすることにしたのです。

私は子どもに世界の半分以上を与えたいのです。男女どちらかの売り場ではなく、すべての洋服やおもちゃから選びたいのです。すべての色、すべての遊び、すべての絵本を与え、ズーマーのために、すべての形容詞を使い、すべてのポジティブな経験と機会を与えたいのです。私が育てたいのは、バランスの取れた、健康で幸せで、思いやりのある、冒険心と想像力に富んだ、感情知性が豊かな、自信があって親切で賢い、自己主張のできる子どもです。それにはバイナリーなジェンダーは必要ありません。

◆◆◆

ジェンダー・クリエイティブな子育ての詳しいガイドブックというものがないため、私たちはぶっつけ本番でやるしかありませんでした。いくつもの障害にぶつかり、不本意な回り道をあちこちでしなければなりませんでしたが、実際にはまったくそうではありませんでした。孤独な道になるだろうと思っていましたが、実際にはまったくそうではありませんでした。家族や友人が、私とブレントと幼いズーマーの周りに集まって応援してくれました。ネット上や、私たちの住むソルトレイクシティに、志を同じくするコミュニティを見つけたおかげで、ジェンダー・クリエイティブな子育てが可能になっただけでなく、非常に楽しいものになりました。とは言っても、まったく楽勝だったわけではありません。苦労も失望もありました。ネット上では何千もの誹謗中傷を受けました。でも私はそれを乗り越えて、今この物語を語っています。そしてまたいつでも、喜んで繰り返したいと思っています。

最近、親に大きなプレッシャーがかかるようになってきました。私は、すでに山盛りの皿に、「そうすべきではない、こうすべきだ」と新たな意見を加えようとしているのではありません。私は完璧な親ではありません。他の人と同じように、自分にできることを精一杯しているだけなのです。子育てのヒントは消化できないほどたくさんあって圧倒されてしまいます。あまりにも多くの矛盾する情報が錯綜しているため、自分が正しいことをしているのかどうかさえわからなくなってしまいます。親にはそれぞれ異なった時間の制約、リソース、特権や苦労、人間関係、背景、価値観があり、子どももそれぞれ違っています。私は、自分が恵まれた経済状態と周囲のサポートを得られる環境にあることを認識しています。そのおかげで、ジェンダー・クリエイティブな子育ての提唱者になることができたのです。

この本を書いたのは、私の後に続く親御さんの役に立てればと思ったからです。バイナリーなジェンダーと、それがもたらすすべての制限や期待に疲れ果てた人たちのための本です。未来の世代のために、よりインクルーシブな世界を作りたいと願う人のための本です。幼少期のジェンダー社会化を徹底的に見直す必要があると考える人や、順応することよりも個性が称賛されることに貢献したい人のための本です。何年か前の私がほしかった本です。私の話に共感できることが何かあれば、すばらしいと思います。でもそうでなくてもいいのです。

私の物語を読んで、大人自身が自分のアイデンティティを見つめ直し、自分にとって本物だと思うのは何か、規定されたと感じるのはどんなことなのか、問い直してほしいのです。問い直してもいいのだと思ってもらいたいのです。三三年間、女子として女性として割り当てられた人生を生きてきて、私自身もジェンダーを探求し、さまざまな代名詞や言葉や行動を試す許しを自分に与えられるようになりました。現在の私には、she/her と they/them という代名詞が最もしっくりきますし、自分の身体にとても満足していますが、**シスジェンダー**が自分を本当に正しく表す言葉かどうかわかりません。でも忍耐強く、ゆっくり理解していく時間を持とうと思っています。急ぐ必要はないのですから。私は男性と結婚していて、自分のセクシュアリティが見えないと感じることもよくありますが、自分のセクシュアリティを**クィア**だと捉えていて、何度もカミングアウトすることを自分に課しています。これまでの人生で、幾度となく開眼するような話や人との出会いがありました。そうした出会いが後押ししてくれて、周囲の環境や、自分がそれにどう対応しているかを、より批判的に考えられるようになりました。私の物語が、誰かにとってそのようなものになることを願っています。

ズーマーのために、ステレオタイプよりも包摂性と自由を意識的に優先してきたことの結果が毎日、目に見えています。私は、いつでも迷うことなく、また繰り返そうと思います。この冒険を始めてまだ数年しか経っていませんが、決して後戻りすることはありません。私は正しい方向へ向かっていると確信しています。そして、その道筋であなたに会えるのを楽しみにしています。

愛をこめて

カイル

第1章　はじめまして！　ズーマー

　ズーマーが二歳半になったある水曜日の午後のことです。私は保育園にズーマーを迎えに行っていました。

　ズーマーの担任のアビー先生が受付カウンター越しに興奮気味に言いました。「今日、ズーマーがとてもいいことを言ったのよ」私はバックパックを下ろして身を乗り出しました。「いい話って？　何でしょう？」彼女の話はこうでした。「クラスには四歳児が何人かいて、今日はみんなで塗り絵をしていたの。すると、年長の子どもがズーマーに『ねえ、きみは男の子なの？』と尋ねたの。ズーマーはその子を見上げて『ちがうよ』と言ってまた塗り絵をし始めたけど、その子は少し考えてから、『じゃあ女の子？』と尋ねたの。ズーマーはその子を見上げてまた『ちがうよ』と言ったの。好奇心いっぱいのその子は、最後に『じゃあ、きみは何なの？』とズーマーに聞いたのです。ズーマーはクレヨンをテーブルに置くと、その子を見てこう言ったの。『ズーマーは人間だよ』って」

「とても愛らしい話だから、あなたに伝えたいと思ったの」とアビー先生は微笑んでいます。私たちは、教室のあちら側の床に座ってコモドドラゴンの本をめくっているズーマーに目をやりました。私は思わず手を胸に当てて、「本当にすばらしい小さな人間だよね？」とちょっと感傷的になってうなずきました。

子どものアイデンティティは、周囲の大人の言葉に大きく影響されるものだと思います。私はズーマーに、あなたは男の子だとも女の子だとも言ったことがありません。赤ちゃん、人、幼児、子ども、ズーマー……あなたはひとりの人間だよと言ってきました。初めて「あなたは特別だよ！」と言った時、ズーマーは「トクベチュじゃないよ！　ズーマーだよ！」と答えました。ですからズーマーが、自分は男の子でも女の子でもない、ひとりの人間だと他の子たちに言ったことは、別段驚くことではありませんでした。家庭でいつも、そう言っているのですから。ズーマーを囲むジェンダー・バイナリーというコンクリート壁は、まだ固まっていません。コンクリートはまだ流し込まれてすらいないのですから。

ズーマーの好きな色はしょっちゅう変わります。長い間ピンクが好きで、それからオレンジ色に変わりました。ベッドルームも洋服も持ち物も、レインボーのようです。ズーマーは、サメの絵のついた水筒、アニメ「パウ・パトロール」の歯磨き粉、「塔の上のラプンツェル」の歯ブラシ、「カーズ」の車やミニーマウスの模様のパンツタイプおむつが気に入っています。シーツはピンクや紫や水色、ソックスは消防車の柄、宇宙の絵のついた寝袋、紫の運動靴……といった具合です。何でもできるだけ本人に選ばせるようにしています。ズーマーはじっくり考えてから、一番好きなものを選びます。どんなステレオタイプの影響も、カラーパレットもありません。ある決まった色に自然に引きつけられるべきだとか、そうでない色は嫌うべきだというような社会化された観念がズーマーにはないのです。

ズーマーは、恐竜、ワニ、シロクマが好きです。鳥についていろいろなことを尋ねるので、私も鳥のことを勉強しなくてはと思うようになりました。自然史博物館や水族館に行くのが大好きです。海洋生物のドキュメンタリー番組を見るのを楽しみにしていて、「ママ、テレビで、うみのばんぐみを、みようよ。ポップコーンたべながらね？」と私を誘います。

ズーマーはどこに行くにも、犬のぬいぐるみダンテと、ディーディーという名前の赤ちゃん人形と一緒です。プレイドー粘土が大好きで、蛍光色の動物や食べ物を作ります。「たべたりしないよ」とズーマーは言いますが、ちょっと食べてみたに違いありません。だって前歯が真っ青に染まっていることがありましたから。

ズーマーは驚くほど辛抱強く、小さなレゴを組み立てるし、私たちに見つけられないレゴピースを説明書を見ながら探し出してくれます。歯ブラシにつけた歯磨き粉を、飴のように、チューチュー吸います。足の爪をきれいに塗ってもらうのも大好きです。サイレンが聞こえると急いでリビングルームの窓に駆け寄って、どんな救急車が通っているのかを確かめます。ズーマーは甘いものが大好物で、毎日のようにクッキーをめぐって私たちに交渉します。

走るのも踊るのも、体操も水泳も好きです。「砂のあるところ」がお気に入りで、できれば砂場に住みたいほどです。ブランコを押してもらうと「**もっと高く！**」とうれしそうに叫びます。母親と父親が使う言葉を混ぜ合わせて独自の言葉を作り出します。私が「**サイドウォーク**〔歩道〕」、ブレントが「**パス**〔道〕」と言うと、ズーマーは「**サイドパス**」と言います。

バランスバイクもお気に入りの一つです。オレンジ、黒、黄色、青色の混ざったヘルメットを被り、おそろいの手袋をはめて、明るい緑色の「ストライダー」バイクに乗るのが大好きです。園から帰った時や、週末には必ずバランスバイクに乗りに行こうと言います。私たちがコーヒー豆を歩いて買いに行く時に、ズーマーはバイクで伴走します。時々、バイクに飾る花を摘んでほしいと言います。近くのバイクパーク〔自転車用の公園〕で、とても上手に泥道や歩道を走って見せてくれます。

ほとんど毎晩のように、私とブレントのベッドにもぐり込んで来ます。時々ズーマーが、私の腕をやさしくさすっているので目が覚めることがあります。私がズーマーをさすってなだめるのを真似してるのです。私の顔を寝ぼけて叩いたこともあります。保育園で習ったヨガの、カメのポーズ、机のポーズ、ラグドール〔ぬいぐるみ人形〕のポーズ、タコスのポーズを披露してくれた時は、思わず笑ってしまいました。

「タコスのポーズってなーんだ?」とブレントが聞くと、

ズーマーは舌を突き出してくるりと丸めようとします。「ほら、タコスのポーズだよ」

毎日ズーマーは自分の服を選びます。活発に動き回れるような、カラフルで着心地のよい服と靴を選びます。ズーマーはお手伝いをするのも好きです。「おてつだいする!」と言いながら、カウンターに引き寄せた椅子に乗って、汚れたお皿を手渡してくれます。お手伝いで稼いだお小遣いは、虹色にキラキラ光る小さなお財布にしまっておいて、小さなモンスタートラックや、蛍光色のバスボムを買うのに使います。

ズーマーはほとんど毎日、マカロニ&チーズを食べます。町の図書館で新しい本を選ぶのも好きです。借りた本をキャンバス地のバッグに一二冊も詰め込んで帰ります。数週間後、返却に行くと、一冊ずつスキャナーに通して、ベルトコンベアに乗せ「ほん、バイバイ！　ありがとう！」と本にお礼を言うのも楽しみの一つです。記憶力もなかなかのものです。車に乗っていても、どこを走っているか言ったり、以前行ったところを覚えていたりして、私たちを驚かせます。ズーマーの足を電話に見立ててふざけていると、愛情のこもった最高のハグとキスをしてくれます。おもちゃのキッチンセットで、プラスチックの野菜を使って、想像力豊かな食事を作ってくれることもあります。「パイナップルのスムージーだよ。ママ、あついから、きをつけて！　フーフーしてね」ズーマーは毎朝、園の友だちに大きなハグをします。激しい遊びで鼻血を出すこともありますが、友だちが悲しんでいたり具合が悪かったりするとやさしく抱きしめます。

私が頼んだことをしたくない時は「ノーサンキュー！」と叫びます。ユーモアのセンスがあって、ドタバタ喜劇のような毎日を送っています。レストランでは自分で注文をします。マーメイドもジンベイザメも大好きです。歌を作ってポップソングに合わせて踊ります。かくれんぼもかなり上達しましたが、一度、ショッピングモールでブレントから隠れているうちに、デパートの二階まで行ってしまい、警備員に探してもらったことがありました。それ以来、私たちのそばをあまり離れようとしなくなりました。ラプンツェル姫のドレスを着て、消防士の帽子をかぶり、グーグルホーム・スピーカーに向かって、「ヘイ・グーグル！　エルサになって！」と呼びかけます。そして私たちと一緒に、「アナと雪の女王」の主題歌「Let It Go」を歌います。

私の父、マイヤーズおじいちゃんにFaceTimeで「おもちゃ、みたい？」と尋ねて、スマホを使って、汽車のセットや、ドールハウスや、バブルバスや、サッカーのユニホームや、お気に入りの本などを次々に見せようとします。あちこち跳ね回るスマホの画面を一〇分も見せられて、おじいちゃんは「まるでホラー映画だね」と船酔いをこらえるのに必死です。

ズーマーはピックアップ・トラックを「しゃっくり（hiccup）」トラック、ネクタリンを「サブマリン」、イグアナを「バグアナ」などと呼びますが、私はこれからも訂正しようとは思いません。

ズーマーの性格や興味には、「ステレオタイプ」も「特定のジェンダーらしさ」もまったく見られません。ジェンダー規範は我が家では何のパワーも持たないのです。物は物でしかないし、何でもみんなの物です。ズーマーは、ただの子どもです。すばらしい子どもです。

私たちは三年半の間、ジェンダー規範が醜い頭をもたげることなく過ごしてこられました。もしズーマーにジェンダーを割り当てていたら、そうはならなかったでしょう。ズーマーはジェンダー・バイナリーについて何もわからないようです。そして、周囲のほとんどの人がズーマーの生殖器について知らないので、ズーマーをバイナリーな箱に入れることもできません。園の新しいキミ先生がこんな話をしてくれました。「机についた子どもたちが次々に、自分のことを『男の子！』『女の子！』と叫んでいました。ズーマーの番になった時、ズーマーは『ズーマー！』と叫んだのです。でもそれに反論する子は誰もいませんでしたよ」

私たちがどんな子育てをするつもりなのか、初めてそれを伝えた友人の一人は、「きっと母親のカイルにとって果てしない仕事になるだろう」と思ったそうです。「でも今は、あなたはとてもラッキーだと思うし、先見の明があったと思う」と言ってくれています。彼女は娘たちの周りに人々が作ろうとする壁を壊すのにとても苦労していると打ち明けて「でもズーマーの周りに壁を建てようとする人はいないでしょう？　だって、どんな壁を建てればいいかがわからないから」と話してくれました。

自分の体を知ることをズーマーに勧めてきました。だから体の部分を表す言葉を知っています。でも自分の体の特徴と、おもちゃの種類や服装との間には、なんら関係がないと思っています。どんなキャラクターのふりをするとか、誰と仲良くなるかとか、その他、生活のどんな面においても、ジェンダーとの関係は何もないと思っています。ズーマーはステレオタイプにとらわれない子ども時代を楽しんでいる、ただの幼い子どもです。私はできるだけ長く、そうしていたいと思いますが、ジェンダーについてズーマーが尋ねるようになったら、意識的に、年齢にふさわしい包摂的な答えを与えようと思います。

子どもとジェンダーについてのSNSの書き込みに気づくことがあります。クリスマスツリーの前のおもちゃの汽車の写真に、こんなコメントが書き添えられていました。「三人の女の子の後に、やっと男の子が生まれたのでクリスマスのトレインセットが買えて、本当にうれしい！」また、ある人は女の子を妊娠していることがわかって、「息子たちはかわいいわ。でもやっと女の子が生まれてすごくうれしい。一緒にショッピングに行けるわ！」と書いています。こうした書き込みを見るたびに、私は首をかしげて困惑してしまいます。女の子も汽車で遊べるし、男の子もショッピングが好きでもいいのです。

ジェンダー・クリエイティブな子育ては、親にとっても子どもにとっても解放感があります。ズーマーは自分の好きなものを好きになれます。インディーポップが大好きで、プレイドー粘土をこっそり食べようとする、BMXバイクに夢中な、おしゃれな子どもになるなんて、想像もしませんでしたが、ズーマーの興味や趣味の多さや、性質に私は驚き、果てしなくワクワクさせられています。私が期待していたどんなものよりもすばらしいからです。

第2章　子どもは育て方次第

　私はモルモン教徒として育てられました。幼い頃から両親は私に好きなように表現する自由を与えてくれました。母は、私と妹のマッケンジーに、教会用のドレスと共布のヘアクリップを縫ってくれました。でも私たちは教会から家に帰ると、すぐにTシャツとショートパンツに着替えてスニーカーを履いて、泥だらけになってクタクタになるまで遊んだものです。好きな服を選ばせてもらえた私は、よく兄のおさがりの蛍光色のシャツやパラシュートの「MCハマーパンツ」を好んで着たものです。

　私たちは家の中より外で過ごすことが多く、母は化粧をせずに外出することはめったにありませんでしたが、私たちに女性としての理想を期待したり、それを無理強いしたりすることはありませんでした。私が育った一九九〇年代初頭は、ジェンダー・ニュートラルな一九七〇年代と、超ジェンダー化された二〇〇〇年代のちょうど間の時期でした。

　オレゴン州の小さな町の「教会」で育った私は、モルモン教のコミュニティが大好きでした。誰かが引っ越したり、引っ越してきたりする時は、二七人もの人が荷造りや引っ越しや荷解きを手伝い、新しい家で過ごす初めての夜のために、手作りのキャセロールを届けます。
出産の時も同じです。もしあなたが出産すれば、無事に出産を済ませて新生児との生活が落ち着くまでの間、コミュニティの人たちが、あなたの他の子どもたちを学校に迎えに行き、ごはんを食べさせて、子どもたちが疲れるまで面倒を見てくれます。そして何週間もの間、あなたのために、朝食、昼食、夕食を届けてくれるのです。

祝日ともなれば、さあパーティです！　七月四日の米国独立記念日には、子どもたちは自転車を飾り立てて教会の周りをパレードしたものです。ハロウィンには、教会の駐車場に車が集まって「**トランク・オア・トリート**」（「トリック・オア・トリート」では家を回るのに対して、車のトランクを回ってお菓子をもらうこと）で子どもたちを喜ばせます。クリスマスには教会の体育館にごちそうを持ち寄ってパーティが開かれます。ジャクリーンのお父さんにひどく似たサンタクロースもいましたっけ。「あれ？　ジャクリーンのお父さん、どこに行っちゃったの？」

モルモン教会は私たちの生活そのものでした。支部《ワード》の会員たちと親しくなれば、学校でもすぐに友だちができるし、放課後に遊ぶ仲間もできます。それにベビーシッターだって無料です。郵便配達人も、歯医者さんも支部にいます。しかし、その親密さこそが、私を覆っていた偽りの安心感のベールだったのです。

モルモン教の子ども時代について、ある一つのできごとを鮮明に覚えています。小学三年生の時でした。放課後、友だちのエリックと一緒に彼の家まで歩いて帰るようにと、母から言われていました。エリックの家に着くと、母たちがモルモン教のリース飾りを作っていました。私は任天堂ゲームで遊ぼうと思って地下室へ降りていきました。

その日私は白い半そでシャツと、サスペンダー付きの濃紺のスコートを着ていました。日焼けした強い脚に短いスコートがよく似合っていると気に入っていたのです。一九九四年のことでした。私はボウルカットにパーマをかけたいと親に頼み込みました。幸いなことに（むしろ不幸なことだったかもしれませんが）、両親は大体いつも私の髪を好きにさせてくれていました。

ひとりであぐらをかいてマリオブラザーズをプレイしていると、午後の太陽がブラインドの隙間から差し込んできました。振り向くと、エリックの一三歳のお兄さんジェイコブが、ボウルを持っていました。「何が入ってるの？」（と食いしん坊の）私が尋ねると彼は「ナッツだよ」と答えました。

私はゲームを中断し、「私にもちょうだい」と立ち上がって、自信に満ちた、しかし仔馬のような足取りで、彼の方へ行きました。

ジェイコブは唇をゆがめてニンマリ笑いながら、ゆっくりと低い声で「ナッツがほしいんだな？」と言いました。私には、ナッツの二重の意味が理解できませんでした。「うん、ナッツがほしいの」と言って、後をついて彼の部屋へ行きました。彼は私の後ろでドアを閉めました。

彼の部屋は清潔できれいで、クィーンサイズのベッドがきちんと整えられていました。彼はベッドの枕の近くに腰掛けました。私は後ろ向きにジャンプして、彼の隣に座ってミックスナッツの入ったボウルに目をやりました。

カシューナッツを一つ口に放り込みました。真上のキッチンで母が話している声や、床のきしむ音や、椅子がハードフロアの床を滑るキーッという音が聞こえていました。

ジェイコブは私の背中に手を回すと、シャツをつかんでたくし上げました。

「誰かにこのことをしゃべったら、お前の犬を殺すぞ」

八歳の私には「このこと」が何を意味するのかわかりませんでした。

そして笑いながら「うちには犬はいないよ」と答えました。

するとジェイコブは「それなら、お前のお母さんを傷つけるよ」と言いました。

今度は意味がわかりました。それでも「このこと」が何かはまだわかりませんでしたが、よくないことに違いないと思いました。私はベッドに横たわって、床に届かない骨ばった脚をぶらぶらさせていました。彼の手がスコートの下の私の太ももに触れ、顔がぐっと近づいてきました。家族以外の人からそんなに接近されたことはありません。私は自分の腕をどうしたらいいかわかりませんでした。一〇代の彼は私の体の二倍もありましたから。

「カイリー！」母がジェイコブの寝室のドアをこぶしで叩いています。「そこにいるの？　カイリー？ジェイコブ！　ドアを開けなさい！」私は何も悪いことをしていないと思っていましたが、ジェイコブの顔には、いけないことをしていて見つかったということが表れていました……それには私も巻き込まれていたのです。「このこと」のせいで、私も叱られるのでしょうか？

エリックがドアを開けると、ジェイコブは私を立ち上がらせました。ドアを挟んで、向こう側に母とエリックが、こちら側にジェイコブと私が立っていました。

「何をしてたの？」母がジェイコブに言いました。「なぜカイリーのシャツがスコートから出ているの？」

ジェイコブは口ごもりながら「えーと、えーと、ぼく、女子のシャツがはみ出てるのを見たことがなかったから、見てみたかったんです……」

私にだって、それがなんとも苦しい言い訳だとわかりました。母は私の手をつかむと、上の階へ上がっていき、荷物をまとめると、さっさと玄関から出てホンダ・アコードに乗り込みました。

私は後部座席に座って、やっと背丈が届く窓の外を見たり、うつむいてグレイのシートに深く浸みついた虹色のクレヨンのロウを眺めたりしていました。

車の中で母が「カイリー、何があったのかを話してちょうだい」と聞きました。私は、これまでにないほど、何と答えていいかわかりませんでした。

母は、再びしっかりした口調で、でもやさしく尋ねました。「ジェイコブに何かされたの？」

私は少し考えてから「言えない」と言いました。

なぜ言えないのかと聞かれて、私は「しゃべったらジェイコブがお母さんを傷つけるって言ったから。はじめは、犬を痛めつけると言ったんだけど、家には犬がいないと言ったら、それなら、お母さんを傷つけるって」

母は深く息を吸い込み、ゆっくり吐き出しながら言いました。「カイリー、ジェイコブは私を傷つけたりしないよ。お母さんにとってカイリーはとても大切なの。だから、何が起きたかをきちんと話してほしい」私は母に起きたことを話しました。

数日後、私は居間のソファで両親に挟まれて座っていました。この部屋でカーペットに足が届かないのは私だけです。向かい側に、ジェイコブと彼の両親が座っていました。ジェイコブはオドオドして臆病な様子でした。そして親に促されて「ごめんなさい」と小さな声で言いました。この夜、誰もが、問題はこれですべて解決したと思ったことでしょう。でも私だけは違いました。年上の男子に対して自分がどれほど非力かということを、この時思い知らされたのです。

◆◆◆

末日聖徒イエス・キリスト教会〔モルモン教の正式名〕では、「**価値**」が大きな意味を持ちます。幼い頃から、価値のある人間になる必要があると教えられます。つまり、従順で、親切で、他人に害を与えないような良い選択をすることです。さらに、考えや行動の清さが求められます。女の子は、性行為は結婚するまで行わないように、そして男の子と部屋で二人きりにならないようにと教えられます。女性が夫以外と性的関係を持つことは、殺人以外のどんな罪よりも重いと教えられます。[*7] 私たちは価値を守ることによって報われ、地球上での命が終わった後も、天の王国で、天の父とイエス・キリストと、家族と共に永遠に暮らすことができます。その頃の私は、価値についてよく考えていました。モルモン教徒の子どもの通過儀礼であるバプテスマ〔洗礼／浸礼〕を受けたばかりでした。これは、自分の決断に説明責任を持つための儀式です。ジェイコブの部屋で起きたことに私は責任があるのでしょうか？　モルモン教徒の女子は、性に関して門番のような役割をするべきだと思わされています。男子は自分ではコントロールできないので、彼らを抑制し、彼らに純潔を保たせ、決して彼らを誘惑しないことが女子の仕事なのです。でも、年上の男子に対してでも、そうなのでしょうか？　自分にはまだ理解できないような状況であっても、そうなのでしょうか？

ジェイコブとのできごとがあった次の日曜日に、私は家族と教会に行きました。聖餐式の儀式が始まって、男の人が聖餐（ちぎった大量のパンと、水道水の入ったプラスチックの小さなカップ）を「祝福」し、その後、大勢の若い男性が、小さなトレイに乗せた聖餐を教会員全員に配ります。その週に、ふさわしくない行いをしたら、聖餐を「受け取る」べきではありません。よく考えて悔い改めるべきなのです。自分がふさわしいと思える一週間を過ごさなかったなら、絶対に聖餐を配ってはならないのです。

ジェイコブが聖餐を信徒席の会員に次々に配るのを見ながら、私はこう考えていました。「ジェイコブは今週、聖餐を取るべきじゃないよ。せめて一週間は私にしたことについてよく考えるべきだよ？　それとも一週間休まなくてはならないのは、無知だった私のほう？　いや、そうじゃない。私が悪かったんじゃない」祭壇の後ろにいる全員白人の教会指導者たちに視線を向けた時、ジェイコブのお父さんと目が合いました。彼はこのモルモン教区の長でした。その瞬間、私はこの教会では「価値」よりも外見が重視されること、そして私はジェイコブほど重要ではないことを悟りました。それをどう言葉で表したらいいのかは、まだわかりませんでしたが、その日曜日に私が白いパンと水と一緒に味わったのは、とうてい好きになれない家父長制というものだったのです。

◆◆◆

私が九歳の時、家族がユタ州に引っ越し、間もなく両親が離婚しました。兄ジェイフェスと私は父と、妹たちは母と暮らすようになりました。このユタ州セントジョージのコミュニティでは、女の子はモルモン教の良き妻、良き母になることが期待されていました。私の故郷では、ＳＴＥＭ（科学、技術、工学、数学〕教育は女子には開かれていませんでした。もっとも、STEM〔ステム＝茎〕がフラワーアレンジメントのクラスを意味するなら別ですが。女性にユタ州の出生率に貢献する以上のことを成し遂げる可能性があるなんて、大人はまるで気づいていないようでした。私が育ったところでは、大学へ行くよりも、二一歳までに結婚して妊娠するという女の子がずっと多かったのです。

一九九〇年代後半から二〇〇〇年代前半にかけて、ユタ州の南西部にもワールドワイドウェブが普及し始めました。一〇代の頃、私はスマホを持っていませんでした。家のコンピュータをダイヤルアップのインターネットにつなぐ主な目的は、単に音楽をダウンロードしたり、MSNメッセンジャーで友だちとチャットしたりすることでした。学校の「コンピュータ授業」では、メールの使い方すら知らない年配の女性教師が、「オレゴン・トレイル」という時代遅れの教育ゲームを教えてくれたのが一番の思い出です。そんなわけなので、私が今でもキーボードを見ないタッチタイピングができないのは、当然と言えるでしょう。コンピュータも、情報への無制限のアクセスも、私の初期の教育には存在していませんでした。私の高校は、学びと発見の場というよりは、むしろ、子どもたちを日中に退屈させないための場所でした。私は卒業に十分なだけの成績と出席率を保っていましたが、まだ何も知りませんでした。

モルモン教の若い女性は、教会のための二年間の奉仕活動を終えた男性と結婚するように勧められます。若い男性が一九歳から二一歳まで伝道に出ている間、若い女性は何かすることを見つけなければなりません。友人の中には、アメリカの典型的な高校卒業生の道を歩んだ人はひとりもいませんでした。大学に願書を出した人も、親に寮に入れてもらった人もいません。何人かの友人は、初歩的な仕事に就いたり、美容学校に入ったりしましたが、これはキャリアを積むというよりは趣味の範囲内でのことでした。私のように、入学が非常に容易な、地元のディキシー・ステート大学で授業をいくつか取り始めた人もいました。支払い能力さえあれば誰でも入学できる大学です。

ある晩、友人たちと集まって、男の子の話をしたり、宿題のことや、お金がないとぐちったり、翌週にラスベガスのコンサートに行こうか、それとも「北の」ソルトレイクシティにショッピングに行こうかなどと相談していた時のことでした。カミーがアメリカ東海岸に行って、ベビーシッターをすることになったと言い出したのです。

「え、どうやって見つけたの？　ベビーシッターでお金もらえるの？」みんな興味津々でした。

カミーは、こんなウェブサイトがあると教えてくれました。履歴書を送って、ベビーシッターを求めている家庭を探したら、連絡が取れるサイトです。ユタ州出身のベビーシッターは、そのウェブサイトで人気があるというのです。モルモン教の女性は、シッターの経験が豊富で、お酒は飲まないし、人の夫を誘惑することも（原則的には）ないから、というわけです。

この町を出られる切符という可能性を知った何人かが、数日中にサイトに登録しました。彼女たちはベビーシッターを、高校を卒業して永遠の伴侶を見つけるまでの腰かけの仕事だと考えていました。私も大学の授業は退屈だし、小さな町にじっとしていられない気持ちでした。それに世界の広さと自分の知識のなさを実感したところだったので、サイトに登録していろいろな選択肢を検索し始めました。

私がサイトで見つけたのは、ドイツに住むイギリス人の女性マリーでした。二〇代後半のコミュニケーションの専門家で、とてもシックな女性に思えました。ルーイというかわいい三歳の息子を、彼女は「ルールー」と呼んでいます。ルールーは大きな青い目とプラチナブロンドの髪の、満面の笑みを浮かべた、とても愛らしい子です。

マリーとルールーは、オランダの国境近くの西ドイツの軍事基地に住んでいました。彼女の夫ジェイムズはイギリス陸軍に所属していて、中東に派遣されていました。マリーは、子どもの世話を手伝ってくれる住み込みのオーペアのベビーシッター〔外国から来てホームステイしながらベビーシッターとして働く制度〕を探していたのです。部屋代と食費の他に、週に一〇〇ユーロのお小遣いがもらえるという条件です。さっそく興味があると、彼女にメッセージを送りました。何度かメールのやり取りをして、お互いに相性がよさそうだとわかり、一週間後には、私は初めてのパスポートを申請して、ドイツまでの片道航空券を予約しました。両親はこのニュースを快く受け取ってくれました。私が環境を変えたいと切望していたのを知っていたからです。父が買ってくれた大きなスーツケースに持ち物の半分を詰め込んで、クリスマスの翌日に、私はラスベガス空港から飛行機に乗り込みました。

乗り継ぎ地のコペンハーゲンの入国審査で旅券を出した時、まったくスタンプの押されていない真新しいパスポートをめくりながら審査官が低い声で「初めてアメリカを離れたのですか?」と私に聞きました。

私はうなずいて、「はい」と緊張しながら答えました。

すると審査官が笑顔で「あなたのパスポートに初めてのスタンプを押すことができて光栄ですよ」と言ってくれました。

私はパスポートを受け取り、デンマーク人の審査官がとても上手に英語を話すのに驚き、同時に自分の言語能力のなさに気後れしつつ、「ありがとうございます。来ることができてうれしいです」と答えました。

マリーとルールーがデュッセルドルフ空港で出迎えてくれました。ルールーは、パジャマの上に青と黄色のレインコートを着て、アニメ「ボブとはたらくブーブーズ」の長靴を履いて、マリーの周りを歩き回っていました。私が到着したのは夜だったので、基地の中の家に戻ると、ルールーはすぐに寝かされるのです。そこがこれから私が住む場所です。

私はルールーと一緒に車の後部座席に座りました。彼はアメリカのアクセントをあまり聞いたことがなく、私はイギリスのアクセントになじみがありませんでした。「ルールーは何をするのが好きなの？」と私が聞いても、ルールーは質問には興味を示さず、逆に私に尋ねました。

「あなたが、ぼくのペア〔梨〕になるの？」

私はうなずいて答えました。「そうよ、私があなたのオーペアよ。一緒に遊んだり、楽しいことをたくさんしようね」

ルールーと私はすぐに意気投合しました。車で一二キロ走っている間に、お互いにすっかり夢中になりました。ルールーが私のアメリカン・アクセントがよくわからない時は、私はわかってもらえるまで、「スパイスガールズ」の真似をして、一生懸命にイギリス風のアクセントを演じました。ルールーたちの語彙も覚えなくてはなりませんでした。私の言った言葉がわからないと、ルールーは眉をひそめます。そんな時はマリーがイギリス英語の単語を教えてくれました。たとえば、ケチャップはトマトソース、車のトランクはブート、車のフッドはボンネット、リビングルームはラウンジ、おむつ（ダイパー）はナッピー、という具合です。こうしたイギリス連邦の共通語を身につけたことは、一〇年後に、将来の夫ブレントとオーストラリアで出会った時に役立つこととなりました。

◆◆◆

私の人生は「ビフォーBBC」と「アフターBBC」で変わりました。朝、マリーは仕事に行く準備をしながらBBCニュースを聞きます。彼女は洗面台の鏡の前でお化粧をし、リキッドアイライナーで完璧なキャッツアイを引きながら、時事問題について語ることができます。

ドイツで一日目の朝、時差ボケと興奮が入り混じった状態で目覚めました。階下に降りていくと、津波で壊滅的な被害を受けた土地の映像が目に飛び込んできました。インド洋の地震がボクシングデイ津波を引き起こし、一四の国で二〇万人以上の命を奪ったのです。私はこのような光景を見たことがありませんでした。一八歳になって、私はようやく理解したのです。世界は私や、ユタ州での生活よりもはるかに大きいということを。そして世界について学び探究することが私にとってどれほど有意義かということも。

ドイツでの友だちは、みな若いイギリス人兵士でした。かれらは私と町に出かけ、私を守ってくれました。初めてお酒を飲みました。私が今お酒に強いのは、あの少尉たちのおかげです。ある晩、友人たちと一緒にメンヒェングラートバッハのバーに繰り出しました。私は入り口の列の最後に並んでいました。IDをチェックしている人にパスポートを見せると、「アメリカ人か?」と聞かれました。

「はい」
「きみが自分の国のことを、ぼくよりも知っていると証明できたら、中に入れてあげるよ」
私はバーの外の木製のピクニック・テーブルに腰を下ろし、「じゃあ、しばらく時間がかかるかもね」と言いました。

彼は、現地の人たちのＩＤをチェックしながら、私に向かって二〇分も話し続けました。「ジョージ・ブッシュが良い大統領とは思わない」「アメリカ人はもっと旅をして、自分たちが思っているほど偉大でないことを知るべきだ」

私はうなずきながら聞いていました。数か月前にブッシュの再選に票を投じたばかりでした。一八歳の誕生日からわずか四か月後の、生まれて初めての投票でした。私の出身地では、共和党は実質的にモルモン教と同意語でしたし、両親は政治の話をまったくしませんでした。他に選択肢があるなんて、気づいてもいなかったのです。最終的に友だちの待っているバーの中に入れましたが、それはきっと彼が同情してくれたからでしょう。でも興奮はすっかり冷めてしまいました。自分が人気のない国の国民であることを思い知らされ、自分の無知さ加減もその問題の一つであると、ひしひしと感じていました。

マリーとの出会いで人生が変わりました。彼女は私が初めて出会った、大学卒業資格を持ち、すさまじい独立心と知性のある女性、母親でありながら、堂々とキャリアを持ち、自分でお金を稼いでいる女性でした。彼女はルールーを愛し、彼の興味を育むために時間とエネルギーを惜しみません。朝、マリーはルールーの部屋に座って、彼が彼女のためにおもちゃのキッチンセットでプラスチックの朝ごはんを作るのを眺めます。ユーロポップのトップ40の曲に合わせてルールーと一緒に踊ります。私がルールの髪を青と緑のマーカーで染めた時には、「ルールー、なんてすてきなんでしょう！」と言いました。ルールーの着たいものを着せ、喜ぶ遊びは何でもさせました。たとえそれが、軍隊の男らしさの理想にそぐわない遊びであっても。九か月間をドイツで過ごした後、私はユタ州へ帰ることにしました。ようやく高い教育を受けたいと思えるようになったのです。大学は結婚前の腰かけ期間などではないし、教育は変身を遂げるためのものだと気づいたのです。

私は、結婚や子どもよりも、学位や自立や新しい経験を求めました。家庭と学業を両立することもできたかもしれません。しかし、はじめに家庭を築いたら、後になって学位を取得できなくなるだろうと思いました。私はこれまで誰にも気づかれなかった、あるいは気づかれても奨励されなかった、もしくは意図的につぶされてきた、自分の中の可能性がやっと見えるようになったのです。

後に私のライフワークとなった社会正義への興味は、ユタ州のディキシー大学のある授業がきっかけとなりました。それは英語の授業で、説得力のある文章を書く能力を高めるクラスでした。毎週一つのテーマについて討論し、自分の立場を表明するエッセイを書きました。授業で取り上げたテーマは、テロや家庭内暴力でしたが、教科書の先の方を見ると、同性婚や結婚における平等の章があることに気づき、私は興奮を抑えきれませんでした。――同性間の恋愛を支持するかどうか、モルモン教徒が大半のクラスメイトと議論を交わすのを心待ちにしました。

その頃、カミーのお兄さんのタイラーがゲイであるとカミングアウトして、モルモン教の母親に拒絶されたのを目の当たりにしました。カミー自身も、新しいボーイフレンドのポールと母親の影響で、クィアネスや同性婚について偏見に満ちた考えを持つようになっているようでした。私はタイラーがかわいそうでなりませんでした。

タイラー以外に、ゲイであることを公表している人は周囲にいませんでしたが、それがなぜなのかに気づき始めていました。ゲイであるとカミングアウトすることは、家族や友人との関係を失うリスクを意味しているからです。同性に惹かれて行動することを罪だと信じる文化のコミュニティの一員でいられなくなるのです。この小さな町で、ゲイは恥じるべき、隠すべきことでした。両親は私が同性愛者を嫌悪するような育て方はしませんでした。でも、ＬＧＢＴＱを理解し明らかに支援するアライになるように育てられたわけでもありません。

それでも私は一〇代の頃には自分の意見を持てるようになり、同性間の恋愛は有効で支持されるべきだと信じるようになりました。まだ自分自身がクィアであるとは気づいていませんでした。私の育った文化には、同性間の恋愛を受け入れる余地はなく、それを許すこともなければ、めったに議論することもなく、ポジティブな話し合いなどは決して行われませんでした。後になって考えてみれば、私は女の子に恋愛感情や性的な感情を抱いていましたが、それを本能的に封じ込め、無視し、魅力を感じる男の子だけに注意を向けるようにしていたのです。それはサバイバルのメカニズムだったのでしょうか？

私の育った文化の中では、解決策として「祈りによってゲイを追い払う」ことが掲げられていました。同性に惹かれる人は天の父によって試されているのだと言われ、そして思春期の若者は「転向療法」を親から無理強いされ、精神的外傷を負わされていました。私はこの文化から、人生の目的は男性の妻になることだと教えられてきたのです。しかし、ユタ州からしばらく離れたことによって、私は人間的に成長しました。そして人間の多様性はすばらしいことであり、ゲイやレズビアンもその美しい多様性の一部であることに気づき、この問題についてもう黙ってなどいられなくなりました。クラスメイトたちにとっても、自分の育ってきた環境を批判的に考え直し、自分自身の意見を形成する機会が訪れたと思ったのです。

しかし、教授はその章を飛ばして、その次のクローンの章へと進んでしまいました。私はがっかりしました。「討論の目的」という授業なのに、重要だと思うことについて討論できなかったのですから。ディキシー・ステート大学の学生たちこそ、同性間の恋愛について学び、それが有効であると理解すべきでした。ユタ州の高校では、「no promo homo（同性愛促進を禁じる）」という州の法律[*8]によって、同性愛について話し合うことが制限されていたのです。

私は教授に会って話したいとメールを送りました。そして彼女のオフィスで、同性婚についてクラスで討論する必要性があると、準備してきたスピーチで彼女を説得し始めました。

「ゲイの人々とかれらが直面している問題について話し合うことは、私やクラスメイトにとって非常に有意義です。それができなかったことでがっかりしています。その章を飛ばしたことによって、教授は本質的に、私たち学生に、この問題は重要ではないし、私たちには関係がないと言っていることになります。ここは大学です。大学では、学問を身につけた社会の一員となれるように、不快に感じることでも話し合わなくてはならないのではありませんか！」

教授は机に向かったまま、私に不満を吐き出させてくれました。そして赤いフレームのメガネを外すと、やさしく穏やかにこう言いました。「ありがとう、カイル。もう終わりですか？」

「はい、少なくとも今は」と私が答えました。

教授は、前学期では同性婚の章を飛ばさなかったと言いました。八〇分の授業中、学生から残酷な同性愛嫌悪のコメントが噴出したといいます。彼女がゲイの権利を支持する主張を述べようとしても、彼女の声は、三〇人もの学生の、「同性愛者は神に与えられた役割を裏切る快楽主義の罪人だ」という叫びにかき消されてしまったのだと。

教授は少し黙ってから下を向いて、ため息をついて、メガネをかけ直して、自分の弟がゲイであること、彼をとても愛し、支援していること、教授として学生に挑戦すべきだとはわかっていたけれど、同時に自分は一人の人間であることなども話してくれました。前学期のことがトラウマになっていて繰り返すことができなかったのです。「もしクラスにゲイの学生がいたらどうでしょう？　誤った知識を持った憎悪に満ちた同性愛嫌悪者の大群からの虐待的な罵声に一時間半もの間、耐えさせなくてはならないなんて、考えられませんでした」

教授にそんなことがあって気の毒に思いました。なぜ今学期は、その章を飛ばしたのかも理解できました。立ち上がってバックパックを背負っている私に、教授は「あなたの探しているものが見つかるといいわね」と言いました。

私は深呼吸して、「私もそう願っています」と答えて彼女のオフィスを後にしました。

◆◆◆

大学の授業料や生活費を稼ぐために、私は保険会社で働いていました。仕事が暇な日にディキシー大学のウェブサイトを見ていてあまりにも専攻の選択肢が限られていることにうんざりして、他の大学の専攻について調べてみることにしました。コンピュータで新しい画面を開き、「UCLA（カリフォルニア大学ロサンゼルス校）専攻」とタイプしてエンターキーを押しました。検索結果の一つ目に出てきた専攻の多さに目を見張りました。「え、待って！　この専攻はいったい何なの？　こんな専攻で学位が取れるの？」すべての専攻に目を通しました。私の身体が発するエネルギーを脳が地震計のように記録していました。人類学、アジアの宗教、生物物理学、化学、メキシコ系アメリカ人研究、気候学、経済学、工学、地質学……。そして私の目が、ジェンダー研究に止まり、そこから離れなくなりました。「ジェンダー研究？　ジェンダー研究っていったい、何なの？」クリックして、ジェンダー研究学科のウェブサイトに入ると、すっかり引き込まれました。ジェンダー研究の専攻に必要な条件や、教授のプロフィールを次々にクリックして、すべてのコースの説明をかたっぱしから読みました。職場の机の電話が鳴って現実に引き戻されるまで、夢中で読みました。

　私はジェンダー研究を専攻しようと決めました。当時の学力とACT共通一次のひどいスコアでは、すぐUCLAに入るのは無理だと思いましたが、ジェンダー研究専攻の決心はついていました。ジェンダー研究と社会的なアイデンティティや制度との関係を研究する学際的な分野がありました。権力や階層や不平等の制度を分析したり挑戦したりするための豊富な資料と奨学金も用意されていました。そこに私は参加したかったのです。ユタ州のすべての若い女性を救えないとしても、自分自身を救うことはできます。私はリサーチをして計画を立てました。

　さっそく数日のうちに、今学期が終わると同時にコラ叔母さんのところへと引っ越す手はずを整えました。会社にも辞表を出して、まずロサンゼルス郊外のリバーサイド・コミュニティ・カレッジ（地域社会の短大〕に入学申請を出して、後にUCLAへ編入する計画を立てました。

カリフォルニア州のリバーサイド市に着いた私は、まるでエメラルドシティにたどり着いた「オズの魔法使い」の主人公ドロシーのような気分でした。ロサンゼルスから九〇分ほどのインランド・エンパイア地域は多少スモッグに覆われていましたが、ハイウェイI-15は、私にとって、エメラルドシティへと続く黄色いレンガの道のようでした。リバーサイドに向かって車で走っていると「オズの魔法使い」の軽快な音楽「オプティミスティック・ヴォイス」のコーラスが聞こえてくるようでした。

リバーサイドでの一年間はすばらしいものでした。短大の初日に、今までの生涯で出会ったよりも数多くの非白人に会いました。模擬国連にも参加して外交官を演じ、中国の西安とイギリスのロンドンを訪れて多くの友人を作りました。大学の生徒会にも選ばれて、友人が大勢できました。生徒会を代表して学長探しに参加し、女性の学長を推薦しました。また、大掛かりな「GLOWing back to school」というダンスパーティも企画しました。リバーサイド地区のレイプクライシスセンターでボランティア活動も始めました。初めて受けた社会学の授業は「アメリカ社会の女性」というクラスでした。このクラスで、私は二一歳にして初めてタラという名のレズビアン女性と出会いました。タラは私を、同性婚の合法化へ向けた案件「ノー・プロポジション8」の活動に参加させてくれました。彼女は今でも親友の一人です。

こうして私は、いかに世界が混乱しているかをようやく知ることになりました。これは、ユタ州で世界から護られて育った私のような若者にとっては、なかなか理解しがたいことでした。新しい友人の中には貧困生活を送っている人や、若い親として奮闘している人や、教育を受けるために苦労している不法移民もいました。

私は一日のほとんどを教室で過ごし、多くの夜をレイプ被害者支援のために病院で過ごしました。私は、奴隷制度、植民地主義、人種差別、外国人排斥、公民権運動について学びました。性差別、レイプ、女性嫌悪、トランス嫌悪について知り、フェミニズム運動に入っていきました。異性愛規範や、同性愛嫌悪、ストーンウォールの抵抗（一九六九年にニューヨークで起こったＬＧＢＴの抵抗運動）、ゲイの権利運動について学びながら、自分のセクシュアリティについても新たに理解を深め、バイセクシュアルであることに気づきました。

この一年間は、控えめに言っても強烈な年でした。社会的に構築された力のシステムは、白人や男性や裕福な人々のために作られたもので、他の人々がいかに抑圧され、搾取され、支配されているかが見えてきました。一度こうしたことが見えるようになると、周囲の不平等や排除や不公正、そして私自身が受けてきた恩恵を、見過ごせなくなりました。でも同時に、不公正をなくして、新しいものを作るために闘えるということにも気づきました。

自分はカリフォルニアの進歩的な人々の間にいると思っていました。また、新しい大学の教室は包摂性という共通の認識で共鳴し合っていると考えていました。しかし、いつもそうだというわけではありませんでした。同性婚はリバーサイド・コミュニティ・カレッジでホットな話題として非常に物議を醸していました。少なくともどのクラスでも、同性婚についての話し合いは行われていたのです。

「アメリカ社会の女性」という授業で、政治の場における女性についての講義の最中に、一人の若い男性が「リベラルなレズビアンのイデオロギーに従わされる必要などない」と叫びながら、教室を飛び出していきました。また「アフリカ系アメリカ人の歴史」の授業では、白人の学生は私だけでしたが、黒人のクリスチャンの学生たちが同性婚は神の意思に反する関係だと主張し、カリフォルニア州で同性婚を禁じる法案「プロポジション8」に賛成票を投じるつもりだと述べるのを、私は黙ってじっと聞いていました。

このクラスの教授は、大学で歴史学の博士号を取得した初めての黒人女性でした。彼女は生徒たちの意見に耳を傾けた後、クラスの前に立って、穏やかにこう述べました。「あなたたち黒人学生の主張は、少し前に、白人が人種間婚姻に反対を唱えた主張によく似ていますね」と。そしてこう続けました。「あなたたちが未来を作るために投票場に向かう時、この国の歴史を思い起こしてほしいのです」

リバーサイド大学の三人の教授が私に特に注意を向けてくれました。その一人が、模擬国連アドバイザーのラングストン博士です。ロンドンの会議から戻った時に、彼に「きみは博士号を取る気はないのか?」と聞かれました。

私は笑い出しました。だって私はユタ州の田舎者です。PhDが何の略かも知りませんでした。でも私は、政治学、社会学、歴史学の三人の教授のおかげで変わりました。私にも、若い人たちの人生を変え、かれらが社会により目を向けられる人間になるための貢献ができるかもしれないと考えるようになったのです。

「家に戻ろうかな」と父に電話で言いました。

「おや、どうしたんだい?　何かあったのか?」

「長い間、大学で勉強することになるから、ユタ州のソルトレイクシティに引っ越した方がいいかなと思ってるの」私は、州民として安い学費で通えるユタ大学でまずジェンダー研究の学位を取り、それから大学院へ行こうと考えていました。

父は私のしたいことに反対したり、圧力をかけたりすることは、めったにありませんでした。父はたいていこう言ったものです。「賢いカイリー（原文はカイリー・ワイリー。wise（賢い）にかけた語呂合わせの愛称だと思われる）や、お前が一番よいと思うことをすればいいよ」

父と再婚相手エイプリルの家に引っ越して、私はすぐにディキシー大学で準学士号を取りました。この大学に入学してから五年が経っていました。それから、三年間で三度目の引っ越しをしました。小さな愛車ポンティアック・バイブにすべての荷物を詰め込んで、ソルトレイクシティに向かい、ユタ大学のジェンダー研究学科で学び始めたのです。

第3章　開眼

ユタ大学で「フェミニスト理論」の授業を受けていた時のことです。教授から、あるニュース記事を読むように言われました。ジェンダーを割り当てない子育てを実践しているカナダのストームちゃんと、イギリスのサーシャちゃんのケースについての記事です。私は、ロイス・グールドの一九七八年のエッセイ「X：すばらしい子どもの物語（X：A Fabulous Child's Story）」も読みました。

この記事とエッセイに興味をそそられ、「**子どもがバイナリーなステレオタイプにとらわれずにジェンダーを探求しながら生きていくのは、まったく理にかなっていることだ！　これこそ子どもに与えられるすばらしい贈り物だ！**」と感動しました。

サーシャとストームのネット記事のコメント欄には、二人の子どもの家族たちへの実にひどい匿名コメントが世界中から寄せられていました。宗教を引き合いにして、ジェンダーには男と女の二つしかない、それが神から与えられた「科学的」な事実であるとか、それに反論するものは親になる資格がないし、それどころか生きる資格すらないというものもありました。こうしたコメントにはトランス嫌悪、同性愛嫌悪、女性嫌悪が明らかに見てとれました。でも私は教育によって、憎悪に満ちた不正確なコメントの嵐に対抗する歴史的、かつ科学的な確証を得ていました。こうしたネットの憎悪に満ちた暴言を垣間見たことで、性とジェンダーの複雑さを社会が認識し祝福するには、まだ長い道のりがあること、そして、家父長制の解体がどれほど重要であるかということを、私は思い知らされました。

ジェンダー研究のクラス討論でも、子どもの性別を決めないし公表しないという子育てのコンセプトは、現実世界では実現不可能な空想的な考えに過ぎないという意見が盛んに交わされました。私はそうは思いませんでした。サーシャの親もストームの親も、実際にやっているのですから。他にも、そういう子育てをしている家族が何百とは言わなくても、何十もあるのではないかと思いました。膨大な忍耐力と強い意志で全力を注げば、ジェンダー・クリエイティブな子育ては完全に可能だと思いました。

そして世界にジェンダー・クリエイティブな子育てのムーブメントが必要だと確信しました。

当時二四歳の私は、まだ親になることに興味はありませんでした。それよりも、まず学位を取得して、自給自足できる強靱な女性になると決心していたからです。でも、ジェンダー・クリエイティブな子育てには何か惹かれるものがありました。いつか親になる準備ができる日まで、その考えは頭の中にしまっておこうと思いました。そしてこう考えました。「**もし私がジェンダー・クリエイティブな子育ての提唱者になったとしても、コメント欄は決して読むまい**」と。

ジェンダー研究の学位を取得して、私はユタ大学で社会学の博士課程に入りました。それから六年の間、大学院で行った作業は社会的不公正に関する科学研究を読むことでした。そして、人の社会的、健康的、経済的な成果を予測する最も重要な要因がジェンダーであることを繰り返し何度も目にしたのです。

男性は不慮の事故やケガで若いうちに死亡する率が女性の二倍であると知って愕然としました。[*9]また、アメリカでは、男性の自殺率は女性の三・五倍以上です。[*10]男性が生涯通じて受ける社会化によって、事故や不慮の死、そして自殺するリスクが高くなっているのです。[*11]

こうした統計から、いまだに少年たちが「強くなれ、恐れるな、男は泣いてはだめだ、男らしくしろ、男は助けを求めてはいけない」と言われながら育つことが、いかに多いかに気づかされました。男の子は幼い頃から、ケガは男らしさの証明であり、より危険を冒し、より用心を怠ることが、男らしさなのだと信じ込まされています。不慮の事故は起こり得ます。しかし、少年らしさや男らしさの意味を調整できれば、どれほどの命が救われるだろうかと思わざるをえません。小さい時から男の子に、自分の限界を知ることの大切さや、イヤだと思ったら、「ノー、けっこうです」と言ってもいいんだと教えることができれば、いくつもの命が救われるでしょう。

研究によって見えてきたのは、大人社会のジェンダー差別が子ども時代につながっているということでした。公平性、多様性、包摂性、受容、思いやり、尊敬、協力、公正といった概念を子どもが理解できるようになるためには、社会がどこで転換し、どの時点で努力していればよかったのでしょうか？しかし、子どもたちは分離され、お互いに対立させられ、ジェンダーには「これ」か「あれ」かの二つしかないと教えられ、自分が「これ」なら「あれ」は手に入らず、自分が「あれ」なら「これ」とは遊べない、と言われてきたのです。思春期や成人になって、ジェンダーに基づいたネガティブなできごとが多くなるのも不思議ではありません。

科学や工学の職業に就く人のうち、女性の割合はおよそ二八％です。中学や高校の低学年では通常、理数科系クラスの男女数に変わりはありませんが、高校高学年から大学になると、少しずつ状況が変わり始めます。女性教員の数は少なく、STEM分野の女性は、男性の同僚よりもステレオタイプや差別にさらされています。それは大学から始まるわけではありません。幼稚園の教室や、それ以前からも見られるのです。

「ステレオタイプの脅威」という言葉を知って、私は悔しくなりました。これは、自分が属す集団に対する否定的なステレオタイプを意識するだけで、自分の行動能力に悪影響が出るというものです。女子が、自分たちより男子の方が数学が得意だというステレオタイプを意識し、数学テスト前にそれを思い起こすだけで、テストの結果が悪くなります。そのようなステレオタイプを意識させられなければ、男子と同じ成果を発揮できるのです。学年が上がるにつれて、女子は男子ほど数学や科学が得意ではないというステレオタイプにどっぷり浸かってしまいます。これはジェンダーだけに留まる問題ではありません。この二〇年間に行われた何百もの調査研究によって、人種、階級、年齢、その他の特徴に関するステレオタイプの影響と、それらがどのように交差しているかが記録されています[*12]。

「優秀さ」についてのステレオタイプは早い時期に表れます。二〇一七年に学術誌『サイエンス』にある研究チームの研究が掲載されました[*13]。子どもたちは何歳の頃から、男性の方が女性より知的だというステレオタイプを持つようになるか、という研究です。研究チームは、五歳から七歳の子どもたちを集めて、「とっても頭のいい人」の物語を一人ひとりに読み聞かせしました。それから四枚の写真を一人ひとりに見せました。二枚は女性、二枚は男性で、どれも子どもたちが会ったことのない大人の写真です。そして「このお話の、とっても頭のいい人は、どの人だと思う?」と尋ねました。五歳児では、男女ともに、自分と同じジェンダーの人を選ぶ傾向が見られました。五歳の少女は、女性の写真を指して、「彼女が、すごく、すごく頭のいい人よ」と言いました。ところが、六歳と七歳児では、男子と比べて女子では、同性を選ぶ確率が著しく低くなりました。六歳と七歳の少年は男性を「とっても頭のいい人」と選ぶことが多く、その傾向は六歳と七歳の少女でも同じでした。このことから、子どもはすでに六歳の時から、男性の方が女性より知的だというステレオタイプを持つようになることがわかります。

アメリカでは男女間の賃金差が全国的な議論となっています。[*14] 同様のことが子どものお小遣い格差にも見られるのはとても残念なことです。女の子の方がお手伝いをすることが多いにもかかわらず、男の子よりお小遣いが少ない傾向にあるのです。[*15] ジェンダー間の賃金格差をなくすためには、女性の仕事が同じように価値があると教えたり、交渉の仕方を学ばせたりするだけでは十分ではありません。男の子と男性が、自分たちが家父長制や制度的規範から恩恵を受けていること、そして会社や家庭でも不当な権力や特権を得ていることを認識できるように教えることも必要です。

子ども時代のジェンダーの境界線も気になります。女の子が「男の子の領域」へと境界線を越えて行くと、「トムボーイ〔おてんば娘。男の子のような女の子〕」と称賛されることがよくあります。[*16] 一方、男の子がジェンダーの境界線を越えて「女の子の領域」とされている領域へ入っていくことは、恥ずかしいこととされ、叱られることさえあります。トムボーイに対して、「**トムガール**」という言葉は一般的ではないのです。男の子は「女々しい」と言われてからかわれます。女の子みたいなことをしたい男の子なんて、いるはずがない、という具合です。まさにここに問題があります。女らしさと男らしさは、平等で流動性のあるものとして設定されているわけではありません。女の子や女性よりも男の子や男性の方が力を持つというヒエラルキーなのです。

「ジェンダー平等を達成するためには、子ども時代に受ける社会化に抜本的な変革が必要だ」という考えが、大学院時代、毎日のように頭をよぎりました。子どもたちは、バイナリーの圧力を受けずに、自身のアイデンティティを発見する機会を与えられるべきです。より充実した、お互いを支え合う人間関係を築く機会が必要です。より公平な世界を作り生きていく機会が必要なのです。

今でも、ジェンダー・クリエイティブな子育てが、よい結果をもたらすと私たちに証明してほしいと言う人がいます。自分の子どもをありのまま受け入れ、誕生時に割り当てられたバイナリーな性別《ジェンダー》に適合していてもいなくても、その子を無条件に愛することがよい成果をもたらすのは、証明するまでもありません。私はその逆の質問を投げかけようと思います。外陰のある子とペニスのある子を因習的に区別して扱うことによって、よい成果が得られると証明できる人はいますか？　私にはとても納得できません。

第4章　愛のはじまり

二〇一四年五月、私はオーストラリアのシドニーで休暇を過ごしていました。卒論を終え社会学で修士号を取得したばかりだったので、何しろ楽しみたかったのです。その頃の私は、オンライン・デートではセミプロ級になっていました。シドニーに着いて数日後、マッチングアプリTinderにログインして、地元の人と出会えないか試してみようと思いました。

ソルトレイクシティと比べると、シドニーのTinderのセレクションは宝の山のようでした。スワイプし始めて数日後に、ブレントのプロフィールと写真に出合いました。美しいたっぷりした黒髪と銀色のもみあげ、スタイルも非の打ちどころがありません。中でも一枚の写真に特に惹かれました。サングラスをかけてバイクに乗って、カメラから目をそらして夕陽を眺めている写真です。本当にすてきなぴったりのジーンズをはいています。すぐに右スワイプすると、「マッチしました！」というメッセージが来ました。ブレントも私を右スワイプしたという意味です！

私は先手を打つのが好きです。最初のメッセージにぴったりな言葉を思いつきました。「あなたのジーンズも、ジーン（遺伝子）もすてきね」と彼にメッセージを送りました。数時間後、返事が来ました。私の送ったすてきなメッセージに答えない人なんて、いるはずありません！　私たちは数日後にシドニー・オペラハウスのバーで会う約束をしました。

パティオのテーブルに実物の彼が座っているのを見て、私はつい顔をほころばせました。彼のところへ近づいていくと、すぐに心地よい会話が始まりました。オペラハウスでビールを一杯飲んでから、ロックス地区を散歩して、パブの屋上のバーへ行きました。そこで二杯目のビールを飲んでいた時、湾の向こう側の建物が目に入りました。

「あの建物は何？」「なんだか……男根崇拝って感じね」

「よくわからないけど、灯台かな」とブレントが答えました。私は残りのビールを飲み干すと、行って確かめようと提案しました。

私たちはメインのフェリー・ターミナルのあるサーキュラー・キーまで歩いて行って、キオスクで六本入りのビールと、ローズベイ行きのフェリーチケットを買いました。水曜の遅い午後、フェリーには私たち以外には、ほとんど乗客がいませんでした。ブレントと私はデッキの椅子に座って、ビールのキャップを開け、ファーストデートの成功を祝して乾杯しました。ブレントが体を寄せてきて、私たちは初めてのキスをしました。

埠頭に着く頃にはもう太陽が沈み始めていました。どこへ行けばいいのかわかりませんでしたが、とりあえず「上」へ向かうのが正解だと考えて、二キロほど丘を登るバスに飛び乗りました。バスを降りて歩道に出ると、ブレントが後ろにいないことに気づきました。彼は、高齢の女性がバスに乗るのを助けていたのです。「やばい！　この人、高齢女性をバスに乗せる手助けをするような人なんだ！　私が見てるからじゃなくて、そうしたくてやってるんだ。私に見られているなんて、思ってないだろうし」と私は心の中で言いました。そして、それこそが、善良な人間である証しだと思いました。私の体が彼のすべてに反応していました。彼の身長、豊かな髪、バランスの取れた顔立ち、エスプレッソ色の瞳と長い黒いまつげ、思いやり、ユーモアのセンス、自然な行動、会話力、好奇心。

私たちは灯台を探して、街燈で照らされた暗い路地を歩いて行きました。かなりビールを飲んだので、トイレに行きたくなりました。彼は木の後ろで、私は駐車している車と車の間で、用を足しました。巣にいる巨大なクモに何度か遭遇した後、やっとマッコーリー灯台が見えてきました。

シドニー時間ではもう六時、秋の夕陽が沈んでしまいました。地面のスポットライトが灯台を照らしています。太平洋を見下ろす崖に立つ灯台を、手入れの行き届いたエメラルドグリーンの芝生が囲んでいます。ブレントと私はビールよりはむしろ恋に酔いしれて、芝生の上に横になりました。そこで私たちは初めて、情熱的なキスやハグを交わしました。私たちが別々の半球の別々の大陸に住んでいることなどまったく気にすることなく、二人の相性がぴったりなのに酔いしれていました。

芝生に寝転んで、海に映ったゆらめく月の影を見ていた時、ブレントが言いました。「七月にアメリカに行くよ。一〇月まで滞在する予定なんだ」私は満面の笑みを浮かべて、「すてきね！　旅のどこかで必ず会いましょうよ」と答えました。その時にはまだ、私たちが八月に一緒に暮らし始め、一一月には結婚することになるなんて思ってもいませんでした。

シドニーで一緒にいられたのは一週間だけでしたが、私たちはそれをフルに活用しました。機会があるたびに会いました。彼の昼休みに波止場でピクニックをしたり、ベッドで笑い合ったり、チャイナタウンの屋台の料理を食べたり、ボンダイ・ビーチで長い散歩をしたり、大量のコーヒーを飲んだりしました。私は帰りの飛行機の中で、ドリンク用の小さなナプキンを握りしめて泣きました。人生を共に歩みたい人と出会えたと感じていました。それが自分でも気づかなかった感情をかきたてていました。

私たちは二か月の間、毎日、話しました。一六時間の時差があるので、厳密なコミュニケーションのスケジュールを立てました。ブレントは寝る前に私に「おはよう」とメッセージを送ります。私が目覚めて一日を始める頃は、オーストラリアの彼にとっては一日が終わる頃です。私たちはユタ州の午後の時間にFaceTimeで話しました。それはブレントが起きたばかりの時間です。それから私が寝る準備をしている時で、ブレントが昼休みを取っている時に、もう一度FaceTimeで話しました。携帯電話にCoupleというアプリを入れて、メッセージや写真や絵を送り合いました。それだけでなく、私は毎日欠かさずブレントにポストカードを送り、彼はそれを保管していてくれました。今私たちのベッドルームの引き出しに入っています。遠距離という状況を最大限に活用し、お互いをできる限り知ろうとしました。その二か月の間に、私はそれまでに付き合った誰のことよりも、ブレントのことを知ることができました。遠距離恋愛の何かが、私の背中を押したのだと思います。一緒に並んで静かに映画を観ることは叶いません。コミュニケーションしか方法がなかったのです。おかげで私たちはコミュニケーションの達人になりました。

ブレントはアメリカ旅行の前半をニューヨークの親友のところで過ごしました。そして一週間後に、ソルトレイクシティに来て、私の大学院と教職の夏休みの六週間を一緒に過ごす計画を立てました。空港に彼を迎えに行きました。あの一週間の目まぐるしいロマンスと二か月間のFaceTimeを経て、今やっと直接会えるのが信じられないほどでした。バックパックを背負い二つのダッフルバッグを抱えてやってきたブレントは、このアメリカ人との衝動的なロマンスの行方を見極める準備がすっかり整っているように見受けられました。

その前の週、私の狭いクローゼットに彼の荷物を入れるスペースを作るために、持ち物をできるだけ処分しました。洋服は女性のシェルターに寄付しました。アパートの隅々まで掃除もしました。マジック消しゴムでキッチンの天井を磨きました。今まで誰のためであろうと、天井の掃除などしたことのない私です。ブレントに強い思いを抱いていたことは明らかでした。天井まで届く感情、シーリング・フィーリングです！

彼をワンベッドルームの小さなアパートに連れてきました。これから夏を一緒に過ごす二人のベッドルームです。私たちは国立公園や、ポートランドの街や、オレゴン州の海岸に出かけました。私の家族も彼がすっかり気に入りました。私の友だちも魅了しました。友人の裏庭で夏の日のバーベキューを楽しみながら、「I love you」と言い交わしました。アパートで仮装パーティを開きました。私はフリーダ・カーロ、ブレントは「サンダーフロムアンダー」〔男性の肉体美を誇示するラスベガスのショー〕の仮装をし、友人たちには、パーティの間中、好きな時に使える「チケット」を配りました。このチケットは、ブレントの膝に座るダンスや、フリーダによる肖像画に使うことができました。私たちは最高の芸人コンビでした。

この夏だけでなく、これからのすべての夏を一緒に過ごしたいという気持ちが、すぐに湧いてきました。八月に博士課程の三年目に入る私は、オーストラリアに移住できる状況ではありませんでした。このユタ州人と一緒にいたければ、ユタ州に移るしかないと、ブレントは考えました。

付き合い始めて五か月ほど経ったハロウィンの日のこと、ボヘミアン・ブルアリーでビールジョッキを傾けシュニッツェルを食べていた私はブレントにこう切り出しました。「私たち、結婚すべき?」

ブレントは微笑みながらビールジョッキをテーブルに置いて「結婚したいの?」と聞きました。

「そうね。あなたはどう? 私と結婚したい?」

「もちろん結婚したいよ」ブレントは私の手を握って尋ねました。「きみ、今ぼくにプロポーズしてくれたの?」と。

私たちは笑い始めました。自分でも想像できないほど、ロマンティックのかけらもない、なんとも現実的なプロポーズでしたから。でも私たちは愛し合っていたし、すばらしいパートナーでした。結婚は理にかなっていると思いました。二人が「一緒にいよう、結婚しよう」と今、約束しなければ、ブレントはシドニーに帰ってしまい、遠距離がそのうち私たちを引き裂いてしまうと思ったのです。

サンドラ・ブロックとライアン・レイノルズが共演した映画「あなたは私の婿になる（The Proposal）」にこんなセリフがありました。ライアン演じるアメリカ人のキャラクターが、カナダ人でグリーンカードを必要としているサンドラ演じるキャラクターに、こう言ったのです。「きみと付き合いたいんだ。だからぼくと結婚してほしい」と。私たちも、すべてをかけようと決心しました。一緒にいるためには、結婚する必要があると決心したのです。

そして私たちはカーリン・S．マイヤーズ判事、すなわち私の父に電話で結婚することを伝えました。

感謝祭〔毎年一一月の第四木曜日〕の次の土曜日に、父の家の裏庭で結婚式を執り行ってくれるかどうかと尋ねました。私たちの家族は協力的で、二人のために喜んでくれました。でもきっとこう思っていたことでしょうね。「**いったい全体この二人は何をやってるんだろう?**」とね。

四週間の婚約期間中、友人たちや家族が、私の理想の結婚式を計画する手伝いをしてくれました。本当は私には、夢みる結婚式などはありませんでした。自分は結婚するタイプではないと思っていたし、盛大な慣習的な結婚式をするなどとはまったく考えていませんでした。派手な花よりも、多肉植物を少しだけテーブルに飾り、布のテーブルクロスの代わりに、ゲストが絵を描けるように大きな白い紙とマーカーをテーブルに用意したいと思いました。ブライダルパーティ〔結婚式で花嫁の隣に並ぶ、花嫁に親しい数人の女性たち〕も必要ないし、食事もシンプルでいいと思いました。私たちは地元のメキシコ料理店のケータリングサービスを頼み、ブレントと私はインターネットで安い指輪を購入しました。

結婚式の前の晩、私は父に、結婚しても苗字は変えないつもりだと伝えました。「お父さん、私たちを、コートニー夫妻と紹介しないでね。私は、カイル・マイヤーズとして生まれてきたから、この世を去るまでカイル・マイヤーズでいるつもりよ」

「ぼくはちっとも驚かないよ」と父は言いました。

ブティックで一〇〇ドルの紺色のジャンプスーツを見つけました。細い肩ひもで襟ぐりが大きく開いていて、ポケットがついています。ポケットのついたパンツ姿で結婚式をすることで私はちょっと安堵していました。私のロマンティックな恋愛を、政府の言いなりにせずに済むような気がしたからです。それが私にとっての条件でした。一人のフェミニストとして、相手とパートナーシップを結び、自分なりのやり方でそれを祝いたかったのです。伝統的な軽薄で高価なディテールにまったく関心のない私のやり方には、ブライダル雑誌のどんな編集者も愕然としたことでしょう。結婚式当日は、妹マッケンジーの家で支度をしました。母が私の短い髪をカールしてくれて、メイクは自分でやりました。それから、父と継母エイプリルの家に全員が集まって結婚式が始まりました。

二〇一四年一一月二九日土曜日、二五人の家族と親しい友人に囲まれ、ブレントの家族はiPadのFaceTimeで参加して、私たちは結婚しました。クリーン・バンディットの「ラザービー」という曲に合わせて私とブレントは芝生のバージンロードを踊りながら進みました。父が、思いやりとユーモアにあふれたキュートな挨拶をしてくれました。ブレントは誓いの言葉を読み上げてから、私に彼のジーンズを手渡しました。Tinderで初めて彼にメッセージを送った時に私がコメントした、あのジーンズです。そしてブレントがこう言いました。「ぼくのジーンズをきみにあげます。もう一つのジーン（遺伝子）については、きみがその気になったら、いつでも差し上げますよ」

私の誓いの言葉は、数学の確率モデルを挙げながら、私たちの相性のさまざまな因数について述べたちょっとふざけたものでした。ブレントが二九歳と三九歳の間であること、英語を話すこと、彼自身、自分をフェミニストだと思っているというようなことです。私たちは結婚式の間中、満面の笑みを浮かべていました。タコスを食べてテキーラを飲み、深夜まで両親のパティオで踊りました。一つだけでも伝統的なことをすれば父が喜んでくれると思い、恒例の「父と娘のファーストダンス」の曲を父に選んでもらいました。「あのケイティ・ペリーの新曲がいいよ」と父が言うので私は笑って、「お父さん、歌詞をちゃんと聞いたことがないんじゃないの？　でもいいわよ、その曲で踊りましょう」と言いました。

そして私と父は「ティーンエイジ・ドリーム」に合わせて砂漠の空の下で踊りまくりました。

夜が更けるとセーターを着て、焚火でマシュマロを焼きました。ゲストがみんな帰ってから、ブレントと私は数ブロック離れたセブンワイブズ・インまで歩いて行き、室内にしつらえられた一九八〇年代の巨大なスパ・バスに入り、残り物のメキシコ風トレスレチェス・ケーキを食べて、特に普段と変わらない酔っ払いのウェディングナイト・セックスをして眠りにつきました。私たちは正式に結婚したのです。六か月前に出会った人と結婚したのは、まったくもって正しいことだと感じていました。

ブレントと私は家事の責任を共有することにして、日々の家事について意識的に話し合いました。たとえばブレントに助けを求める前に、「**電球くらい、自分で替えられるはず**」と思い出して、自分で椅子を持って来て電球を替えるというようなことについてです。

私たちはジェンダー役割のステレオタイプに陥らないようにしたかったのです。すんなりとはいきませんでしたが、お互いが相手より多くのことをしていると感じないようにしようと決めました。夕食作りと、皿洗いを、毎晩交代でしました。自分の洗濯は自分でしました。芝刈りも交代でしました。ブレントはスピード水泳パンツで芝刈りをしましたから、私としては、芝刈りをブレントに任せて、週に二回、六フィート四インチ〔約一九三センチメートル〕の長身のブレントが水泳パンツ姿で芝の上を行ったり来たりするのを、アイスティーでも飲みながらポーチから優雅に眺めていたいという欲求がなかったとは言えませんが。するべきこと、どちらが何をするのが嫌いかということ、何が私たちを単にハッピーにしてくれるかということの、バランスを取る努力をしました。私たちの家事の「やることリスト」は、公平さと好き嫌いを表すベン図のようでした。

私は美しく色分けされたエクセルのスプレッドシートが好きで、ブレントはベストバイ家電量販店に愛情を注ぎました。コートニー・マイヤーズ家では、予算に関することはほとんど私が担当し、テクノロジー関係はほぼブレントが担当しました。でも、何かあった時に、ブレントがEveryDollarアプリ〔予算管理アプリ〕にログインしたり、私が携帯電話のキーパッドロックの電池交換をしたりできるように、お互いに教え合っておくことにしました。

他にもブレントがアメリカの生活に慣れるのに必要なことがありました。アメリカの銀行の仕組みや小切手の書き方を教えました。私たちは結婚後すぐにお金のことを話し合い、二人の財政を一括化しました。ブレントはアメリカの社会保障番号もクレジット歴もまだなかったので、銀行口座を開くためには、私が第一の口座名義人になる必要がありました。彼は（今でもそうですが）アメリカの医療制度の複雑さにイラついていて（そう思うのも当然です。私だって医療業界の複雑さについて話し出したら止まらないほどですから）、彼がアメリカの医療保険を理解できるように指導しなくてはなりませんでした。

結婚したての頃の私たちは貧乏でした。大学院の奨学金は政府の定める貧困レベルぎりぎりしかありませんでした。ブレントは非常に才能のあるグラフィックデザイナーでしたが、仕事を見つけてアートディレクターのポジションにつき、後にフリーランスとして成功するまでには一年かかりました。結婚して数年すると、ある程度の経済的な基盤ができました。そして私が博士号を取得してからは、苦労して手に入れた魔法の豆の木のように、給料がぐんぐんと伸びていきました。

私の給料が彼よりも多くなった時、「私の方が稼ぎが大きいのは気にならない？」と尋ねました。「最新のナイキ・シューズを買えるのなら、問題ないさ」と彼は冗談めかして言いました。「お金がどこから来るかなんて、気にしないよ」実際、彼は私の稼ぎの方が多くても、まるで気にしていませんでした。

私は、両親が離婚して家計のやりくりに苦労するのを見てきたので、自分は自活すると誓っていました。経済的に人に頼るのが怖かったのです。ですから、私はブレントにはっきりこう告げていました。**提供される**側ではなく、**提供する**側になる方がずっとよいと思っていました。ですから、私はブレントにはっきりこう告げていました。彼を支えるために、私の野心や稼ぐ能力を犠牲にすることは決してしないと。私はこれまでの人生経験から、保証された条件などありはしないと感じていました。

ブレントは、自分のキャリアが私のキャリアより重要だという態度を取ったことがまったくありません。でも残念ながら過去には何度か、ブレントが私たちのキャリアについて苦情を呈したことがありました。私は自分のキャリアが彼のキャリアより重要だとも思っていません。ただ、二〇年もの間、人に依存することに抵抗してきた習慣を改めるのは困難なことです。

子どもを持つことについて考えた時も、私は、ブレントが子育てを平等に分担し、関心を持って父親として子育てに参加すると確信する必要がありました。子どもが病気になった時に、私が家に残るのが当たり前にならないことを確認したかったのです。仕事の場に見られる「マザーフッド・ペナルティ」［子どものいる女性の方が、子どものいない女性より給料などの点で不利だという研究］についても、よくわかっていましたが、私自身がその一例になるなんてありえないと思っていました。[*17]

恋愛関係において実に多くの思い込みがあるのは不幸なことです。その思い込みがまちがっていたと気づく頃にはもう手遅れなのです。子どもがほしいか、ほしいとしたら何人ほしいか、といった質問を相手にせずに結婚する人もいるでしょう。子育てに関する価値観を話し合う前に妊娠してしまうこともあるでしょう。すると、子育てのスタイルが違うことで緊張感が生じてしまいます。子育ての平等な分担を話し合わずに子どもを産み、パートナーが子育てに平等に参加しないことによって、母親が育児の責任に押しつぶされそうになることがよくあります。

こうしたことは私の周りにも起きていて、それがどんなストレスを引き起こすかも見てきました。ですから、私はストレスが生じる前に、ブレントと認識が一致していることを確認したかったのです。もしブレントが子どもを六人ほしいと言うのなら、私と一緒になるべきではないでしょう。もしブレントが私に専業主婦になることを期待するような人なら、二人の関係を終わりにしていたでしょう。ブレントがおむつ交換や泣き叫ぶ赤ちゃんに嫌悪感を少しでも持つようなら、「今まで楽しかったわ、ありがとう」と言って別の道を歩んだことでしょう。

私たちは真剣に付き合い始める前に、子どもは一人、もしかしたら二人、三人は無理、多分一人がいいだろうと決めていました。そして二人で平等に育てようということも。女だからといって、私が主に子育てを担うことはないということも。二人のキャリアはどちらも大切で、強力なチームとしてタッグを組み、子育てを平等にシェアし、家庭外での目標を達成するためにお互いをサポートすることにも同意しました。

私たちは、どんな親になりたいかも話し合いました。子どもと一緒に世界を旅しようというような楽しいことから、体罰は絶対にだめだというような（楽しくないことも）話し合いました。そうしているうちに、ジェンダー・クリエイティブな子育てについて話すようになりました。

二〇一四年九月初旬のある日、私たちはソルトレイクシティからラスベガスに向かうフリーウェイI–15で、道路工事による渋滞に巻き込まれていました。ブレントの妹のキンバリーがオーストラリアから二週間のアメリカ旅行に来ていて、この時、ラスベガスにいたキンバリーに会いに行く途中でした。まだ妊娠を望んではいませんでしたが、子育ての話をよくするようになっていました。

「サーシャとストームのニュース読んだことある？　両親がジェンダーを割り当てない子育てをしているのよ」ブレントがハンドルを握るフリーウェイを走る車の助手席で、私はブレントに聞いてみました。彼の後ろに、バレーオブファイヤー州立公園の砂岩の、美しい鮮やかなオレンジ色の絵のような光景が広がっていました。

「読んだことないな。もっと教えて」と彼がこちらをちらっと見て言いました。

「何年か前に、二つの家族の話がニュースになったの。カナダのストームちゃんと、イギリスのサーシャちゃんの話よ」

「生まれた時、親はこの子たちにジェンダーを割り当てない決心をしたの。赤ちゃんの性器について公表しなかったというわけ。『男の子が生まれました』『女の子です』というのではなくて、ただ『子どもが生まれました』と言ったのよ。子どもが生まれた時から、ジェンダーのステレオタイプや期待や制限を体験することなく、ただ自分の興味を自由に探求して、自分のなりたい子どもになれるような、そんな環境を作ろうとしたんだって」

「もっと続けて」ブレントがうなずきました。

「何年か前に読んで、それが頭から離れなくなったの。自分が親になることや、どんなタイプの親になるかについて考え始めて、ストームとサーシャの子育てが、私自身の価値観とジェンダー観に一番ぴったり合うと思ったの」

その頃、ブレントはすでに私のジェンダー観をよく理解していました。私と付き合うことによって、彼は、ある意味で、ジェンダー社会学の集中講義を受けたようなものですから。実際、ブレントから受けた最大の賛辞の一つは、私と出会えて感謝している、なぜなら私が彼の世界観を変え、彼をより良い人にしたから、というものでした。

サーシャとストームの話をしても、ブレントは私を頭ごなしに否定することはありませんでした。そして微笑みながら「理にかなってるよね」と言ってくれました。ブレントはちょっと一息ついて、こう言いました。「もう少し話して。ぼくたちの生活にどう関係すると思う？」

「子どもにペニスがあるのか外陰があるのかがわかったとたんに、止められない機械が動き始めるよね。まずはじめに、小さな人間を形容する言葉にそれが表れるの。トランスジェンダーやノンバイナリーやインターセックスの人たちの存在がわかっていても、ペニス＝男の子、外陰＝女の子という凝り固まった観念があるでしょ？　それが確立されると、子どもたちは別々の社会のベルトコンベアに乗せられて人生を送ることになるの。男の子は青色や黒色のものや、スポーツに関連するものを与えられ、タフで賢いという枠にはめられる。女の子は、ピンク色やキラキラしたものや花柄のものを与えられて、やさしくてかわいいという枠にはめられる。子どもたちは本当はとっても似ているのに、生殖器の違いだけで、とっても異なる扱いを受ける。そして、私たちは、男は火星、女は金星から来たというような、社会的に構築された人工的な概念にたどり着いてしまう。本当はみんな同じ地球から来た同じ人間なのにね」そこまで言って私は一息つきました。

ブレントが口を挟みました。「きみはよく、ジェンダーが人間の健康に大きな影響を与えてるという研究について話してくれたよね。こうした問題を作り上げたのは社会自身なのに、『どうしてこんなことになっちまったんだろう？』と社会が混乱しているみたいだ」

「まったくその通りよ」私は微笑みながら言いました。**彼はちゃんとわかってるんだ！**「子どもの頃のジェンダー社会化と、大人になってからのジェンダーの不公平はつながっているのよ。私たちの子どもには、いえ、どんな子どもにも、そんな道は歩ませたくない」

それから私たちは、シスジェンダーの人にとってだけでなく、トランスジェンダーやノンバイナリーの人にとっても公平で包摂的で受容的で安全な世界を作るためには、シスジェンダーが行動を変える必要があると話し合いました。

「そういう子育てをするとしたら、ぼくたちの赤ちゃんの性器は、ぼくたちだけしか知らないということ？」

「注意が必要だと思うの。小児科医やベビーシッターやおむつを替えてくれる人のような、本当に必要な人にだけ知らせればいいと思う。私たちの両親やきょうだいはまだ知らなくてもいいと思う。少しの間だけでも、子どもの性器の様子に関係なく、子どもとかかわってくれればすばらしいと思うの。子どものジェンダーを知らなければ、枠にはめることもできないでしょう？」私はまだすべての答えを知っていたわけではありませんが、きっとその答えがやってくると確信していました。

「ぼくたちの赤ちゃんの話をする時は、どう言えばいいんだろう？」

「たとえばどんな代名詞を使えばいい？」

「they, them を代名詞として使う人もいるのよ。いろいろなジェンダー・ニュートラルな代名詞があるけど、they, them が、家族や周囲の人にとって、一番簡単だと思う」

この会話を通して、親になった時に進むべき方向性がはっきり見えてきました。

「きみの方がずっと詳しいよね」ウェイファーラーの黒いサングラス越しに彼がこちらを見ました。彼の顔は、飛び込み台からプールに飛び込みたいけどナーバスになっている人のように見えました。きっと飛び込むことにはなるけれど、飛ぶまでは少しの間があります。飛び込み台から足を離す準備がすっかりできているわけではないけど、引き返すことはありません。ブレントは口を開いてから、少し間をおいて話し始めました。

「いい考えだと思うよ。でもどう説明したらいいかは、きみにすっかり頼ることになるね。これはきみが学校で教えていることだし、一日中、このことについての研究を読んでいるんだろう？　ぼくも賛成だよ。でもきみのように説明できるかどうか自信がないよ」「そういう子育てを実践するのが怖いんじゃないんだ。同意しない人たちにどう対処するかが怖いんだ」

ブレントは、私と一緒に実行してもいいと思ってくれています。そして私は、そんな子育てを彼と共に行うための戦略を喜んで作るでしょう。その日の私たちの話は、そこまででした。私はまだ妊娠していなかったし、まだ時間に余裕がありました。赤ちゃんはあくまでも仮定の話で、出産予定日が迫っているわけでもないので、こういう話をするのは比較的簡単だったのです。

第5章　赤ちゃん誕生

ブレントと一緒にクーパーオニオン・レストランで甘くておいしい朝食を楽しんでいた時、赤ちゃんの話が現実味を帯びてきました。彼も私もいつかは親になりたいと思っていましたが、それをいつにすべきか決める時が来ていました。

「アカデミックな世界は不安定だから、大学で教える仕事を始めたら、はじめの頃が出産に適しているかもしれないね」

私は大学教授のたどる軌跡や社会学者の雇用状況についてブレントに説明しようとしていました。彼はパンケーキを食べながら、熱心に聞いていました。

「教え始める一年ぐらい前から、助教授の仕事に応募して面接を受けるようになるの。臨月に近い大きなお腹を抱えた状態や、赤ちゃんが生まれたばかりの時に、アメリカ中を面接のために飛び回りたくはないわ。すでに出産を済ませて子育てに慣れている時や、妊娠初期の方がいいと思うの。たとえば二八週目ぐらいまでがいいかも。仕事を始める時にまだ妊娠していなければ、数年働いてから家族休暇を取る方がいいと思う。助教授になってはじめの数年間は、必死で働くことになるし、途中で休暇を取ってキャリアを中断したくないの」

ブレントは不思議そうに私を見ました。「でもあと五年も待って、四〇歳近くになって初めて子どもを持つのは、どうかな。ぼくは若い父親になりたい。これ以上若返ることはありえないからね。だから、今か五年後かというのなら、ぼくは今に一票を投じるよ」

これまでの生涯で、こんな会話をしたことはありませんでした。レストランで、子どもを作るかどうか話し合っているなんて、すごく変な気がしました。私はコーヒーを一口飲んで、椅子にもたれかかりました。「すぐに妊娠できるとは限らないけど、もし妊娠したら、来年の今頃は、朝ごはんの時には、隣に子どもがいることになるわね」

「それってワクワクするけど怖くもあるよね。きみはすばらしい母親になるよ。それに、ぼくが最高の父親になることもまちがいないさ……だから、さっそく始めようよ」

ブレントがパンケーキをほおばりながら、にっこり笑いました。

二〇一五年春のことでした。付き合い始めて一年、結婚して五か月が経っていました。私たちは愛し合っていました。とても強い絆と大きな夢を持っていました。そして、親になりたいと思っていました。私はＩＵＤ〔子宮内避妊器具〕を取り出す予約を取りました。

当時、一五歳の妹ダコバニーが高校の一学期間の間、私たちと一緒に住んでいました。ある晩、夕飯を作りながら、数週間後にＩＵＤを取り外して、妊活を始めると妹に告げました。すると彼女は、冗談っぽく「ペーパーチェーンを作れば？」と言いました。

私はちょっと考えてから、「それはいいアイディアね！　手伝ってくれる？」と言いました。ペーパーチェーンでカウントダウンするのは楽しそうです。色画用紙の輪をつなげてペーパーチェーンを作ってクリスマスまでの日を数えたことを思い出しました。クリスマスまで、毎朝一つずつ輪をちぎっていくのです。子ども心にワクワクしたものです。「今日二つちぎって、明日ちぎらなければ、クリスマスが早く来るかな？」などと考えたものです。

夕食後、ダコバニーが画用紙で輪を作りながらこんな提案をしました。「最後の輪の代わりに、紙で作った子宮から、紙のＩＵＤを引っ張り出すのはどう？」なんとも天才的なアイディアだと私たちは笑い合いました。子宮と卵管と卵巣を紙に描いて、小さな紙で作ったＩＵＤを子宮にテープで軽く貼り付けました。

完成した最高傑作をドアのそばにつるしました。一四個の組み合わさった輪が壁に沿って下げられています。

二八歳の私は、六歳半の私よりも少しは辛抱強くなっていましたから、先走って輪を一度に二つもちぎったりはしませんでした。毎朝目を覚ますと、コーヒーの用意をして、紙の鎖に目をやり、一つだけゆっくり輪をちぎり取りました。ＩＵＤを取り外す予約の日、私は緊張と興奮でいっぱいでした。すべてがうまくいくことを願っていました。苦労しないで妊娠したい、健康な妊娠をしたいと願いました。そして何よりも、良い親になりたいと思いました。

六月に生理が来ました。五月の努力が報われなかったことを示しています。この一〇年、子どもができないようにと願いながらセックスをしてきたのに、今は反対のことをしろと体を応援しているのです。

生理が来てほっとしなかったのは、初めてでした。自分の生理周期が二八日ではなくて三一日だとわかったので、妊活アプリをそれに合わせて調整しました。六月にもまた挑戦することになりました。

七月九日、二九歳の誕生日の前日に、ダイニングルームでノートパソコンで仕事をしているブレントの正面に、私は腰を下ろして言いました。「明日の朝、妊娠検査薬で調べてみるね」

「うん」ブレントはパソコンを閉じて私を見て言いました。

私はちょっと間をおいてから続けました。「この三か月間、妊娠のことだけ考えていたような気がして、たまらないの。だから妊娠検査は明日にするわ。もし妊娠していなかったら、妊活アプリの指示に従うのはやめて、気が向いた時にセックスするように、戦略を変えようと思うけど、どう？」

微笑みながらブレントが言いました。「いいと思うよ、マイラブ！　きみの望むことなら何でも！」

私は安心して立ち上がり、おやすみなさいと言ってベッドに入りました。

翌朝、私は一つ年をとりました。お酒を飲むのが趣味で、誕生日であればなおさら飲みたくなります。でも飲む前に、まず私の体内に胚盤胞が形成されているかどうかを知りたいと思いました。ベッドから出て、妊娠検査薬をクローゼットから取り出してトイレに行きました。包みを開きました。説明書を読む必要はありません。すでに先月に経験済みでしたから。試験紙の片側におしっこをかけて、洗面台の上に置き、下着を引き上げて手を洗いました。バスタブの端に腰掛けて、シャンプーのボトルの成分表を読みながら、頭の中で二分間を数えました。

立ち上がって、試験紙を手に取りました。垂直の青い線が二本、プラスの記号のように現れていました。トイレから八歩、歩いてベッドルームに行くと、ベッドに腰掛けたブレントが「お誕生日おめでとう！」と言いました。

私はきっと変な顔をしていたに違いありません。

「どうしたの？」「妊娠？」私の手の中にあるものに気づく前に、ブレントが尋ねました。

私は深呼吸してから、うなずきました。「そう、妊娠したよ」

◆◆◆

ブレントは私の誕生日のために宝探しゲームを用意していました。一つ目のヒントが書かれた封筒を私に渡しました。中には小さな旗が入っていました。片面は日本、もう片面はメキシコの国旗になっています。妊娠がわかってからまだ一時間も経っていないのに、気のせいか、現実なのか、突然吐き気がしてきました。旗をしばらく見つめて謎を解こうとしました。「あ！　わかった！　寿司ブリトー（アメリカ式の太巻き寿司。さまざまな食材が巻かれている）ね！　でも今食べたら、吐いてしまうよ」私はがっかりしてブレントを見ました。

ブレントは笑って「寿司ブリトーを食べるわけじゃないよ。それは次のヒントだよ」

それから二時間、ブレントはなぞ解きをする私を車に乗せてソルトレイクシティ中を走りました。私たちにとって意味のある場所が次々にヒントになっていました。最後のヒントに連れて行かれたのは、レッドバット・ガーデンという植物樹木園でした。ブレントは私の好物を揃えてピクニックの用意をしてくれていたのです。水場の近くの日陰に座って、チップスとサルサ、スモークサーモンを乗せたベーグルを食べ、ライム味のペリエを飲みました。トカゲが砂岩の道を走って完璧に手入れされた生け垣に入って行くのを眺めました。もう吐き気はおさまっていましたが、アドレナリンがちょっと放出されたせいで体がひりひりしていました。**「私、本当に妊娠したんだ！」**私は自分に言い聞かせ続けていました。

植物園のギフトショップで、ブレントは小さなかわいいウズラのぬいぐるみを見つけました。握るとウズラの鳴き声がするのです。ここ一年、北アメリカ大陸の動物に夢中になっているブレントを私は微笑ましく眺めていました。近くの墓地に住みついた鹿の群れの写真を撮ってみたり、リスが木に登ったり電線の上を走ったりするのを、なんともうれしそうに庭から眺めてみたり。その日も、ウズラのぬいぐるみを見ながら「ウズラの雄は、ヒナの面倒を熱心に見るんだよ」「このぬいぐるみ、ぼくたちの赤ちゃんのために買ってあげようよ」と言うのです。

ブレントがレジに向かう間、私は、子宮に植えついた無数の細胞に最初のテレパシーを送りました。

「あなたはとってもラッキーなベイビーよ！」

◆
◆
◆

私は以前から、変わった名前が好きで、耳にした面白い名前をスマホのメモアプリに書き込んでいました。その中には、ルッソー、コープランド、フェリックス、フォーレスト、ペトリコー、シュイラー、アルゴン、ネオンなどがありました（どれも双子にぴったりの名前だと思いませんか？）。リストの終わりには、二〇一四年八月九日午後六時三四分に書いた、ズーマーという名前がありました。

婚約の数か月前のある晩、レストランから家に帰る途中、ブレントの子ども時代のニックネームを尋ねたことがありました。ブレントは玄関のカギを開けながら「両親はぼくをズーマーって呼んでたよ」と答えました。

私はあふれ出る愛でメロメロになりながら、すぐにこう言いました。「もし私たちに子どもができたらズーマーって呼ぼうよ！」

私にとって**ズーマー**は特別な名前でした。ブレントにちなんだ名前でもあり、ジェンダー・ニュートラルな風変わりな楽しい名前だと思いました。ズーマーをリストに加えました。まだ子どもというものは、私たちにとって空想上の小さな希望でしかありませんでした。でもその日から私たちは、その子どもをズーマーと呼び始めました。それから一一か月後、私たちはズーマーを授かりました。

ミドルネームは私のニックネームからつけました。父は今でも私を、カイリー・ワイリー・コヨーテと呼ぶのです。ブレントも賛成してくれました。

「いいじゃないか！　ママとパパを混ぜた名前、ズーマー・コヨーテがこの子の名前だ！」

私はコヨーテが最悪の動物だと思われていないか、少し調べてみました。もし私のニックネームがカモメだったら、それを子どもの名前として出生証明書に記すことはありえません。だって、六歳の頃、家族旅行で立ち寄ったマクドナルドの外で、ハッピーミールのチキンナゲットをカモメにかっさらわれた経験から、私はカモメを「ろくでなし」と決めつけていましたから。

コヨーテはすばらしい動物だということがわかりました。現代人の行動に屈することなく、実際に人間の環境に適応して繁栄しているのです。コヨーテは社会組織の面でも柔軟性があります。家族と暮らしたり、関係のない群れと暮らしたりすることもできるし、あまり敵もいません。コヨーテは美しい動物で、私はユタ州南部の砂漠でコヨーテの遠吠えを聞いて育ちました。小さなズーマー・コヨーテを育てるという考えがすっかり気に入りました。

◆◆◆

妊娠検査が陽性になった翌日から、吐き気が始まりました。つわりは朝だというのは誤解です。私は朝も昼も夜も吐き続けました。時間に関係なく一日中。

教壇に立つスケジュールを調整するために社会学部長に連絡を取りました。子どもが生まれる三月は春学期のちょうど真ん中に当たるので、なんらかの方法を講じなくてはなりません。そこで秋学期に犯罪学、春学期にジェンダーとセクシュアリティの授業を教える代わりに、妊娠初期の秋学期に、両方のクラスを教えることにしました。

授業が始まってはじめの一か月間は、教室に入る前にキャンパスのごみ箱やトイレで吐いていました。まだ妊娠初期だったので、妊娠を公表していませんでした。気の毒な学生たちは、人前で話すのが苦手な教師が、毎日真っ青な顔で教室にやってきて、時々講義を中断して演台の脇にしがみついて深呼吸で吐き気を追い払おうとしている姿を、いぶかしく眺めていたに違いありません。

犯罪学の授業を終えると、オンラインのジェンダーとセクシュアリティの授業の準備をして、毎日午後三時頃帰宅してソファに倒れ込みました。人生でこれほど疲れたことはありませんでした。吐くたびに、知性も一緒に体の外に出て行くようでした。涙もろくて、腹ペコで、疲れ果てていました。吐き気にも襲われるし、まるで頭の働かないひどい状態でした。妊娠を楽しんだという人の話などとても信じられませんでした。妊娠初期は酷でした。

行きつけのコーヒー屋のドライブスルー・ウィンドウをバリスタが開けた時、コーヒーの香りが漂ってきました。「グッドモーニング！　ご注文は？」バリスタのジーンはやさしい笑顔と大きな青い目をしています。腕にタトゥーがあって、ライトブラウンのロングヘアのてっぺんにビーニーを被っています。ブレントはいつものラテを注文し、私は助手席からアイスコーヒーをオーダーしました。

「暑さしのぎに、パークシティまで行くんだ」とブレントがジーンに言っています。

「ジーン、あなたはどう？　仕事の後、何か予定があるの？」と私も聞きました。

「仕事の後は家に帰ってすぐ寝るわ！　昨夜は出産があったのよ。二四時間以上も起きていたの」元気な口調で、まるで疲れているようには見えません。

「え……知らなくてごめんね。きみ、昨日出産したの？」とブレントが驚きと心配を込めて尋ねました。

ジーンは頭をのけぞらせて笑い出しました。「私の出産じゃないよ！　クライアントが出産したのよ。私がドゥーラ〔妊婦をサポートしたりアドバイスをしたりする人。医療従事者ではない〕だって言ってなかったわね。ごめんごめん。昨日の夜赤ちゃんを産んだのは私じゃないのよ」

私たちも笑いました。

ジーンがドライブスルー・ウィンドウ越しに渡してくれたコーヒーを、ブレントが受け取って、車のカップホルダーに入れました。

車の窓を閉めて、信号待ちをしている時、私が「ジーンはドゥーラなんだ！」と言い、ブレントがうなずきました。ブレントは三二度もある暑い日に、舌の焼けるような熱いラテを楽しみながら私に尋ねました。「彼女にドゥーラになってほしいの？」

自宅出産を考えていたので助産師とドゥーラを探していたのです。私は冷たいブラックコーヒーを一口飲んでみましたが、コーヒーはあいにく妊娠中の体には受け入れられないようでした。「うん、そうね。今度会った時に聞いてみるわ」

「いいね！　ぼく、彼女好きだよ。多分ぼくたちにぴったりだと思うよ」

ブレントは私に目をやり、もう一度私を見て、心配そうに私の手を握って言いました。

「カイル・マイヤーズ君、誤解しないでね。きみは本当にすてきな人だけど、今のきみは大丈夫そうには見えないよ」

「このコーヒー、ムリ」私はカップいっぱいのコーヒーを見て顔をしかめました。「胎児を育てるのってこんなに大変なのに、カフェインの力も借りられないなんて！」

私はコーヒーをカップホルダーに戻して、深呼吸し、窓を開けて新鮮な空気を吸いました。絶え間ない船酔いが窓から外へ飛び出して行ってくれることを願って。

数日後、私は二つの目的を持って、例のコーヒー屋へ歩いて行きました。一つ目の目的は、妊娠初期のムカつく状態に合う新しい飲み物を見つけること。もう一つは、ジーンにドゥーラになってほしいと頼むことでした。コーヒー屋にたどり着くと、ジーンが「あら、いらっしゃい！」とにこやかに迎えてくれました。

「こんにちは、ジーン。私の名前はカイルというの。自己紹介したことなかったかもしれないね」

「正式にお会いできてうれしいわ、カイル。今日は何にしましょうか？」

「私、妊娠しているの。今のところコーヒーを飲むと吐き気がするから、飲む気になれなくてちょっと悲しいの。コーヒー以外の冷たい飲み物がいいかなと思っているんだけど、何かおすすめはある？」

ジーンは目を輝かせて言いました。「妊娠したの！　楽しみね。予定日はいつ？」

「三月一九日なの。今まさに妊娠初期……吐いてばっかり、ほんと、クソみたいな気分よ」

ジーンはうなずきながらこう言いました。「妊娠初期のクソみたいな気分は最悪よね。でも、あなたの体が別の体を作っているんだから自分にやさしくしてあげてね」

「毎日トイレでゲロゲロ吐きながら、自分にそう言い聞かせようとしてるのよ。『カイル、今あなたはこの子の背骨を作っているんだよ、吐く価値のあることなんだよ』ってね」

そして私たちは連帯感を感じて一緒に笑いました。

「ジンジャー・ツイスト・アイスティーを試してみない？　レモネードと紅茶に少しジンジャーの風味が加わっていて、吐き気を抑えてくれるわよ」

「いいかも。試してみるわ」

ジーンは私の飲み物を用意しながら話し続けました。なんだかデートに誘うような気がしましたが、彼女はとても温かくて純粋なので、これから彼女のことをもっと知りたいと楽しみになりました。

「今、新しい妊婦を受け入れてるの？」

ジーンはスプーン一杯の氷をプラスチックカップに注ぎながら「三月なら、いくつか空きがあるわ」と答えました。

「ブレントと私と一緒にランチをしない？　お互いに合うかどうか試してみない？」

「それはいいわね。私の電話番号よ」ジーンはレジのボタンを押して白紙のレシートをちぎり、ペンで電話番号を書いてくれました。彼女は私にアイスティーと電話番号を渡し、私は彼女にデビットカードを手渡しました。アイスティーを一口飲みました。胃がひっくり返らなかったのは、これが初めてでした。

次の週末、私たちはジーンをレストランに招き、パティオのパラソルの下のテーブルにつきました。ランチを食べながら、お互いをもっと知ることができました。しばらくして、彼女にジェンダー・クリエイティブな子育てについて打ち明けました。

私たちは赤ちゃんにジェンダーを割り当てるつもりはないし、they/them を子どもの代名詞に使って、ジェンダーのステレオタイプに惑わされずに、幸福で健康な子どもを育てることに集中したいと告げました。

ジーンは椅子から身体を乗り出しました。「すてき！　あなたの出産物語にぜひ、参加したいわ。ジェンダーをあてがわないのは、すばらしいことだと思うわ」

「賛成してくれてうれしいわ。次に、それを理解してくれる助産師を探さなくちゃね」

私たちは自宅出産をしたいとジーンに告げました。家で出産するというアイディアが気に入っているだけでなく、すでに二人の妹の自宅出産にも立ち会っていました。それにジェンダー・クリエイティブな親としても、病院のスタッフが走り回っていない自宅での出産は魅力的でした。赤ちゃんがバイナリーなジェンダーのラベルをつけられて分娩室に入れられることもありません。快適な自宅で、助産師とドゥーラの立ち会いで、ブレントとズーマーと私は家族になる愛と幸福感に浸ることができるのです。

「あなたにぴったりの助産師がいるわ。キャサリンを紹介するわ。彼女の予約はすぐに埋まってしまうから、今すぐに電話してね」とジーンが微笑みながら言いました。

ジーンからキャサリンの連絡先をもらったので、ランチの後、家に戻るとノートパソコンを開いて彼女にメールを送りました。妊娠何週目かということと、私たちの子育て哲学について少し情報を加えました。子どもに性別を割り当てないつもりだと伝えて、空きがあるかどうかを尋ねました。「空きがあれば、私たちを引き受けてくれませんか?」と。

キャサリンから引き受けてもいいという返事が来て、私は安堵のため息をつきました。実際、彼女は「とても興味をそそられて」相性がいいかどうか会ってみたいと言ってくれました。私は何の経験もなしに、初めての妊娠とジェンダー・クリエイティブな子育ての両方をやり抜こうとしていました。どんな反応が返ってくるか予測がつかないので、知らない人にそれを告げて傷つくのが怖かったのです。私たちが見世物のように扱われるのではないかと心配していました。

最悪のケースも想像しました。自宅出産を助けてくれる人たちや小児科のアシスタントが私たちがしようとしていることを知り、ジェンダー・クリエイティブ子育ての理念に猛烈に反対して、私たちのことやズーマーの性別を公表してしまうのではないかと恐れました。SNSや仕事のメールを通して私を見つけて、嫌がらせをしたり地元のニュース記者に話したりしないか、そして記者が私の家のドアを叩いて説明を求めてくるのではないかなどと想像しました。慎重になったり警戒心を持ったりするのは私らしくないことでした。妊娠中、出産時、そして育児の初期段階には、あまりたくさんの人を自分たちの世界に入れたくありませんでした。まず自分の立ち位置を確かめたかったのです。

私はジェンダー・クリエイティブな子育てに人々がどんな関心を示すかを気にしすぎていて、他にももっと気にかけなくてはならないこと、——たとえば胎盤の位置、尿に糖が出ないかといったこと——がたくさんあるのを忘れていました。助産師のキャサリンは、私が赤ちゃんに性別を割り当てたくないと言っても気にしませんでした。赤ちゃんが無事にこの世に生まれて来ることだけを願ってくれました。出産チームが決まって私の心は穏やかになりました。理解してもらえて安心し、自分の望む妊娠生活を送ることができました。ズーマーの生殖器も、ジェンダーの割り当ても、まだ問題ではありません。今は健康な胎児を育てて産むことが焦点でした。

キャサリンは私の家族にうってつけの人でした。ある夏の終わりの朝、診療所を尋ねると、キャサリンは裸足でドアを開けてくれました。出産前診断で彼女の診療所に行くのは、大好きな親戚に会いに行くようなもので、居心地がよかったのです。妊娠中、キャサリンは私の面倒をよく見てくれました。診察のたびに、超音波装置で私たちにズーマーをのぞかせてくれました。ズーマーが足を蹴ったり、小さな心臓がハミングバードの羽のようにすばやく脈打ったりするのを見ることができました。キャサリンはズーマーを「ベイビー」とだけ呼んで、性別を表す代名詞を使うことはありませんでした。ジェンダーを一切話題にしなかったことも、私たちを清々しい気持ちにしてくれました。ズーマーの出産にキャサリンが立ち会ってくれることにワクワクしていました。すべてがうまく進んでいました。

第6章　周囲へ告げる

妊娠しようと決めてから、ジェンダー・クリエイティブな子育てについて、周囲にどんなふうに話せばいいのか、少しずつ考え始めていました。まず身近な人に話すところから始めました。親友のレイと、大学院のアドバイザーのクローディアに、ジェンダーを割り当てない子育てをするつもりだと、何気なく話してみました。彼女たちは私の計画を聞いても動じませんでした。ジェンダーについて私と同じような考えを持っていたからです。まずは軽い勝利です。

次に下の妹たちに話しました。彼女たちも驚きもしませんでした。兄に伝えると「変なやつだな。でもまだお前を愛してるよ」という反応でした。私は教壇で一〇〇人もの大学生を相手にジェンダーとセクシュアリティの授業をしながら、「ジェンダー・クリエイティブな子育てがこれからもっと盛んになるだろう、そして私自身も子どもを持つことがあればきっとそうするだろう」と主張しました。

しかし、自信が揺らぐこともありました。妹のマッケンジーと両親に話すのが不安だということに気づいて驚きました。私は彼女たちとの会話を恐れていたのです。

自分を叱りました。**「カイル、いったいどうしたっていうの？　今度会った時に、話せばいいじゃないの！」**

自分を奮い立たせようとしていました。妊娠しようとしていること、子どもにジェンダーを割り当てないと決めたことを妹に伝える勇気が出ませんでした。まだ家族を安心させられる情報もガイドラインも持っていませんでした。ジェンダー・クリエイティブな子育てがひどい結果にはならないという自信が私にはかなりありましたが、妹や両親には、なんらかの証拠が必要だと思っていました。

妹のマッケンジーには幼い娘がいます。私が妊娠を考えるようになって、妹と話す機会が増えたのはとてもうれしいことでした。彼女はユーモアがあって気さくなので毎週のおしゃべりが楽しみでした。でも、妹に告げるのが少し怖かったのです。彼女はすでに母親であり、私のように、まだ母親でもない人間が子育てについて物申すことで、彼女の感情をそこないたくなかったのです。

ある日の午後マッケンジーと電話で話している時に、ついに私は口に出してしまいました。「妊娠しようと思ってるの。でも赤ちゃんのジェンダーを決めないことにしようと思うの」数秒間の沈黙がありました。

妹の娘のマーラちゃんが機嫌よくバブバブ言いながらおもちゃで遊んでいるのが聞こえます。

「それで？」と妹が言いました。

「赤ちゃんには彼女や彼ではなくて、they や them というジェンダー・ニュートラルな代名詞を使うの。できるだけジェンダーのステレオタイプから自由な環境を作ってやりたいの」

妹が考えをまとめようとしている間、またしても数秒間の沈黙がありました。

「私はカイルをサポートしたいと思っているわ。親として、自分の家族にベストだと思うならどんな方法でもいいと思う」

妹は動揺しているようでした。「私がマーラを女の子として育てているのは、まちがいだと思う？」

胸が締めつけられました。

「そうじゃないよ。マッケンジーはすばらしいお母さんだし、マーラもとってもいい子よ。マーラにとって正しいと思うことをすべてやってるでしょ？　これは、私とブレントにとって正しいと思うことなの」私は続けて言いました。「マッケンジーから子育てについて多くのことを学んだよ。あなたをお手本にできたから、きっとより良い母親になれると思うの」

マッケンジーが息をつくのが聞こえました。

「あなたの赤ちゃんをどう呼べばいいの？　**姪**《ニース》とか**甥**《ネフュー》とかに相当するジェンダー・ニュートラルな言葉はないの？」

「そうね……」と電話で話しながら、私は検索してみました。「ニースやネフューに代わるジェンダー・ニュートラルな言い方は……」

「あ！　かわいいのを見つけたわ。**ニブリング**だって。**ニースとネフューのNを、シブリング（きょうだい）のSの代わりに入れて、ニブリング！**」

「あら、ほんと、かわいいね」「私なりにちょっとアレンジして、私のかわいいニブレットちゃんって呼ぶことにするわ」**ニブレット、最高！**　私たちは笑い出しました。

すっかり忘れていたのは、家族や友人のネットワークの力です。ジェンダー・クリエイティブ子育てについて誰か一人に話せば、そこから身近な人へ、またさらに親しい人へと、伝達が行われていくということを私は忘れていました。妹マッケンジーは夫や義理の家族や、私と共通の親しい友人に話すでしょう。それを聞いた人たちは多分、私から直接聞くよりも、もっと自由に自分の考えを言うことができるでしょう。私にとっては、時間の節約にもなるし、ストレスもずいぶん軽減されました。それぞれの人と対話をする必要性を感じなくて済みました。これは私たちが決めたことなのですから、どんな否定的なコメントがあろうと、直接それを聞く必要はありません。

私はその数か月後に妊娠しましたが、ジェンダー・クリエイティブな子育てについての情報があまり公開されていないことに不満を感じていました。そして、きっと他にも情報をほしがっている人がいるだろうと思い、情報を自分で作ろうと決心しました。私の家族や友人以外にも役立てばいいと思ったのです。

ブレントと私は「raisingzoomer.com」を立ち上げました。私の仕事は大学でジェンダーとセクシュアリティの社会学を教えることで、ブレントはデジタルのものを美しくデザインすることを生業としていました。二人の才能を組み合わせれば、ジェンダー・クリエイティブな子育ての重要な概念について、家族や友人にきちんと説明できるシンプルなウェブサイトが作れると思ったのです。

それから数か月の間、私は短いブログ記事を書き続けました。よい時間を見計らってジェンダー・クリエイティブな子育てのすべてについて、家族や友人や同僚に無理やり話そうとするよりも、みんなにリンクを送って、自分の好きな時間に読んでもらう方が簡単だと思ったのです。ミニエッセイに、they/them/their の代名詞の使い方や、性とジェンダーの違いについても書きました。人々が置かれている状況に応じて、質問にも答えたいと思っていました。ブログを読んでもらい、考えてから質問があれば、聞いてほしいと思いました。そうすることで、みんなのプレッシャーも軽減されると思っていました。そして実際にそうなりました。

両親に告げる前に、数年前にニュースで読んだサーシャちゃんとストームちゃんの両親たちと連絡を取ることができました。かれらとの短いメールのやり取りの中で、「その方法で子育てをしてよかったと思いますか？」と尋ねました。どちらの両親も「この方法で育ててよかった。機会があればまた、そうしたい」と答えてくれました。私はかれらと連帯感を感じることができ、かれらが私より前に実行したこと、そして性別《ジェンダー》をあてがわなかったことが、最高の子育ての決断の一つだったと知って安堵しました。

何が起きるかわからない初期の一二週間を乗り越えて、妊娠中期に入った私は、そろそろ母にジェンダー・クリエイティブな育児計画について告げるべきだと思っていました。妊娠初期にはまだ妊娠していることにワクワクした気持ちを持てなかったのです。流産はよくあることだし、母も何度か流産していました。情報と検査とエコー検査が必要でした。自分を落ち着かせる時間も要りました。でも週を追うごとに少しずつリラックスしていきました。胚から胎児へ、そして赤ちゃんらしいものへと発育していき、もうズーマー・コヨーテと絆を感じてもいいんだ、と自分に許せるようになっていきました。ジェンダー・クリエイティブな育児に真剣に取り組む気持ちが固まったところで、両親に話すべき時が来ました。

母に電話をして、少し世間話をしました。それから深呼吸して「ママ、ちょっと話したいことがあるの。今いい？」と尋ねました。

「いいわよ、どうしたの？」と母が答えました。

「えーと、あのね、私はズーマーにジェンダーを割り当てたくないの」「つまり、ズーマーを男の子とも女の子とも呼びたくないの。ズーマーには、男女のステレオタイプや期待にとらわれずに、一人の赤ちゃんとして、一人の子どもとして育ってほしいの」

「あなたがそうしたいと思うのも無理はないわね」と母が言いました。

私は少しほっとして「それから、she や he の代わりに、ズーマーには they, them という代名詞を使いたいのよ。私たちがジェンダー化された代名詞を使わなければ、周りの人もズーマーとジェンダー的なやり取りをしないようになると思うの。慣れるまで練習が必要だと思うけどズーマーが自分をどんな代名詞で呼んでほしいか私たちに伝えられる年齢になるまでは、みんなもジェンダー・ニュートラルな代名詞を使ってほしいの」

母の脳が一生懸命に情報を処理しようとしているのを感じました。

「わかったわ。でも私にはズーマーの性別を教えてくれるのよね？」と母が尋ねました。やれやれ、新たなレベルの違和感に突入したようです。

「ママには、ズーマーと親密な関係を築いてほしいの。そのうちズーマーの性別がママにはわかるようになるけど、はじめの数か月間は誰にもズーマーの性別を知らせないつもりよ。そうすれば、みんながthey/them という代名詞を使うのに慣れてくれるだろうし、ズーマーを一人の赤ちゃんとして意識して扱ってくれるようになると思うの」

母は少し動揺しているようでした。「少し驚いているわよ。今まで想像していた、孫との関係とずいぶん違うのね。ズーマーのジェンダーを教えてくれないということなの？」

「ママ！　私にだってまだズーマーのジェンダーがわからないのよ。そこなのよ。ズーマーのジェンダーはズーマーが決めることなの。ズーマーが準備できたら、私たちに自分のジェンダー・アイデンティティと使ってほしい代名詞を教えてくれるのよ。それまでには何年か、かかると思うけど、長い目で見ればそんなに長いことではないわ。何か月かしたら、ママにもおむつを替えたりお風呂に入れてもらったりすると思うけど、私たちがしようとしていることを理解してほしいのよ」

「じゃ公園に行って、ズーマーが裸で走り回りたいって言ったらどうするの？」

私はしばらく考えました。「そうね……私が子どもの頃、よく裸で公園を走り回ったっけ？」

私たちは笑い出しました。母は「私の言う意味わかるでしょ？　どうやって体のことを秘密にするの？」

母の言うことも理解できました。そしてそれは考えなくてはならない大きな問題だと思いました。

「ズーマーには自分の体を肯定的に考えてほしいの。人前でおむつを替えたり、水着に着替えたりしなくてはならない時は、そうすればいいと思うわ。障害に出会うたびに乗り越えていけばいい。重要なのは、ズーマーにレッテルを貼ったり、制限を与えたりしないこと。社会が作り上げた境界を越えても恥だと思わずに、自分を発見する機会を与えたいの。わかるでしょう？」

「わかったわ、この子育てはなんという名前なの？」と母が一息ついて言いました。

「私は、ジェンダー・クリエイティブな子育てと呼んでるわ。ブログを作って説明を書いたから、よければ読んでみて。もっとよくわかるようになるかもしれないし、疑問に思ったことがあれば、何でも聞いてね」

電話の最後に母は、「リーダーになれるように、あなたを包摂的で愛情深い人間に育ててきたから、今度のこともよく理解できるわ」と言ってくれました。母の言葉を聞いて思わず笑みがこぼれました。

父に話す番になった時、父が本当に正直な気持ちを話してくれるかどうかが心配でした。たとえ私のすることに反対であっても、父は多分何も言わないでしょうし、説明が必要であっても、私に尋ねることはないだろうと思っていました。父は争いを好まない人でしたが、父の気持ちを混乱させたくありませんでした。私はブログを書く時に、よく父を読者として想定していました。彼は頭がよくて好奇心のある人ですから、ブログに適切なハイパーリンクを張れば、ネットの片隅の情報に父を誘導して、もっと理解してもらえるかもしれないと思っていました。

父に電話でジェンダー・クリエイティブな子育ての話をした時、妹たちの誰かがすでに伝えていたことを知りました。

「ぼくにはよく理解できないよ」

何と言っていいかわかりませんでした。父は私の一九歳の生徒ではありません。私の父なのです。彼がどう考えているかが気になるし、失望させたくありませんでした。言うべきことを、頭の中であれこれ探しているうちに、父に先を越されてしまいました。

「でも完全に理解できなくても、お前を応援するし、孫を愛していくよ。その子の母親を愛しているようにね」

思わず胸が熱くなりました。父にお礼を言って、ウェブサイトを作ったこと、もっと理解してもらえるようにブログを書いたことなどを伝えました。説明が必要ならどうぞ聞いてほしいと。父につらい思いをさせたくありませんでした。

私が両親に伝えるのを恐れていると知ってブレントは、おののいていました。ブレントは心配性なのです。人の目を私よりも気にします。彼は自分の両親がショックを受けると思っていました。ブレントと彼の両親との関係は非常に良好でしたが、地理的に離れている時点ですでに理想的とは言えませんでした。何千マイルも離れた異なる半球にいるのですから。そこに初孫が誕生するのです。地球の反対側にいるだけでなく、ブレントはこのニュースで両親の抱く祖父母観を狂わせようとしているのです。

ブレントが両親に告げるまでの数日間、彼は不安の雲に包まれていました。自分ひとりで親に告げることで、自分の決意を示そうとしてくれていました。私はそれをうれしく思いました。オーストラリアから息子を奪ったことで、すでに罪の意識を感じていた私は、ジェンダー・クリエイティブ育児が私だけの考えだと彼の両親に思われるのではないかと、恐れていたのです。

ブレントはまず二人のきょうだい、ネイサンとキンバリーに話しました。二人ともすぐに賛成してくれて驚くほど協力的でした。

ブレントが両親に電話をする決心をしたのは、ズーマーが生まれる一か月ほど前のことでした。

「裏庭で電話するよ」ブレントが携帯電話を手にして言いました。

「OK、がんばってね」他に何と言っていいかわかりませんでした。これは彼にとって非常に困難なことだと思っていましたから。

その日は二月でしたが、暖かくてわりと気持ちのいい日でした。私が洗ったばかりのベビー服をズーマーの部屋のドレッサーにしまっていると、ブレントのひそひそ声が聞こえてきました。窓に近づいて見ると、ブレントはグレイのTシャツと黒いナイキのトラックパンツ姿で、まだ緑になっていない芝生の上を裸足で歩き回りながら話していました。左手で携帯を耳に当て、右手を物干し用のロープの上で滑らせていました。そのロープには、一時間ほど前まで色とりどりの新生児用のつなぎが干されていました。彼の様子を少しの間、観察しました。リラックスしているように見えました。うまくいくことを願って、私はベビールームの片づけに戻りました。

五分ほどして裏口のドアが閉まる音がしました。ブレントは台所のカウンターに電話を置くと、リビングルームへ歩いてきました。

「どうだった？」と私は尋ねました。

ブレントはソファに座り、しばらく黙っていましたが、「大丈夫だったよ。でも両親に求めることがあまりにも多すぎて、もっと早く話せばよかったと思う。かれらには寝耳に水だったし、ぼくが不安だったために、今まで親に話せなかったことを後悔したよ。子どもを作りたいと話した時から準備しておけばよかった」

ブレントの足が床をせわしく叩いていました。そして私から目をそらすように右を向きました。苦しんでいるようでした。助けたいと思いました。みんなの気持ちを楽にしたかった。でも、私もまだ自分の心を癒やそうとしているところでした。この先どうなるか、まるでわからなかったのですから。

私はブレントの背中をさすりました。「言いたいことはよくわかるよ。私も話すのを遅らせてしまって、それがある意味で裏目に出たと思う。両親の頭の中では、すでに赤ちゃんについてのイメージが固まっていて、来月には孫娘か孫息子が誕生すると楽しみにしていたわけだからね。それなのに、引き戻されて、どんな祖父母になればいいかをゼロから考え直さなくてはならなかったんだから」

ブレントが悲しそうな表情で言いました。「親はぼくたちのことをただ心配しているだけだと思うよ。ぼくたちがなぜここまでしたいのかが理解できないんだ。ぼくたちの行く手には困難が待ち受けているだろうし、親たちはもちろん、ぼくたちが傷つくことなど望んでいないんだ」

「ブレント、考え直したくなった？」

「そんなことはないよ。ジェンダー・クリエイティブな子育てはしたい。でも同時に怖い気持ちもあるよ」

私はうなずきました。ブレントの不安は驚くことではありませんでした。でも私自身の不安が急に襲ってきました。「大丈夫。これは正しいことなんだから」と私は声に出して言いました。彼のためというよりも、自分自身を確認するための言葉でした。正しいことをしていると思っていました。本当にそれが正しいことを願いながら。

第7章　二つの人生の中間

初めてズーマーがお腹を蹴るのを感じたのは妊娠二〇週目でした。オーストラリアのブレントの両親を訪ねている時のことで、私は赤いソファに座っていました。とても不思議な瞬間でした。ブレントの手をつかんで、お腹の右側に押し当てました。翌日には、義母の手を私の肋骨の下に押し当てていました。ズーマーはそれほど頻繁に動いたわけではないので、たまに動いた時は、誰であってもそばにいる人に——たとえそれがアメリカに戻る途中のフィジーの空港スタッフであっても——それを教えたかったのです。

あの最初の蹴りを感じた日からユタ州に戻って以来、ズーマーの位置が変わることはありませんでした。診察のたびに、頭が上でお尻が私の骨盤の近くまで下がっていました。足はズーマーの顔のすぐ隣です。逆子、逆子、正真正銘の逆子です。「北半球へ戻ってきたことがズーマーにはわからなくて、それが正しい位置だと思っているのかな?」ブレントが冗談めかして言いました。

妊娠後期のはじめになっても、キャサリンがエコーでのぞくたびに、ズーマーは逆子のままでした。

三五週目の診察の時、診察台から滑り降りて、ティッシュペーパーでお腹のジェルを拭き取り、パンツをお腹の上まで引き上げて、セーターを下ろしました。ブレントと私はキャサリンの前のソファに座りました。

「出産用プールを家に運び込む日を決めますか?」と私がキャサリンに尋ねました。

キャサリンは突然とてもまじめな顔になって、「この子の向きを変えなくてはいけないわ」と言いました。「ユタ州では、逆子だとわかっている場合、助産師が自宅出産に立ち会うことが許されていないのよ。赤ちゃんの頭が下を向くまで、私はあなたの家に何も持っていくわけにはいかないの」

「え……そうなの」ブレントが動揺している私の手を握りしめました。そして「**キャサリンはズーマーが向きを変えると思っていないんだ**」と気づきました。

キャサリンは私の目をじっと見て「あなたにはやらなくてはならないことがあるわ。Spinningbabies.com のサイトに出ている逆子体操を全部やってみて。カイロプラクターや鍼灸師に、逆子の赤ちゃんの向きを変えられないか診てもらったり、お灸を試してみるのもいいわね。近くに水泳ができるプールはない?」

「プールがあれば入りなさい。それから、フィリップ・ヤング先生を紹介するわ。彼は逆子のスペシャリストで、ＥＣＶ〔external cephalic version 外回転術〕という治療をするの。彼の診察を受けるべきだと思う」

それから二週間、ズーマーの逆子を治すことに費やしました。長いアイロン台の端をベッドに乗せて、足をベッドの上に置いてあおむけに横たわり、頭を床に向けました。そして待ちましたが、何も変わりませんでした。

週に三日通ったカイロプラクターは、魔法のアジャストメントでズーマーの向きを変えられると自信満々でしたが、魔法は効力を発揮しませんでした。

鍼も二度ほど受けて、足に鍼を刺されました。テニスボールを使った体操もしました。それでもズーマーの向きは変わりません。

ネットでお灸を注文しました。裏庭で紫色のビーチチェアに座り、前に置いたおそろいの椅子に足を乗せました。お灸の棒の先にライターで火をつけてから、椅子の肘置きに一本ずつ並べました。そして煙が直接足の小指に当たるようにしました。昼下がり、ナイトガウンにデニムのジャケットを羽織って空を見上げながら、冬が春へと移り変わる最初の晴れの日を満喫しました。お灸の煙はマリファナのような匂いがしました。おせっかいな隣人がフェンスから顔をのぞかせないか、ズーマーが突然向きを変えようとしないかと待っていましたが、どちらも起こりませんでした。

冷たいパックをお腹に乗せればズーマーが居心地が悪くなって回転するのではないかと思いました。ブレントがSpotifyに入れてくれた「回る」とか「ひっくり返る」という歌詞の入った曲を聞きながらキッチンで激しく踊ったり、曲に合わせて歌ったりもしました。でもズーマーはザ・バーズの曲「ターン！　ターン！　ターン！」にも触発されることはなく、小さなお尻を私の骨盤の近くにじっと下ろしたままでした。

ドクター・ヤングのＥＣＶ予約の前日、私はユタ大学の屋内プールに行きました。学生たちがホットタブでいちゃついたり、健康そうなアスリートがプールでラップスイミングをしたりしているのを横目に、私は上下不ぞろいのビキニ姿で、プールにむくんだ足をつけて、水の中に入りました。

私は遊び好きのマナティーのように、上を向いたり下を向いたりしながらぼちゃぼちゃと泳ぎました。若い学生たちは、私がたった一人で「手を上げて、立ち上がって」とやっているのを眺めていました。三〇分ほどして疲れたので、プールサイドの濡れた冷たいコンクリートの上に足を投げ出して、体を水に浮かせていました。

「ねえズーマー」耳に水が入っているため自分の声がおかしな具合に聞こえました。「ねえ、ハニー……あなたに回転してほしいの。頭を骨盤に向けて、お尻を私の胸の方へ向けてほしいの」私の大きなお腹が水面に浮かんでいました。

「ズーマー、本当に家であなたを産みたいの。病院のお世話になりたくないの。病院は無菌状態で混んでるわ。病院であなたにジェンダーをあてがわれたくないの。あなたの誕生日に、私は変人扱いされたくないのよ」私はズーマーに告白していました。

時間が迫っていました。私はズーマーが回転する可能性が低いことを少しずつ認め始めていました。ズーマーは帝王切開で生まれるのだろう、そしてそれは家のリビングルームなどではないだろうという現実的な可能性をしぶしぶ受け入れていたのです。

◆◆◆

ブレントと私は、分娩トリアージクリニックのカウンターに向かいました。ECVを受ける時間です。医療助手が待合室に入ってきて私に「クリスティーナ？」と声をかけました。私はブレントに向かって目を丸くし、彼は笑い出しました。こういうことがよくありました。カイルという名前の発音がわからない人は、私がミドルネームのクリスティーナの方を好んで使っていると勝手に決めつけるのです。「私の名前はカイルです」と木のアームチェアの肘で体を支えて立ち上がりながら言いました。

ブレントも立ち上がって私の手を握りました。「クリスティーナ、さあ行こう。ぼくらの赤ちゃんを回転させるんだ」

私たちは分娩室に連れて行かれて、病院の検診衣に着替えさせられました。診察台によじ登って、看護師がズーマーの心拍をモニターするバンドを私のお腹に巻きました。それから私とブレントだけが部屋に残されました。

「ここって、すごく病院的よね。忙しそうだし……いろいろなことが起きてるって感じね」私は部屋の中のあらゆるものを見回していました。キャビネット、モニター、カーテン、ソファ、新生児のケアが必要になったら使うであろう大きな機材。「ここで産みたくない」と言いながら、私は、ここで出産するわけではないと気づきました。病院で産むとしたら、手術室でしょう。そしてその時には、すべての機器や喧騒もきっとありがたいと思えるでしょう。

看護師が廊下のクローゼットでごそごそ探しものをしている音が聞こえました。一人の看護師が別の看護師に叫んでいます。「どうしよう！　女の子用のビーニー〔アメリカの病院では新生児にピンクやブルーの帽子をかぶせる〕がもうなくなったわ！」

私とブレントは顔を見合わせて皮肉っぽく言いました。「おや、大変！　女の子のビーニーがもうないんですって！　そもそも女の子のビーニーって何なのよ?」

ブレントはソファの上で笑っていました。彼はこうした状況でも自分の無力さに動揺することなく、

「ぼくたちは自分のビーニーを持って来ようね」と言って安心させてくれました。

私は傾けられた診察台に体を戻して、モニターから聞こえてくるズーマーの小さな心臓のシューシューという音を聞いていました。

三〇代前半の女性が部屋に入ってきて私に握手の手を伸ばしました。

「私はドクター・アミンです」

「私はカイルです。こちらはブレントです」ブレントはソファから立ち上がってベッドの脇へと移動していました。

ドクター・アミンは「こんにちは」とブレントに笑いかけました。それから彼女はダークブラウンの目を私に戻して「逆子ですって?」と言いました。

「はい、そうです」

「ちょっと診せていただいてもいいですか?」

私は青と白の検診衣をお腹の上に引き上げました。

ドクターはお腹を見て微笑み、「見ただけで逆子だとわかるけど、確認のためにエコーでのぞいてみましょうね」と言いました。

彼女はお腹に冷たいジェルを塗りました。キャサリンの診療所ではジェルを温めてくれたのに、ここのは冷たいままでした。キャサリンと病院の違いを私は頭の中で数え始めました。圧倒的にキャサリンの勝ちです。ドクター・アミンは、エコーの棒をジェルの中に差し入れて、ゆっくり押しながらズーマーの姿がスクリーンに映るまで動かし続けました。ドクター・ヤングがどこにいるのか、いつ来るのか、誰も教えてくれません。私は数日前にドクター・ヤングからコンサルティングを受けたばかりでした。彼は親切で、とても安心させてくれました。評判のよいドクターだし、私の赤ちゃんを回転させられる人がいたら、この人しかいないだろうと思っていました。私はドクター・ヤングに紹介されたのだから、短い残りの妊娠期間に必要であれば、彼に私のケアを引き継いでほしいと願っていました。

ドクター・アミンがお腹を両手で触り始めました。ズーマーの位置を確かめて、どうすれば回転させられるかを探っています。彼女がＥＣＶを行おうとしているのは明らかでした。

「ヤング先生はいついらっしゃるのですか？　先生がＥＣＶをするのだと思っていました」と私が尋ねました。私を見上げた彼女の目から、そう聞かれてがっかりしているのがわかりました。そして今まで何百回も答えてきたように、私の問いに答えました。

「私は医師です。ＥＣＶのトレーニングを受けていますし、経験も積んでいます。ドクター・ヤングももうすぐ来ますが、まず私が先にやってみます」彼女は腹を立てているようではありませんでしたが、きっといつも同じ質問をされているのだろうと思いました。薄茶色の肌の若い非白人の女性が、自分が医師であることを患者に言って安心させなくてはならないのです。私は申し訳ないと思いました。彼女が医師であることは知っていましたし、優れた医師ではないなどとは思っていませんでした。ただ、私は七二時間前に会った、私の先生に来てほしかっただけです。

ドクター・アミンは、何度かズーマーを回転させようとしましたが、うまくいきませんでした。その時、ドクター・ヤングが少し息を切らしながら部屋に入ってきました。

「遅くなってすみません。別の病院に行っていたのです」と言いながら彼は私とブレントの手を握ってくれました。二人の医師は数秒間、ＥＣＶのことを話して、ドクター・アミンがまた私のお腹に手を当てて、やさしくズーマーを押そうとしました。何も起こりませんでした。何度か失敗してから、ドクター・ヤングがやることにしました。

胸郭や骨盤の下に大人の指が差し込まれるのは、これまでの経験の中でも決して気持ちのよいものではありませんでした。ブレントとドクター・アミンが見守る中でドクター・ヤングがズーマーを動かそうとする間、私は台にあおむけに寝て天井を見上げていました。ズーマーの頭が少し下に動いたようだとブレントが言いました。でもドクターが手を離すと、ズーマーの頭は、はじめの位置にしっかり戻ってしまいました。また元通りの上向きに。

ドクター・ヤングがいくつかのポジションで試している数分間、台の上で私はいくつも深呼吸をしながら「早く終わって！」と頭の中で唱えていました。やっと終わって、ドクターが私のお腹から手を離して、腰に両手を当ててまっすぐ立ちました。その様子から、言おうとしていることがわかりました。「申し訳ないけど、うまくいきそうもありません」この時、私よりドクターの方が落胆しているように見えました。

「いくつか選択肢がありますよ。経膣分娩を試すのもいいでしょう。あなたはそれに適していると思います。もし経膣分娩を選ぶのなら、喜んで立ち会いましょう。あるいは、帝王切開という選択肢もあります」

自分に与えられたチョイスについて考えました。「初めての逆子の出産に経膣分娩を選んで、最終的には帝王切開になった例はどのくらいありますか？」

「五〇％ぐらいです」とドクターが答えました。

私はゆっくりうなずきました。その確率が気に入りませんでした。ドクターは「少し考えてみてください」と言って部屋を出て行きました。

「大丈夫？」ブレントが私の手を握って言いました。ＥＣＶを試してみてよかったけど、ズーマーを回転させようとするのにはもう疲れていました。これ以上は無理です。「もうあきらめて、前へ進んでもいいよね」

ドアをノックする音がして、ドクター・ヤングが入ってきて、ベッドの脇に立って「どうしますか？」と尋ねました。ベッドの反対側にはブレントが立っています。

「帝王切開でお願いします」

ドクターはうなずきました。「わかりました。一九日が予定日でしたね。もちろん、私がしてあげたいと思っていますが、一九日まで私はカナダに行って留守になります。もし予定日かその前に帝王切開を希望なさるなら、私のパートナーの医師に予定を組んでもらうこともできますが、予定日前に陣痛が始まることは多分ないと思います。ですから、あなたたちが赤ちゃんの誕生日を選んで知らせてくれれば、私の予定に入れておきますよ」彼はカードに携帯電話の番号を書いて渡してくれました。そして部屋を出る時に「赤ちゃんを回転させられなくて、ごめんなさい」と言ってくれました。

私は病院の検診衣を脱いで自分の服に着替えました。そしてブレントと一緒に駐車場に停めた車まで歩いて行きました。

「お腹が空いたわ」一日中、何も食べていませんでした。急に帝王切開になるような緊急事態に備えて、その日は何も食べないように言われていたのです。遅いランチをとるためにサンドイッチ屋までドライブして、ブレントがテイクアウト・オーダーを取りに中に入っていきました。彼が車に戻って来た時、私は泣いていました。

ブレントは食べ物の入った袋を下に置いて、私を抱きしめました。「大丈夫だよ」「今日だけでいいの。今日だけ悲しくて落ち込むけど、あとはもう大丈夫よ」私は袋からナプキンを取り出して頬の涙を拭いました。それから私たちは家に帰り、ソファでテレビのコメディ「となりのサインフェルド（Seinfeld）」を見ながらサンドイッチを食べました。

サンドイッチの包み紙を捨てにキッチンに行き、壁にかけた二〇一六年大判カレンダーの三月のページを見てみました。三月一九日土曜日を大きな丸印で囲んで「予定日」と書き込んであります。その日を気にするように言われてから、ずっとその日にこだわってきました。その翌日の三月二〇日が春分の日なのに今まで気がつきませんでした。私はうれしくなりました。

「ねえ、ブレント！」と私が叫ぶと、

「どうした？」ブレントがキッチンへやってきました。

「春分の日を私たちの子どもの誕生日にするのは、どう？」

「いいね！」ブレントも微笑んでいます。

「いいよね。ドクター・ヤングの予定を聞いてみるね」と私もうなずきました。

ドクターとテキストメッセージで何度かやり取りをしました。通常は週末には帝王切開の予定を入れないそうですが、ドクターは何か所かに電話で確認して手術室を確保してくれました。私はペンで三月二〇日のマス目に「お誕生日おめでとう、ズーマー」と書き入れました。そしてお腹に向かってこうささやきました。「まちがっても早く出て来ちゃだめよ！」

その夜、バスタブにお湯を汲んで、エプソム・バスソルトを一袋丸ごと投入しました。そして痛む体を湯船につけました。ECVでズーマーを動かそうと、二〇本の指にあちこちの骨や筋肉や内臓を押したり引いたりされたので、身体が痛かったのです。それから、最後にもう一度泣きました。この状況で自分に許した最後の涙をすべて流し出しました。あれほど望んだ自宅出産ができないことを泣きました。必死で努力したのに結果が伴わなかったこの一か月の苦しみを嘆きました。一六日後の帝王切開のことを悲嘆しました。新米の親になるだけでなく、大手術からも回復しなくてはならないことを思って泣きました。病院で出産することと、それがジェンダー・クリエイティブな子育てをしようとしている新しい親にとってどんな意味があるのか、その未知数を思って泣きました。

その週は、多くの時間をネットに費やしました。自宅出産のPinterestをやめて、帝王切開のPinterestを検索しました。ある晩、帝王切開の情報をスクロールしながらブレントに向かって言いました。「パッドシクルドを準備しないでよくなったのは、ラッキーかも！」彼は、それが何を意味するかも知らずにうなずいていました〔パッドシクルドは生理ナプキン「パッド」と棒付き飴「ポプシクル」を組み合わせたママたちによる造語で、出産後の痛みを軽減させるために生理ナプキンを凍らせておくことを意味している。飴のように癒やしてくれるパッド、という意味〕。

「尿管カテーテルも初体験だしね！」私は心から興奮していました。

ズーマー出産のカウントダウンが始まると、気持ちが落ち着いてきました。ドゥーラのジーンと、彼女のビジネスパートナーのエルがやってきて、リビングルームで模擬帝王切開をしてくれました。敷物の上に私が横になり、ジーンが麻酔医と産科医を演じ、エルが手術室の様子や、ブレントの立つ位置を説明してくれました。私の神経が落ち着きを取り戻し始めました。

◆◆◆

ズーマーが生まれる一週間前には、やることリストの全項目に「✓」マークを入れることができました。入院用バッグに荷物も詰めました。ベビー服はすべて洗濯を終えて片づけました。車にチャイルドシートの台も取り付けました。ブレントと家の中を整理し、徹底的に掃除しました。赤ちゃんを家に迎えるのに必要なもの（それほど多くはありませんが）はすべて揃いました。準備万端、整っていましたが、なんだかおかしな気分でした。涙もろくなりました。私はファストフードのコマーシャルを見ても泣きじゃくっていました。

トイレットペーパーのロールを替えるような何でもないことをする時も、「**ああ、親になる前にロールを替えるのはこれが最後なんだ**」と考えました。買ったものの賞味期限がズーマーの誕生日より後だと、「妊娠中に買ったこのヨーグルトは、親になってから食べるんだわ！　まあ！」と、うっとりしました。スーパーに買い物に行っては涙ぐみ、自分でもおかしくなって涙を拭きました。四〇週目のホルモンは、実に妙なものです。

ある日の午後、体を駆けめぐる奇妙な感情から気をそらすために、ソファでテレビを観ていました。あと数日で赤ちゃんと会えるのです。携帯電話が鳴りました。優れたドゥーラで今では親しい友人にもなったジーンが、ある記事へのリンクを送ってくれたのです。「今日あなたのことを考えていて、この記事に興味があるかもしれないと思ったの」リンクをクリックすると、ジャナ・ストデルスカによる「妊娠最後の日々：中間の場所（Last Days of Pregnancy: A Place of In-Between）*18」というオンライン記事が出てきました。

著者ジャナのエッセイは、私の気持ちをズバリ説明していました。二つの人生の中間——**zwischen**〔ツヴィッシュン：ドイツ語で間（between）の意味〕という状態です。子育て自体が脅威だし、エキサイティングな意味で恐ろしくさえあります。私は二九歳で、ズーマーの母親になるのを楽しみにしています。ジェンダー・クリエイティブな子育てはさらにもっと恐怖ですが、ジェンダー・クリエイティブな子育てをする親としての人生がいったいどうなるのか、怖い気がしていました。個人的にそんな子育てをしている人を知りませんでした。サーシャとストームの両親たちも、その子育てについて、ほとんど何も公開していませんでした。

今まで「男の子？　女の子？」と聞かれれば「生まれるまでのお楽しみなの」と答えられました。それ以上言う必要も、混乱もありませんでした。ズーマーはまだ子宮の中にいたので、私の体と皮膚と筋肉の層が、それ以上の質問から守ってくれました。でも数日後には、もうその答えは通用しないでしょう。人々は必然的に尋ねてくるでしょう。そして私が質問の意味を理解できないかのように、「男の子なの？　女の子なの？」と繰り返すでしょう。どう答えたらよいのかわかりません。ズーマー自身が教えてくれるまで、本当にズーマーが男の子なのか女の子なのか、どちらでもないのか、その両方なのかわからないのです。毎日が闘いになるのでしょうか？

私は容赦なく襲ってくるであろう嵐に足を踏み入れる前の、最後の静けさを満喫しながら、議論やゴシップや果てしない説明要求に備えようとしていました。人生が大きく変わろうとしていました。自分の責任だけを果たしていればよい、子どものいない人生から、親としての人生へ。そして、私たちの子どもだけでなく、もしかしたら何百人、何千人もの子どもたちのジェンダー社会化を変えられる人生へと。この二つの劇的な変化が同時に起きようとしていました。初めて大砲の筒にもぐり込むサーカスのパフォーマーになったような気がしました。どこに着地するのかも、無傷で着地できるのかもわからないのは恐怖ですが、でもやりたいということだけは確かでした。

◆◆◆

ズーマーが生まれるまでの数日間、私は何マイルもよたよたと歩き回りました。妊婦の多くは四〇週目になると陣痛が始まるのを望むものですが、私は逆に、陣痛が起きないように努力していました。日曜日が帝王切開の予定日でした。毎朝ズーマーに丁寧に言い聞かせていました。「おかしなこと考えちゃだめよ。産道を行く船はもう出てしまったの。だからあなたを取り出すまでは、まだじっとしていてほしいの」手術からの回復と目まぐるしい子育てが始まる前に、少しでも新鮮な空気を吸っておきたいと思いました。

ディス・イズ・ザ・プレイス・ヘリテージ・パークまで歩きました。歴史の上では、モルモン教会指導者のブリガム・ヤングがここからソルトレイク・バレーを見下ろして「ここがその場所だ」と宣言し、アメリカ中西部や東部の宗教迫害を逃れてきたモルモン教徒の開拓者たちに、この谷に家を建てて生活を営むように指示したと言われています。私の祖先にはモルモン教徒の開拓者はいませんでしたが、自分の子どものためにより安全な地を探そうという考えには共感できました。

ジェンダー・クリエイティブな親になる勇気が湧いてきました。応援してくれる人たちがきっといるでしょう。子どもたちには、単に子どもとして存在する機会、そして自分に合うと思うジェンダー・アイデンティティを自ら切り開く機会を与えられる権利があるという私のメッセージに何千人もの人が賛同してくれるのを想像しました。

◆　◆　◆

帝王切開の前には飲食できません。手術中に吐いて、自分の吐しゃ物で喉を詰まらせるかもしれないからです。私は食べるのが好きで、すぐにお腹を空かせてしまうので絶食は苦手です。一九日の夜九時以降は飲み食いできないのなら、八時五九分まで好きなものを飲んだり食べたりしようと思いました。そこで、ズーマーの誕生日前夜に、二マイルほど離れたギリシャ料理店「マノリズ」まで歩いて行こうと提案しました。ブレントは歩き、私は数ブロックをジグザグによろめきながら進んでいきました。

歩いている間に、ローラーコースターのようにいくつかの感情が襲ってきました。翌日、病院でジェンダー・クリエイティブな子育てをどう切り抜けるのか、まだ具体的に決めていなかったのです。どう考えても選択肢は二つしかありません。一．入院中はズーマーに性別を割り当てるのをよしとする。二．自分たちはジェンダー・クリエイティブな親であると主張する。一ブロック目を歩いている間にこう考えました。**「明日、お腹を切って赤ちゃんを文字通り取り出すんだわ。それに耐えるだけでも大変なのに、代名詞の使い方まで取り締まるべきだろうか？　何が起きているかズーマーにはわからないのだか**

ら、入院中の三日間ぐらいは〔アメリカでは帝王切開後の入院は平均三日。自然分娩であれば一日の入院〕**人がズーマーをどう呼んでも訂正する必要などないのではないか？**」でも、たとえ三日間であってもズーマーにジェンダーが割り当てられることを考えると、ぞっとしました。

しかし、次の一ブロックを歩いている間に気が変わりました。「**やっぱり嫌だ！ 流れに任せるなんて、シスジェンダーの特権に屈するようなものだ！ 私たちは、より困難な選択をして、ジェンダー・クリエイティブな親であること、そしてズーマーにthey/themという代名詞を使うことを、出産チームに率先して伝えるべきだ。あまりにも多くのトランスジェンダーやインターセックスやノンバイナリーの人たちが、こういうことに日常的に立ち向かっているんだ。もっと多くのシスジェンダーの人が変化を起こすために立ち上がるべきだ**」

レストランまで、あともう三ブロックのリバティ・パークにたどり着いた時、私は肉体的にも精神的にも力尽きていました。感情的にも疲れ果てていたのです。ブレントは少し不安そうでした。というのも、自信を絞り出して納得のいく決断をすることが、私に任されていたからです。まだ大きな決断を下せないでいました。近くのピクニック・テーブルに腰掛けようとブレントに言いました。金属製のテーブルの表面に彫られたダイヤモンド模様をむくんだ人差し指でなぞりながら、いくつか深呼吸をしました。赤ちゃんが私の肺を枕に寄りかかっている状態でできうる限りの深呼吸を。

「立ち上がるまでに決断するわ」と私は宣言しました。

さらにいくつか深呼吸をしてから、ブレントの目を見上げて言いました。「正しいと思うことをするべきだと思うの。そしてそれは、たとえ怖くても、ジェンダー・クリエイティブな子育てに徹することだと思う」

「ぼくは未知のことで苦しんでいる。明日親になるというだけですでにストレスを感じてるよ。でも父親になるだけでなく、ジェンダー・クリエイティブな子育てもちゃんとやろうとしてるんだ」私たちは座ったまま夕陽が沈むのを眺めました。空がネイビーブルーに染まりました。

「でもぼくたちは、今になって決断しようとしているわけじゃないよね。もう決めたことだよ。そしてぼくたちの決断が及ぼす影響を、明日、正式に体験するってわけだね」

私たちは顔を見合わせて笑おうとしました。たった二人の小さなチームの連帯感を表すために。

「きみは、何か食べなくちゃ」ブレントが手を差し伸べて私をベンチから引き上げてくれました。

私たちはレストランに着くと必要以上の食べ物を注文しました。コートニー・マイヤーズ・コンビとしての最後の夜を祝いました。明日からはトリオになるのです。

夕食後はタクシーで帰宅し、ドクター・ヤングにメールを書きました。簡単にジェンダー・クリエイティブな子育ての概念を説明し、ジェンダーをあてがわないこと、ジェンダー・ニュートラルな代名詞を使うことを告げました。そしてズーマーの生殖器について発表したり、大騒ぎしたりしないように頼みました。さらに家族や友人や同僚に理解してもらうために作ったウェブサイト raisingzoomer.com へのリンクもつけて、もし興味があったら見てほしいと付け加えました。書き終えて私の指が「送信」ボタンの上でいつもより長く迷っていました。緊張していました。緊張でお腹の中で蝶々が何羽も宙返りをしているようでした。やっと「送信」を押しました。私たちのジェンダー・クリエイティブ育児の冒険が、正式に始まったのです。

第8章　お誕生日おめでとう！　ズーマー

家族と友人のみなさんへ

子どもは村全体で育てるといいます……

今日私たちはこの村に新しい生命が誕生したことを喜んでご報告します。**ズーマー・コヨーテ・コートニー・マイヤーズ**は二〇一六年三月二〇日午後一時一六分に生まれました。

体重七ポンド一三オンス〔約三五四四グラム〕、身長一九と四分の三インチ〔約五〇センチメートル〕の赤ちゃんです。

私たち夫婦は、**ズーマー**に性別《ジェンダー》をあてがう代わりに、ジェンダー・クリエイティブな方法をとることに決めました。**ズーマー**には何でも体験してほしいし、ジェンダーを自由に探求してほしいのです。数年後には**ズーマー**はなんらかのジェンダー・アイデンティティへと自然に引き寄せられることでしょう。

私たちはズーマーの代名詞として、he/she, him/her, his/hers の代わりに、they/them/their、あるいは単に「Z」を使うことにしました。慣れるまでに少し時間がかかるかもしれませんが、すぐにみなさんにも慣れていただけると思います。

みなさんにジェンダー・クリエイティブな子育てをより理解してもらうために、ウェブサイトを作って短いブログを書きました。また Pinterest へのリンクも張っています。ジェンダー・クリエイティブな子育ての理由がよりわかるようなニュースやTEDトークがまとめられています。www.raisingzoomer.com を見てください。

ズーマーの生殖器を知った方には、どうぞそれをあなただけの心に閉まっておいてくださるようお願いします。そしてニュートラルな代名詞を使い続け、それまでと同じようにジェンダー・クリエイティブに接していただきたいのです。でもつい口が滑っても、ご自分を責めないでください。

このニュースはみなさんにとってショッキングかもしれません。どうぞいつでも、どんなことでも尋ねてください。メールでも電話でも、いつでも！

みなさんに**ズーマー**を紹介できる日が近いことを願っています。みなさんのような家族と友人を持つズーマーはとてもクールな子に育つことでしょう！

心を込めて、ブレントとカイルより

ズーマーが生まれた翌日、友人や家族や同僚たちに出産のお知らせをメールで送ると、私たちの受信箱がお祝いメッセージと愛情であふれんばかりになりました。

ズーマーの誕生の物語を思い出すと、いつも微笑ましい気持ちになります。とてもいい物語ですから。

日曜日の朝は「病院からの知らせが多分九時頃にあるだろうから、それまでは家で待機するように」とドクター・ヤングに言われていました。私はすでに朝六時頃には目が覚めていました。興奮と緊張で眠れなかったのです。もうすぐ必要になるチャイルドシートの隣の床に置いたバッグに、必要なものがすべて入っているかを再点検しました。それから、病院から準備ができたという知らせを待ちながら、早朝のほとんどの時間をソファの上で、ＳＮＳやテレビを見ながら気をそらしていました。

「カイル、準備ができましたよ。病院に来てください」ようやく九時半頃に電話がかかってきました。ブレントと私が車で病院へ向かうと、分娩室の受付で看護師が待っていてくれました。

「今日出産ですね？」と看護師。

「その予定です！」

「どっちなのか、もう知ってるの？」

「生まれるまで知りたくないの」こう言えるのも、ズーマーがお腹にいる間だけ、これが最後です。看護師は微笑みながら「それは楽しみですね！　こちらは、今朝あなたのお世話をするアリソン看護師ですよ」と言いました。

アリソン看護師は四〇代前半で、肩まであるこげ茶色の髪を半分ポニーテールに結っていて、額の前で前髪が揺れていました。白い手術着と黒いパンツを身につけています。「アリソンです。お会いできてうれしいです。さあ、あなたのお部屋へ行きましょう」

私たちが病室に入ると、アリソンがガウンを渡してくれました。「ありがとう」私はバッグを置いてガウンを受け取りました。

「少しお待ちくださいね」と言ってアリソンはドアを閉めました。ブレントはソファに座っています。ここには数週間前にも来ていたので、手順はわかっていました。靴とスウェットパンツとカーディガンとTシャツを脱いで、青と白の病院用ガウンに身を包みました。ベッドの上によじ登って、ジーンにテキストメッセージを送りました。彼女は待ち時間の間、私たちに付き添って、サポートしてくれると言っていたのです。病室の番号を知らせて、「いつでも来て」と伝えると「すぐ行くわ」と返信が来ました。

アリソン看護師が腕に点滴をするために入ってきました。これが意外にもかなり痛くて、その日一番の痛みとなりました。

「性別は生まれるまでのお楽しみにするんですって?」とアリソンは私の静脈に刺した針を腕にテープで留めながら、にこやかに言いました。

「えーと……」私は居心地の悪さに耐えながら言いました。「あなたの質問が赤ちゃんの性染色体についてだったら、もうわかっているし、生殖器の見当もついています……。でも私たちの赤ちゃんには、ジェンダーをあてがわないつもりなの。女の子とか男の子とかと呼ばないで、ただ、赤ちゃんというだけに、しておきたいの。ナースステーションで、生まれるまでのお楽しみにする、と言ったのは、その方が説明するより楽だったからなの」

彼女の顔に浮かんだのは、戸惑いでも理解でもなく、ただ私の話を理解しようとしているような表情でした。「ふーん」というどちらともつかない返事が彼女の口からもれました。「そういうの聞いたことないけど、いいわね!」そう言ってアリソンは氷水を取りに行ってくれました。

彼女は、小さな氷と水をいっぱい入れた、病院用の大きなプラスチック製マグカップの蓋にストローを乗せて持って来てくれました。

そして「はい、どうぞ」と私のベッドの脇の小さなテーブルに置きました。

「アリソン、ありがとう」私はマグカップを手に取って一口飲みました。

「他にほしいものはない?」

私はストローから口を離して尋ねました。「質問があるわ。ここでは赤ちゃんにどんなものを用意しているの? それは普通ジェンダー分けされているのかしら? たとえば……入院中、赤ちゃんを寝かせる小さなプラスチックのベビーベッドに、名前のカードをつけるとか?」

「ベビーベッドに貼る小さなカードにはお母さんの苗字を書くのよ。男の子なら青いカード、女の子ならピンクのカードね」

私はちょっと考えてから言いました。「インターセックスの赤ちゃんだったらどうするの? バイナリーなジェンダーという考え方をしたくない人は? 私たちが使える緑色か何か他の色のカードは、ありませんか?」

アリソンはしばらく考えていました。「他にはカードはないのよ。でもいい質問ね。インターセックスの赤ちゃんの場合、どうするのかわからないわ」また何秒間かして彼女が続けて言いました。「男の子と女の子に別々のカードを使う理由も、よくわからないわよね。考えてみると、バカバカしいことだわ」

私はちょっとうれしくなりました。たった今、私はこの担当看護師の心に、ジェンダー・クリエイティブの小さな種を蒔いたのかもしれません。

正午頃に、ドクター・ヤングが入ってきて微笑みかけて私の手を握ってくれました。「メールを読みましたよ。あなたたちの希望を尊重して、赤ちゃんの、あの部分については慎重にしましょう」

肩の荷が下りました。認めてもらえたのです。ドクターにとって、これはそれほど奇妙なことではなかったのです（少なくとも、そういう様子は見せませんでした）。私を信じて、ジェンダー・クリエイティブな親としての意思を尊重してくれました。

「先生、私を変人扱いしてくれなくてありがとうございます」と私は微笑みながら言いました。

ドクターも微笑んでいます。「これまでにも、いろいろなリクエストが親御さんからあったし、あなたの要望は特に変だと思いませんよ」

午後一時少し前に簡単なエコー検査をして、ズーマーがまだ逆子なのを確認しました。私の肋骨の下から頭が突き出ているのだから、これ以上明らかなことはありませんでした。手術室へ向かう時間です。アリソンはブレントに手術着を渡し、私には髪を覆うキャップを手渡しました。廊下のすぐ先の手術室の入り口で、私はブレントに短い間のお別れのキスをしました。ブレントは呼ばれるまで病室で待っていなくてはならないのです。

手術室では、麻酔医と数人の看護師が待っていました。白くて明るい、病院らしい無菌状態の部屋でした。麻酔医が近寄ってきて自己紹介をしました。

「今日あなたの麻酔を担当するレインです」

「私は、麻酔なしでお産をするつもりですよ」と私は真顔で言い、一瞬の沈黙の後で、笑いながら言いました。「冗談です。麻酔をじゃんじゃん入れてください！」

レイン先生もほっとしたように笑いながら、私を手術台に上がらせて、背骨の近くに麻酔薬を打ちました。

麻酔がすぐにきき始めて、手術台の上にあおむけになりました。レイン先生に「どんな感じ？」と聞かれて、私は「妊娠してないみたい！　いい感じ！」と興奮して答えました。下半身が消えていくような感覚でした。

「違和感があったら言うように」私の頭の右側のスツールに座った麻酔医師が青い目で微笑みながら言いました。「自由なスピリットを今日、この世界に迎えるんだってね？」

彼にもわかってもらえたことに気づいて、私は何度か瞬きをして言いました。「そうなの。they に早く会いたいわ！」

「名前は何？」

「ズーマー・コヨーテよ」

彼はまた笑みをたたえた目で言いました。「パーフェクトな名前だね」

一瞬の静けさの後、手術室は、組織化された混乱で騒がしくなりました。ドクター・ヤングと産科研修医、それに小児科チームが入ってきました。ブレントも付き添われて手術室に入ってきました。ブレントを見たとたん、心臓の鼓動が激しくなって、うれしい緊張の涙が目にあふれました。ブレントは私の左側のスツールに腰掛けました。「どう？　どんな気分？　準備できた？」

「ズーマーに会う準備がすっかりできたわ」

ブレントの目も少し潤んでいました。私の手を握って「ぼくもだよ」と言いました。

予定された帝王切開の出産というものは驚くほど早く終わるものです。私は白い天井を見上げていました。何が起きているか見えないし、感覚もありませんでしたから、ただじっと耳をすませていました。ドクター・ヤングが「さあ、始めるよ!」と言うのが聞こえ、部屋が静かになりました。

ズーマーの泣き声が静寂を突き破って耳に入ってきました。その泣き声が私の脳を再配線し、その泣き声が私の心臓の繊維全体に埋め込まれました。聞いたこともない泣き声が、どうしてこんなに懐かしいのでしょう? 私はブレントに「立って!」と言いました。

ブレントは立ち上がって、私の下半身を覆っているドレープのあちら側に立ち、部屋の向こうから私に向かって言いました。「カイル、すごくきれいな子だよ! 髪がいっぱい生えてる!」

私は微笑みました。もうすぐズーマーを抱くことができます。私の体内で育ったこの小さい人間をやっと見ることができるのです。すでに私は無限の愛を感じていました。

ブレントがズーマーを私の胸に乗せてくれました。ズーマーはブランケットに巻かれて、頭にはビーニーをかぶっていました。生まれたてのブルーグレイの瞳が初めて私を見つめています。「こんにちはズーマー、お誕生日おめでとう! 私がママのカイルよ。やっと会えてものすごくうれしいわ」話しかけると私の顔をきょろきょろと見渡します。ズーマーは足を私の口のところに当ててました。胎内で逆子だったので、そのポーズが定着してしまったようです。

ブレントは隣に座って、片腕をズーマーに、もう片腕を私に回して寄り添っていました。小さな三人家族です。レイン先生に携帯電話を持ってきたかと聞かれて、ブレントはiPhoneをポケットから取り出して渡しました。やさしい麻酔医は、マスクを顎の下まで下げて、「スマイル！」と言って私たち家族の写真を撮ってくれました。

「先生は世界一、撮影料の高い出産フォトグラファーね」と私は冗談を言いました。今、自分の体が縫い合わされているという事実を忘れていました。今の私に重要なのは上半身で起きていることだけでしたから。

私たちが幸福感に浸りながら入院生活を送っている間、分娩室の看護師たちが、産科病棟の看護師たちに、私たちとズーマーについて、そしてジェンダー・ニュートラルな代名詞について伝えてくれていました。私たちのケアをする看護師が交代する時にも、申し送りをしてくれました。ジェンダー・ニュートラルな代名詞を楽に使える人もいましたが、（ごくたまに）「口を滑らせ」て謝る人もいました。そんな時私たちは「心配しないで。努力してくれてありがとう！」と言ったものです。

三日間の入院中、何十人もの医療スタッフ、医師、研修医、授乳スペシャリスト、看護師、看護助手たちとかかわりましたが、本当に全員が、敬意とプロ意識を持って、最大の努力をしてくれました。私たちの要求に疑問を持った人は一人もいませんでした。

ズーマー誕生の翌日、二人の小児科医が私の病室でズーマーを診察してくれました。指導医師のドクター・デイビッドと、研修医のドクター・パテルです。ズーマーをチェックして、標準的な聴覚検査と視覚検査をし、股関節形成不全になっていないかを調べてくれました。長い間、逆子だったからです。ドクター・パテルがこれからどの小児科医にかかるつもりかと尋ねました。それは私にとって大きな重荷になっていた問題でした。ジェンダー・クリエイティブなアプローチを尊重してくれる小児科医を見つけたいと思っていましたが、健康保険のプランを決めかねている中途半端な状態だったこともあって、小児科医を決めかねているのだと答えました。過激な親とかかわるのを避けるために、ズーマーを受け入れない小児科医もいるかもしれないという心配もありました。

「私が喜んでズーマーの小児科医になりますよ」とドクター・パテルが言いました。「あなた方の子育て哲学に賛成ですから」私は病院ベッドの上に座って、ブレントと目を合わせて笑いました。そしてドクター・パテルの方を見て「お願いします！」と告げました。

ほんの些細なことで、私たちの入院生活は、よりバラ色になったはずです。ズーマーのベビーベッドに、性別に色分けされた、ジェンダーを推定するカードが貼られていなければどんなによかったでしょう。カードには「マイヤーズのベビー」とだけ書かれていましたが、それはただ単に、親と離れている時に、保育室で新生児を識別しやすくするためのものでした。ズーマーは九〇％の時間、ブレントか私の腕の中にいましたから、ベビーベッドはそれほど気になりませんでした。カードについて前もってわかっていたら、そしてもしまた出産することがあれば、もっと積極的でクリエイティブになれたでしょう。事前にベビーベッドのカードを借りて他の色の紙にコピーして、病院のベビーベッドに貼ることもできたのです。

火曜日の朝、病室の窓から朝日が差し込むのを見ていました。窓の下の小さなソファベッドにブレントが丸まって横向きに寝ています。生後二日のズーマーを腕のくぼみに抱えて、二人ともぐっすり眠っています。私はズーマーの出生証明書を書いていました。「男女」の選択欄でペンが数秒、止まりました。選択肢には、「インターセックス」も「不明」も「ノンバイナリー」もありません。「男性」か「女性」かを選ぶ欄には「ジェンダー」ではなく「性《セックス》」と書いてありました。少なくとも、その箇所においては、ユタ州が正しい用語を使っていることに感謝すべきでしょう。私はズーマーの性染色体が何であるかを知っていましたし、ズーマーの性器も見ていて、それがその性染色体の典型的な性器であることもわかっていました。集団健康社会学者としては、出生証明書から性別を変数として収集できることに感謝しています。出生時の男女比が不均衡かどうかや、性別による乳幼児死亡率をモニターするのに役立つからです。しかし、こうした形でバイナリーな性別《セックス》を割り当てたり記録したりすることは、トランスジェンダーやノンバイナリーやインターセックスの人を傷つけることも認識しています。

私は出生証明書の、ズーマーの性染色体と性器に合った性別マーカーを選び、「まちがっているかもしれない」と書き加えました。ズーマーが社会保障番号やパスポートを得るためや、私とブレントが両親であることを証明するためには、出生証明書が必要でした。出生証明書は、公的な身分証明書の発行者だけが見るものなので、ズーマーの日常生活への影響はないでしょう。ズーマーが大きくなって、もし出生証明書の性別を変えたいと言ったら、それに要するすべての費用を払って、成し遂げられるまでサポートしようと決めました。ありがたいことに、ユタ州ではそれが可能なのです。

あえて言えば、私たちにとって、病院でのジェンダー・クリエイティブ育児には問題がありませんでした。それには、この進歩的な町の病院で、私とブレントが中流階級の白人で、健康保険を持ち、シスジェンダーに見えるカップルだという特権が影響していたことはまちがいありません。医療スタッフは、何でもないように私たちに接してくれたし、they/them の代名詞も意識して使ってくれました。ズーマーのかかりつけ医になってくれる小児科医も見つけました。リトマス試験紙のようでした。新しい人と接するたびに、新しい生活への不安感が、霧のように蒸発していきました。

病院での出産によって、私の信念が試されました。ジェンダー・クリエイティブな親として、表に出て、同じ志の親たちのためのリソースとなり、変化の提唱者となろうとしているのなら、言葉だけではだめです。行動が必要でした。どんなにつらくても、恥骨の上に傷が残っても、子育てのはじめの二週間にパーコセット〔オピオイド鎮痛薬〕が欠かせなくても、行動で示さなければならなかったのです。

退院して数週間後、書類の整理をしている時に、ズーマーが生まれた時のカルテのコピーを見つけました。カルテの一番上に「ご両親が、子どもをジェンダー・ニュートラルに扱ってほしいと希望しています」と書かれてありました。看護師や医師が病室で私たちと接する前に、目に入るように誰かが気遣ってくれたのです。そのメモを発見して私はキッチンの食卓で、うれしくて顔をぐしゃぐしゃにして泣いてしまいました。

私は自宅出産をする少数者の仲間入りをしたかったのに、ズーマーは、産まれるその日まで逆子でい続けた少数派の赤ちゃんの一人でした。ズーマーが教えてくれたのは、子どもというものは、いつも親の予想通りにいくとは限らないということでした。ジェンダー・クリエイティブな親にとって、それこそぴったりの教訓ではありませんか。

第9章　はじめの日々

私は、あふれ出るオキシトシン幸せホルモンに身を委ねて、何よりもズーマーを優先しました。六月一日まで仕事に戻らなくてよかったので、それまでの一一週間は、昼夜問わず四六時中、生まれたてのかわいい赤ちゃんの世話をし、この子との絆を深めることが、私の唯一の仕事でした。

ズーマーを抱きしめて何時間もうっとりと顔を見つめたり、爆発寸前のおむつを交換したり、ズーマーがおっぱいを飲む頻度と左右どちらから飲んでいるかを記録するアプリに夢中になったり、という具合に一日が過ぎていきました。まだ手術から回復中だった第一週目は、立ったり歩いたりが困難なので、特に苦労しました。でも、ズーマーが生後一週間になった時、思い切ってコーヒーショップへ歩いて行こうと決めました。

ブレントがズーマーを着替えさせてベビーラップに包みました。訪問中だった母が、私の体を支えてくれました。玄関を出た私たちは歩道を歩き始めました。私は一ブロック歩いて、「最高の気分よ！人間の体ってすごいよね」と高らかに宣言したものです。でも、コーヒーショップでドリンクを頼み、家に帰り始めた時のこと。何か外からの力が、私を切り裂き、体内からバッテリーを取り出して、道路に投げ捨てたのです。一足ごとに痛みが増しました。今にも傷からこぼれ落ちそうな内臓を抑え込もうとして私はしゃがみました。それから六メートル先に見えたバス停のベンチまでゆっくり進んで、「しばらく、ここにいるわ」と座り込んでしまいました。

ブレントと母には、私が介助なしに三ブロック離れた家まで歩けるはずがないと、わかっていました。無茶だったのです。家のベッドにたどり着くには、麻薬か車か、その両方が必要でした。まず母とブレントとズーマーが先に家へ戻り、母がズーマーを見ている間に、ブレントが車で迎えにきてくれました。私はわずか六ブロックの超短距離ファンラン〔楽しみながらランニングをするイベント〕を終えることができず、「失格」の烙印を押されたような気持ちになりました。

ブレントは車を家の前に停めて、私を見つめて言いました。「すべてをやろうとしなくてもいいんだよ。スローダウンすればいいんだ。きみがスローダウンできるように助けたいとみんな思っているよ。でも、きみも自分自身に、そうしてもいいという許可を与えなくてはならないんだよ」それはまるで魚に「泳いではだめ」と言うようなもので、彼もそれはわかっていました。私はそのアドバイスを真摯に受け止めて、助けを求めるようになりました。

最初の一か月は、毎日のように訪問者がありました。それに家族が数日交代で滞在してくれていました。私とブレントは、お客さんが来る前や、ドアを閉めたズーマーの部屋で、おむつを替えました。大した問題ではありませんでした。ズーマーはおっぱいを飲んでいない時はたいてい、ブレントか、祖父母か、家族か、友人に抱かれていました。友人たちは、誰もズーマーの生殖器がどのようなものかを知りませんでしたし、ズーマーを名前や、ジェンダー・ニュートラルな代名詞で呼んでくれました。

はじめの頃は、ジェンダー・クリエイティブな子育てについて訪問者と話すことはあまりありませんでした。誰もがズーマー誕生のお知らせを受け取っていたし、誕生前に話してあったので、さらに話す必要はありませんでした。むしろ他のことに話が集中しました。私の未使用の産道で押しつぶされることなく生まれたズーマーの頭蓋骨が、いかに完璧な球形かということや、日中ズーマーが眠っている間に昼寝をするのがいかに困難かというようなことです。最近の親にとって、ネット検索が恩恵であると同時に災いでもあるというような話もしました。みんな、生まれたての赤ちゃんを抱いて、感嘆の声を上げました。「なんて小さな爪でしょう！」「カイルの鼻の穴にそっくりね」「おや、ウンチしたみたいよ！」「私が抱っこする番だよ！」「おっぱいちゃんと飲んでる？」誰もがズーマーを大好きになって、私たちを支えてくれようとしていました。

ズーマーが生まれて二週間が過ぎ、ブレントは仕事に復帰しなくてはなりませんでした。会社から一週間の無給休暇をもらっていたブレントは、二週目は上司の許可を得てリモートワークをしていましたが、その次の月曜日には出社してほしいと言われていたのです。それからの数週間は、友人や家族からの訪問も減りました。新生児との生活に慣れるのは大変で、新米の親は孤独感を感じるようになりました。

はじめの二か月間は、昼も夜もごっちゃでした。授乳してゲップをさせ、一緒に遊び、おむつを交換し、布にくるみ、抱きしめ、寝かしつけ、息をしているかどうか確かめ、最小限の準備で食べられるものを探しました。またズーマーが呼吸をしているかをチェックし、母乳ポンプの説明書を読み、二〇分かけて搾乳し、微量の母乳を冷蔵庫に入れ、ポンプの部品を消毒し、またズーマーが息をしていることを確認して、シャワーに飛び込み、でもズーマーの泣き声が聞こえたような気がしてシャワーを止め、シャワーカーテンから頭を突き出してズーマーの様子をうかがい、泣いていないとわかると、またシャワーをひねって、でもまた絶対に泣いていると思って、髪を洗うのは省略して、シャワーから飛び出てズーマーが熟睡しているのを発見するという具合です。唯一フィットするスウェットパンツをはき、あ、またズーマーが泣いてる……ひたすらその繰り返しです。

外出なんてありえないと思いましたが、ずっと家にいたいとも思いませんでした。ターゲット〔ドラッグストア名〕に爪切りを買いに行くのも半日仕事でした。外出時には、念のために、おむつを一三枚、おしりふきを四パック、着替えを九着、持っていきました。ズーマーを車のベビーシートに座らせて、ターゲットまでドライブし、ズーマーをベビーシートから取り出して後部座席で授乳し、爆発したおむつを交換し、爆発で汚れた服を着替えさせ、ズーマーをベビーラップにくるんで、やっとターゲットに入った時には、何を買いに来たのか忘れてしまいました。眠っているズーマーを絶対に起こしてはならないと、四五分もストア内をうろついているうちに、「爪切りだった!」と思い出し、爪切りの売り場へ行きました。レジに向かう途中で四人の子どもを連れた人とすれ違って、思わず「あなたは魔術師なの?」と尋ねてしまいました。四人もの子どもを連れてターゲットに買い物に来られるなんて、それに四人ともちゃんと生存していることも私にはどうしても理解できなかったのです。

夜中にズーマーに授乳しながら、インスタグラムをスクロールしていました。夜なのか明け方なのか区別すらつかないこんな時間に起きているのは、遠方まで探しても、私だけだという自信がありました。

インスタグラムの写真を見ては、「**髪を洗う気力や、冷たいパン以外のものを食べる時間がある人がうらやましい**」と思ったものです。私が @raisingzoomer というインスタグラム・アカウントを作ったのも、こんな夜中の授乳時でした。ジェンダー・クリエイティブな子育てをしている人たちと、なんらかの方法でつながりたいと考えたのです。そこでハッシュタグやコミュニティを検索し始めました。

◆◆◆

ズーマー誕生から一か月後のある日の午後、ブレントが仕事から帰ってきて、カバンを下ろし、私にキスをしてからズーマーを抱き上げました。

「仕事どうだった？」

「まあ、よかったよ。でもストレスを感じたことがあったんだ。同じエレベーターに乗り合わせた重役が、ぼくたちに赤ちゃんが生まれたことを知っていて、男の子か女の子かと尋ねてきたんだ。パニクったけど、こう答えたんだ。『ぼくたちは、子どもにジェンダーをあてがわない、ジェンダー・クリエイティブな子育てというのをしています。赤ちゃんはズーマーという名前なんです』とね。彼は、無理に笑顔を作って、うつろな目でぼくを見てた。『こいつ、いったい何を言っているんだ？』と思っただろうね。ドアが開いて、彼がエレベーターから降りた時は本当にうれしかったよ」

私たちは少しの間、何も言いませんでした。ブレントは立ったままズーマーをゆっくり揺らしながら、ズーマーが眠りに落ちるのを見下ろしていました。

ブレントが言いました。「誤解しないで。ジェンダー・クリエイティブな子育てをしているのはすごくうれしいんだよ。ただ、人前で、他の親みたいに、のんきに喜んでいられないだけなんだ。『男の子？　女の子？』といつ聞かれるかわからないからね。職場でもみんながぼくのことを噂しているのではないかってね。噂しているに違いないけど」

私は体温と心拍数が急上昇するのを感じました。首の後ろの毛が逆立ちました。

「少なくともあなたは仕事に行けるし、人と知的で刺激的な会話を交わして、ランチやコーヒーにだって毎日行ってるじゃない。それに、今日もちゃんとした服を着ているじゃないの」と私はブレントに噛みつきました。

ブレントは眠ってしまったズーマーを見下ろしていました。そして、静かにリビングルームから出て行くと、廊下の先の部屋のベビーベッドにズーマーをそっと横たえると、戻ってきてソファの私の隣に腰を下ろしました。

「ぼくだって、きみとズーマーと一緒に家にいたかったよ。家族のための出産休暇制度のある会社で働きたかったし。『もう仕事はやめるよ。準備ができたら復職するさ』と言えたら、どんなにいいだろう。でも、そうじゃないんだ。ぼくは働かなくてはならない。きみがズーマーと家にいられることを本当に感謝しているよ。きみはとてもうまくやっているよ。きみは自分のための時間をもっと作るといいよ。ぼくが家でズーマーの世話をしている夜や週末に予定を入れればどう？」

彼に腹を立てたことが恥ずかしくなりました。新しい責任のすべてから離れる時間がほしいと思ったことに罪悪感を持ちました。そしてブレントが、私のいないところで、ジェンダー・クリエイティブな子育てについて話さなくてはならなかった状況に陥ったことも、よかったと思っていました。でも同時に、私たちが見ず知らずの人に対して神経質にならざるを得ないことを悲しいと思いました。

「本当にいろんなことがあるよね」と私は認めて言いました。

ズーマーの二か月目の健康診断の日、ドクター・パテルの小児科クリニックの待合室で、ブレントは水槽の中のカラフルな魚の群れをズーマーに見せていました。私は椅子に座って、受付の人がクリップボードに挟んで渡した書類に記入していました。私に関する質問事項がありました。ズーマーの八週間の健康状態についての質問の後に、私の気分を尋ねる質問がありました。書類の上の欄には「産後うつスクリーニング検査」とは書かれていませんでしたが、それが何であるか、わかりました。そして、すべての質問に正直な答えを書き込んで、受付に返しました。

予防注射を終えたばかりのズーマーを抱いていると、ドクター・パテルが「あなたの回答が少し気にかかりましたよ。スコアから見ると、もしかしたら産後うつのリスクがあるかもしれませんね。気分はどうですか？」と私に言いました。

私は一呼吸おいてから、こう答えました。「ズーマーを愛しているし、親であることも大好きです。それにまちがいはありませんが、子育ては気が狂いそうになります。赤ん坊は一日に一六時間も乳首に吸いついているし、人と知的好奇心を刺激するような会話を交わすことはほとんどありません。疲れきっています。数週間後の仕事復帰も不安です。産後うつの症状が完全に出ていると思います。新米の親で産後うつにならない人がいるなんて、信じられません」私は急に話すのをやめられなくなりました。「でも、それほど心配しているわけではありません。自分やズーマーを傷つけたくありません。ただ新しい自分の現実を理解しようとしているだけです。そのうち元気になると思うけど、苦しいのです。

きっと大丈夫だと確信しています。でも自分のアイデンティティをしっかり把握したいのに、まだそれができないのです」ブレントは私の膝に手を置いて、安心させるようにさすってくれました。

　ドクター・パテルがうなずいて言いました。「子育ては大変ですよね。あなたはよくやっていますよ。ズーマーはあなた方のような両親を持って、本当に幸せで健康でラッキーだと思いますよ」

　最初の頃、親のどちらかが家で子どもの世話をすることが多い場合は、子育てを均等にシェアするのは困難です。私たちは、子育てがバランスよく公平にできていると思えるように、そして私ができるだけスムーズに復職できるようにと一生懸命でした。確かに私はズーマーが生まれてから二か月半の間は、九時から五時までズーマーと二人きりで家にいましたが、ブレントも、もっと家にいられるようになって、夕方五時から朝九時までや、週末の間は、子育てを均等に担っていました。私は、自分が生物的存在と社会的存在の間のどこに位置しているのかを理解しようとしていることに気づきました。

　私は出産したばかりの哺乳類で、乳児の世話をする責任を負っています。そして二〇一六年の今、一人の男性を愛している一人の女性でもあります。ズーマーが泣き出しても、ブレントが対応できるように、私は自分を抑えるようにしました。子育てのすべてを細かく管理しないように、私の「仕切屋」の本能や、母性本能に必ずしも流されないようにと自分を抑制しました。ブレントだって、血管の中にオキシトシン幸せホルモンが流れている人類の親なのです。私と同じように、ズーマーの世話をしたり絆を深めたりしたいと思っているはずです。ブレントには、力を発揮できる父親になってほしいと願っていました。それには力を発揮できる機会が彼に必要でした。

　私はモルモン教徒として育ち「モルモン教徒は家族主義で子どもが多いことでも知られている」、五人きょうだいの上から二番目だったので、ブレントよりも子どもの世話をした経験があります。でもズーマーに関して、ブレントはこう言ったものです。「きみの方が子どもの世話の経験が豊富かもしれないけど、この子に関しては、ぼくよりも経験があるわけではないよ」と。日中ズーマーと一緒にいる私には、子どもの合図をキャッチしたり、スケジュールを立てたりできるという利点がありました。そこで、日中うまくいったことや、ちょっとしたコツについて、夕方にブレントと話し合い、彼の意見を聞いたりしました。

ズーマーを布で巻くやり方もブレントに教えました。

「まず、ここを折ってからズーマーを乗せて、片方の布を体に巻き付けて、身体の下に挟み込むの。そして、反対側の布を巻いてから、下の布をこんなふうに持ってきて上の部分に挟み込めば、ほら、できあがり！　ズーマー巻きの完成よ！」

ブレントは、私がうまくいったと思ったことを熱心に学び、彼がよいと思ったこともシェアしてくれました。二人ともお手上げの時にはグーグルが頼りになりました。

話し合ってルーティンを決めました。ミルクの作り方やおむつ交換やお風呂やズーマーの寝かしつけ方は、二人ともよくわかっていましたから、危険がない限り、相手のしていることに口は挟まないというルールにしました。最終的にズーマーがお腹がいっぱいで、清潔で、よく眠っていれば、どうやってそこに到達したかは問題ではありません。大した違いはありません。

ズーマーが生後七週間になった頃、友だちが飲みに行こうと誘ってくれました。ブレントの職場に電話して「今夜シャイリーンとバーに行ってもいい？」と尋ねました。

「もちろんだよ。行っておいでよ」
ブレントが帰宅して、私は出かける用意をしました。ズーマーにおっぱいを飲ませて、車でバーへ行き、テキーラのソーダ割りを二杯飲みながら、友だちと三時間おしゃべりをしました。その間、一度も携帯電話をチェックしませんでした。ブレントがズーマーの世話をちゃんとできるとわかっていたからです。

おむつに関しては、ブレントが仕事に行っている昼間は私が交換していたので、夜間はブレントがよくおむつを替えていました。私が仕事に戻ったら、夜間のおむつ交換はかわりばんこになります。ウンチでいっぱいのおむつを替えた後には、きっと「今度はあなたの番だからね」と言うでしょう。どちらが起きておむつを替えるか、じゃんけんで決めたこともありました。ズーマーが一歳になってからは、「妊娠していたのは私だし、赤ちゃんを取り出すためにお腹を切られたのも私なのよ……」とおむつ番を逃れるために同情を誘う手は、もう通用しなくなりました。

でも片方の親が赤ちゃんの食料供給源（特に母乳を与えている場合）である間は、均等な子育てのバランスを保つのは、ほとんど不可能だと思っていました。[*19] 私はズーマーを四か月母乳で育てました。仕事復帰する前の月には、毎日搾乳してフリーザーに十分な母乳をストックしようとしましたが、母乳の出は芳しくありませんでした。はじめの頃、よく眠れなかったので精神的に参っていたのです。私もブレントも、仕事をこなすためには（そしてお互いにやさしくなれるためには）最低六時間の睡眠が必要でした。そこで、ズーマーの睡眠トレーニングを始めました。

生後八週間経った頃、乳幼児用ミルクを導入しました。そうすれば、ズーマーは日中に十分ミルクを飲むことができて、私も唯一の食料供給者から解放されてストレスが軽減します。初めてズーマーに哺乳瓶でミルクを与えた時、こんなにおいしいものはないというように飲み干しました。私は台所で、半分悲しいような、うれしいような気持ちになりました。ズーマーがミルクを拒まなかったことが悲しいような、でも、これでズーマーの生命維持のストレスを他者にも共有してもらえることがうれしいような気持ちでした。

私たちにとって、平等な子育てはジェンダー・クリエイティブな子育ての最も重要なことの一つです。二人とも仕事をしてお金を稼ぎたいと思っていたし、料理や掃除やズーマーの世話といった家事や子育ての責任も同じように果たしたいと思っていました。子どもに、すべてのジェンダーに同じように能力があると信じて育ってほしければ、それを家庭で実践して見せなければなりません。私たちの関係性の中でジェンダー規範をどのように崩していけばよいかを常に意識して、話し合いを続けました。私たちを護ってくれていた殻は、もう割れようとしていました。一年が過ぎ、世界がズーマーに影響を与え始めようとしていました。

第10章　新たな出会い

早い時期に、ある残念なことに気づきました。子どもが小さければ小さいほど、たくさんの人から性別を聞かれるのです。最初の数か月は二重の苦しみでした。親としてのあり方と、ジェンダー・クリエイティブな子育てへの自信との両方がピタッと決まるバランスを探していました。なんといっても最大の不安は、ジェンダー・クリエイティブな子育てについて人に初めて説明しなくてはならないことでした。知らない人に話す機会は思ったほどはありませんでした。ジェンダー・クリエイティブな子育てについて話すのは、筋トレのように、やればやるほど楽にできるようになりました。

まずほとんどの場合、（レジ係、客室乗務員、公園で会った親切な人といった人たちは）ズーマーの服装からジェンダーを推測して、「彼女はいくつ？」「彼はかわいいね」のように話しかけ、私は「一〇週間です」「ありがとう！」と答えていました。それ以上の会話は必要ありません。スーパーの親切な店員の一人ひとりを捕まえて、「実はジェンダー・ニュートラルな代名詞を使っているんです」と説明したわけでもありません。ズーマーが大きくなって使ってほしい代名詞を教えてくれたら、私はズーマーのジェンダーをまちがえた人を一日中でも訂正し続けるでしょう。でもはじめの数か月は、バナナを買うたびに果物売り場で代名詞について議論する余裕はありませんでした。

しかし、私たちの行きつけのカフェのバリスタのように、ズーマーがしょっちゅう接する人には、「ズーマーのジェンダーはまだわからないの。だから、they/them の代名詞を使っているのよ」と説明することにしました。バリスタは大体いつも、「サイコー！　はじめまして、ズーマーちゃん！」と言ってくれました。

ズーマーが四週間になった頃、家族でソルトレイクシティのダウンタウンのウィンター・ファーマーズマーケットへ行きました。古い駅を再利用した建物には、焼きたてのパンやコーヒーの匂いが漂っていました。そこで「あら、こんにちは！」とジゼルが声をかけてきました。彼女は友人の友人です。ズーマーは私の胸でベビーラップにくるまってぐっすり眠っていました。ジゼルはズーマーをのぞきこみました。彼女には数回しか会ったことがありませんが、インスタグラムでフォローし合っていました。彼女はズーマーの背中に手を当てて、私とブレントを見上げて満面の笑みを浮かべて言いました。「あなたたちのしていることが私の脳には理解できないわ。知りたくてたまらないわ！　この前も友だちと話していて『ズーマーの服を全部脱がして、知りたいわね！』と言ったところよ」

私は言葉を失って、ブレントを見ました。

ブレントは私の背中に手を当ててジゼルに言いました。「うーん、ずいぶん変なことを言うね」

ジゼルは笑い出しました。自分がどれほど私たちを不快にしたか、まるで気づいていません。そしてキャンバス地のトートバッグを肩にかけ直し、最後に私たちに笑いかけて「さよなら！」と立ち去って行きました。

「あー！　いい対応ができなかったなぁ」とブレント。

「気にしないで。私も何も言えなかったよ。ここの公衆トイレでは、もうズーマーのおむつを替えられないよね。彼女がズーマーの性器を見たくてあとをつけてくるかもしれないし。それって気持ち悪いし、おかしなことだよね。まったく不謹慎だと思わない？」

「いろんな意味でね」ブレントは信じられないというように頭を振りました。「彼女を黙らせて、言ってることがどれほどひどいことかをわからせるべきだったかもしれないね」

私は大きく息をしました。ズーマーはまだ眠っていました。私は侵略的な感情を振り払おうとしました。

ズーマーが生後七週間の頃に、義理の妹キンバリーがオーストラリアから訪ねてきてくれました。必需品を買うために一緒にコストコに行きました。盛大な買い物です。ほら、あの歯磨き粉の一二本入りパックや、一〇〇本入りのストリングチーズなんかです。ズーマーは、ベビーカーにも装着できるチャイルドシートの中で寝ていました。チャイルドシートにもベビーカーにも、それぞれ閉じることのできる覆いがついていて、ズーマーは覆いの下に隠れています。

私はコストコのメイン通路にいるキンバリーにベビーカーとショッピングカートを預けて、通路の先のピーナッツバターの大容器を取りに行きました。ピーナッツバターに手を伸ばした時、「その子、男の子？　女の子？」という声が聞こえました。私は、あらゆるスプレッドが天井から床まで並べられた棚に体を向けたまま、頭をゆっくりとキンバリーとズーマーの方へ向けました。私の大切なズーマーを乗せた黒い車輪付きカプセルとキンバリーの隣に立っている男が目に入りました。

キンバリーは目を大きく見開いて「ヘルプ！」と言いたげに私を見ていました。私は目を細めてその男を見据えました。私の瞳孔が栗色の虹彩いっぱいに開いていたに違いありません。男がキンバリーを急き立てています。「だから、男の子なのか？　それとも女の子なのかって聞いてるんだよ」ズーマーが男の子か女の子かと聞かれたことはこれまでにもありましたが、こんなふうに、攻撃的にしつこく聞かれたことはありません。ズーマーの姿は覆われているので、ベビーカーにはシーズー犬が座っているかもしれないのです。ズーマーのジェンダーを聞かれているキンバリーを護らなくてはと思いました。ここ二か月間に私たちが味わってきたストレスをキンバリーには感じさせたくなかったのです。

大股で急いで駆けつけました。私の鼻の穴から湯気が吹き出していたとしても不思議ではありません。キンバリーは一人でベビーカーとショッピングカートの両方を動かせずにいました。その男がさらに二度、同じ質問を繰り返した時、彼女は「わかりません。あそこにいるのがこの子の母親です」と言いました。

私は男に目を向けました。多分七〇代前半で、私ぐらいの身長で、フラネルのシャツの裾をジーンズに突っ込んで、カウボーイのようなベルトをしめていました。頭にはトラッカーハットをかぶっています。彼は良かれと思ってした質問が、私にとって好ましくない尋問になっていることにまるで気がついていません。彼は私が戻って来たのを見て安堵したようでした。覆いの下の赤ん坊にペニスがあるのか、外陰があるのかをやっと知ることができるというように。「そこにいる子は、男？　女？」彼は四〇秒間で四回目の質問をまた繰り出しました。

私は彼を見て、「それがなぜ重要なのですか?」と聞きました。

彼はそこに立って、私を見つめたまま混乱しているようでした。キンバリーと私が立ち去ろうとした時、「お父さん、行くよ」と誰かに呼ばれて、彼は私たちとは別の方向へ行きました。振り返って見ると、車のエンジンほどの巨大なフルーツ缶を手に去っていく親子の姿が見えました。

男は二メートル近くもある木もショッピングカートに乗せていました。季節は春でした。コストコにはすばらしくお買い得の木々が揃っていました。私たちは一五分間の買い物の間、会わないで済むように、木を目印に彼を追跡しました。緑の枝葉が通路の上で、まるでビデオゲーム「ザ・シムズ」のキャラクターの頭上で輝く緑の「プラムボブ」のように揺れています。おかげで、彼がどこにいるか一目瞭然でした。「パンを買わなくっちゃ。あ、でもあの男がいるから、まず洗剤を先に買いに行こう」といった具合に。

ズーマーは目を覚ますと、孵化したばかりの小さな怪獣のように、喉を鳴らしたり、うなったり、伸びをしたりし始めました。私は覆いを開けてズーマーに声をかけました。かわいらしい小さな顔と、かわいくない臭いが応えました。キンバリーに、駐車場に停めた車まで、おむつを替えに行ってほしいと頼みました。私も支払いをしたら、すぐに駐車場へ向かうつもりでした。レジの列に並んでいると、あの男と彼の成人した子どもが別のレジに並んでいるのが見えました。私と男の目が合いました。支払いを終えて、私はかれらとあの木の四メートルほど後ろを歩いて、コストコの外に出ました。なんと私たちは、同じ時間に店を出て、駐車場の同じ列の真向かいに車を停めていたのです。キンバリーが車のハッチを開いて、おむつを替えている最中でした。私の赤ちゃんのお尻が、コストコの駐車場にさらされています。そして今にもあのベビージェンダー警察がそのそばを通ろうとしています。彼が近づくのを見たキンバリーは、ギネス記録ばりのすばやさでおむつ交換を終え、ズーマーをチャイルドシートに座らせて、急いで車に乗り込みました。

ズーマーの性器を見てジェンダーを突き止めたという満足感を、あの男に与えたくありませんでした。彼に対して怒っていたのではありません。彼に代表されるような文化的規範に腹を立てていたのです。赤の他人から、まるで私の家族とかかわりがあるように、何度も「いったいどっちなんだ？　男の子？女の子？」と文字通り叫ばれたことに苛立ちを覚えました。

私は彼に注意を払いながら車のところまで行きました。スパークリングウォーターの箱をトランクのどこに入れようかと思案している間も、彼が駐車場のあちら側にいることを確認していました。私が箱のテトリスをしているのを彼は眺めていました。運転席に座る前に、最後にもう一度その男に目をやりました。彼はこちらを見て、ちょっとうなずきました。私もうなずき返しました。「**その木をお大事にね**」という意味を込めて。

ズーマーが四か月になった時、家族三人でシアトルへ飛びました。私の博士号論文の研究発表のためです。シアトル空港から電車でダウンタウンのホテルへ向かいました。私はエルゴベビーにズーマーを包んで胸に抱えていました。ズーマーは背中を私のお腹に当てて、外を向いていました。電車の中央の支柱につかまって立っていると、年配の人が、おどけた顔でズーマーをあやし始めました。ズーマーはこの新しい面白い友人が気に入って、けらけら笑いながら足をバタバタさせていました。すると、その人がこちらに顔を向けて聞きました。「男の子？　女の子？」

電車の七人の乗客たちも、私がこれからこの親切なシアトル人にしようとしているちょっとした説明を聞くはめになりました。ブレントはニヤニヤして「さあ、きみがどうするか、しっかり見てるよ」と言わんばかりです。

「えーっと、この子の名前はズーマーです。ジェンダーはまだ決めていないの。この子自身に、男の子か女の子か、それ以外の何かかを決めさせるんです」そこまで言って私はちょっと一呼吸つきました。多分今のところはこれで十分でしょう。その高齢の新しい友人は、ゆっくりうなずきながら、私の言ったことを理解しようとしているようです。

「そう、幸運を祈るよ！」

「ありがとう！」と私は答えました。

次の駅で、その人はもう一度最後にズーマーに変顔をして見せて「バイバイ、ズーマー！」と言って、杖をついてゆっくりと電車を降りていきました。

見ず知らずの人とジェンダー・クリエイティブな子育てについての気まずい会話を三〇秒間交わすたびに、ステレオタイプな発言やジェンダー化されたマイクロアグレッションからズーマーを六回護ってやれるのだ、と私は思いたいのです。そして、見ず知らずの人が将来、子どもとかかわる時にどれほどジェンダーに重きを置くか考え直してほしいと、私はそっと少しだけ、かれらの背中を押しているのかもしれません。

ある時レストランでテーブルに案内されるのを待っていると、幼いズーマーを抱いている私に笑いかけながら「男の子？　女の子？」と聞いた人がいました。その人は、ジェンダー・クリエイティブな子育てについての私の短時間の集中講義を理解したとたん、顔を輝かせて言いました。「それはすばらしい！　ごめんなさいね。習慣になっているから、つい聞いてしまったけど直さなくちゃね。姉の子どもがノンバイナリーなの。私もいろいろ学べて喜んでいるのよ。あなたの赤ちゃんは何歳ですか？　私の子どもは、七歳と九歳。もう赤ちゃんとは言えません」　ズーマーは五か月だと答えてから、私たちは子育てへの順応や、時間の経つのがいかに早いか、というようなことについておしゃべりしました。

もっと自信が持てるようになって、「男の子？　女の子？」と聞かれてもあまり胃が締めつけられるような気がしなくなりました。家族にとって正しいことをしていると確信していたし、説明の仕方も日に日に上達していきました。ジェンダー・クリエイティブな子育てについて、どんな言葉で簡潔にやさしく説明すればよいかもわかるようになりました。ジェンダー以外の子育てに話題を変えることで、気まずさを減らして、相手に逃げ場を与える方法も覚えました。たとえばこんなふうに。「あなたのお子さんはバランスバイクに上手に乗ってますね。うちの子はまだ自転車に乗れる年齢ではないけど、バランスバイクは、自転車に慣れるのによい方法ですね。あなたのお子さんは、バランスバイクを気に入ってますか？」　それでも相手がジェンダー・クリエイティブな子育てについて聞きたければ、私はいつでも準備ができています。でも私が示したいのは、「ジェンダーに頼らなくても、こんなにたくさんの話ができるんだ」ということなのです。ジェンダー・クリエイティブな子育てをしている親と前向きな話ができたと思って帰ってほしいのです。

「お願いだから、私に子どもがいるかどうか聞かないで」と初めて思ったのは、生後三か月のズーマーをベビーシッターに預けて、友人の結婚式にブレントと出席した時でした。私たちはミルクリーク・

キャニオンの緑の草原に並べられた白い椅子に座って、式が始まるのを待っていました。右隣の夫婦が、自分の子どもたちが新婦メリッサの友人だと言い、孫ができてどれほどうれしいかと話し始めました。私の頭の中でこんな声がしました。「カイル、一〇秒もすれば、『あなたたちのご両親にはお孫さんは、まだなの？』と聞かれるに違いない。逃げるなら今だ！」

私は、突然「そうそう！　ここにはヘラジカがいるそうですよ！　どこにいるかしら？」と口走りました。みんなが一斉にこちらを向いて、隣の夫婦もブレントと目を交わしています。**「彼女、脳卒中でも起こしたんじゃないの？」**と誰もが思ったことでしょう。

式の後、レセプション会場へ歩いて行きながらブレントに言いました。「あの時は、ジェンダー・クリエイティブな子育てについて話したくなかったのよ」その話は、ズーマーが一緒にいる時の方がしやすいことに、その頃の私は気づいていました。幸せそうで性格のよいかわいらしいズーマーを実際に見ながら話す方が、容易だったのです。

ブレントは私の肩を抱いて「大丈夫だよ。親であることと、ジェンダー・クリエイティブな子育てをしていることだけが、きみのアイデンティティのすべてではないんだよ。だからそれについて話さなくてもまったく問題ないんだよ」と言って、バーカウンターへ向かいながら私をもっと強く引き寄せました。「でも、ヘラジカへの方向転換は、奇妙だったよ。もっと別の方法を考えた方がいいね」

その夜のレセプションでダンスが始まると、新郎新婦のメリッサとライアンがみんなのテーブルを回り始めました。私たちは乾杯を交わして二人を抱きしめ祝福しました。メリッサは私の友人で、ICU小児病棟の看護師です。彼女は私の腕に手を置いてこう言ってくれました。「カイル、あなたたちのズーマーの育て方からとてもよい影響を受けたのよ。それまで私は、小さい患者さんたちに男女別の形容詞を使っていたと気づいたの。男の子を、タフで強いスーパーヒーローと呼び、女の子にはたいてい、すてきなかわいいプリンセスと呼びかけてきたわ。でもかれらはみんな病気の子どもたちで、自分が体験していることについて悲しくなったり怖くなったりする場所が必要だということ、病気と闘って治すために勇敢になろうと感じなくてはならないということに気づいたの。今はもっとちゃんとやれるようになったわ。その時々にその子が必要とするものを与えることが大事なのよね。意味のないジェンダーのステレオタイプに惑わされるのではなくてね」

私はとても感動しました。「そう言ってくれてありがとう、メリッサ。その子たちはあなたがいてくれて、ラッキーだよ！」

「ズーマーは、あなたがいてくれてラッキーよ！」 私たちはまたハグを交わし、新郎新婦は次の祝杯へと向かいました。

その結婚式の時のように、ジェンダー・クリエイティブな子育てについてただ単に話したくない気分の時もありましたが、たいていの場合は、どの親でも同じように、自分の子どもの話をするのがうれしいものです。

家族計画学会の年次会議に参加するために、ソルトレイクシティからデンバーへ向かう飛行機の中でのことです。私が出張する時は、いつもブレントとズーマーは私抜きの五日間をフルに楽しんでいました。私の通路側の座席の隣の窓際に五〇代の女性が座っていました。私は、こんにちは、と挨拶をして本を取り出して読み始めました。離陸の時、彼女が、末日聖徒イエス・キリスト教会が発行している雑誌を読んでいるのに目が留まりました。その記事は、夫婦ともに家の財政にかかわるべきだというものでした。私は目の端でそれを盗み読みし始めましたが、もっと読みたくなって、彼女のプライバシーをまったく無視して、ついには彼女の膝の上の雑誌にすっかり顔を向けてしまいました。彼女は私を見ました。「ごめんなさい、のぞき魔みたいですね。その記事の、個人金融について興味があるものですから……

そうした記事がモルモン教の雑誌に出ているのは嬉しいことですよね」

彼女は微笑んでこう言ってくれました。「大丈夫ですよ。読み終わったら読んでもいいですよ」

私も微笑み返して「ありがとうございます。でも大体のことはわかったので大丈夫です」とお礼を言いました。

彼女は雑誌を置くと「あなたも会員ですか?」と尋ねました。

「以前はそうでした。教会の教義が私の価値観と合わないので、少し前に会員をやめました。でもあなたの価値観と合っているのなら、よいことだと思いますよ」そしてまたしても私は、得意な方向転換を繰り出しました。「ところで、今日はどちらへいらっしゃるのですか?」

「マサチューセッツ州の息子夫婦と、生まれたばかりの孫に会いに行くのよ」

「あら、いいですね! あなたに来てもらって、きっとうれしいでしょうね」私は彼女のために純粋に喜びました。

「でも行くのは初めてなのよ。もう一歳になろうとしているのに」と彼女が打ち明けました。

「そうですか、わかりますよ。うちの子ももう八か月だけど、『they』はやっと来月オーストラリアに行っておばあちゃんとおじいちゃんに会えるんです。すごく楽しみにしています」

「they ですって？　双子なの？」

「いいえ、一人だけです。ジェンダーを割り当てていないので、ジェンダー・ニュートラルな they/their という代名詞を使っているんです」と私は、八か月間に鍛え抜いたジェンダー・クリエイティブ子育てマッスルに力を込めて言いました。九五分間の飛行時間のまだ二〇分目にして、逃げる場所のない相手とのこんな話に身を投じるなんて、かなり自信がついてきた証拠です。

彼女はゆっくりうなずきました。そのうなずき方を、私はよく知っていました。「今聞いたことを理解しようとしているところです。そして八六もの質問のうちのどれから聞こうかと思案しているのです」という、うなずきです。

彼女は確信を持って言いました。「性別は、私たちが地上で家族になる以前に、天の父から与えられるもので、性別には二つしかないと私は信じていますよ。私たちには、男女別の役割があらかじめ与えられているのです」

私は微笑んで、こう言いました。「自分の信念を持つ権利があなたにもあると思います。でも私は、男女バイナリーの枠外のジェンダーを経験している人をたくさん知っているし、男女二元論に束縛されていると感じている人もとても多くいます。もし神が存在するのなら、人間の経験がどれほど多様ですばらしく複雑かを喜んでおられると思いますよ。それに私は、『自分がされたいように人にしなさい』という黄金律に従って、愛を持ってすべての人に接し、すべての人を受け入れ尊重することにしているのです」そう言って私は肩をすくめて、ジンジャーエールを一口飲みました。

彼女も微笑み、しばらく二人とも黙っていました。ジェンダー・クリエイティブな子育てについては、もうそれ以上は聞いてきませんでした。

「私のプレッツェル、召し上がる?」

「ありがとうございます! ぜひいただきます!」

婦人の名前はジャネットでした。私とジャネットは長い会話を交わしました。少なくとも三人は子どもを持つべきだとジャネットは言いました。その理由は、一人が死んでも、あと二人残っているからというものです。私は大笑いして「それって最悪の理由ですね。私は今のところ、一人で満足ですよ」と言いました。

また、ジャネットはソルトレイクシティの家に一七歳の娘を残してきたことを心配していました。娘さんが男の子と問題を起こさないかと心配で、孫に会いに行くのを延ばし延ばしにしてきたのだと言います。娘さんとセックスについて率直に話し合ったかと私が尋ねると、「そんなこと、絶対にありえないわ!」と彼女は震え上がりました。私は、「家に帰ったらぜひ考えてみてください。そうした会話があなたにも、娘さんにも、驚くほど役に立つはずですよ」と励ましました。

飛行機がデンバーに到着しました。他の乗客が飛行機を降りるのを待ってから、私は立ち上がって、自分のバッグと彼女のバッグを、頭上の荷物入れから取り出しました。彼女と一緒に通路から搭乗橋を歩いて、ターミナルに出ました。「ジャネットさん、お会いできてよかったです」と私が言うと、「私もよ、カイル。例の話を娘とするようにと助言してくれてありがとう。あなたも、ジェンダーのない赤ちゃんの件、がんばってね」

「ありがとう!」と私はクスリと笑って、それぞれの道へとわかれて行きました。

第11章　キッドランド

他のところはそうでもないかもしれませんが、ここユタ州ソルトレイクシティでは質の高い保育園には長い予約リストがつきものです。「妊娠がわかったらすぐに保育園の予約リストに名前を入れるべき！　いや、妊活を始めた時点でやるべきよ！」と言われるほどです。ソルトレイクシティの状況は知ってはいましたが、特に心配していませんでした。翌年に仕事のオファーがあるまでは、家にいるつもりでしたし、必要な時にはベビーシッターを頼めばいいと思っていたからです。はじめの計画では、大学のＬＧＢＴＱ情報センターやジェンダー・スタディの学生のＥメールコミュニティを通して保育園を見つけようと考えていました。

しかし、思ったよりずっと早く私の仕事が決まり、ズーマーがまだ生後数か月の時に働き始めることになってしまいました。ブレントはフルタイムで働いていたし、保育園もまだ決まっていませんでした。一番近い家族とは三〇二マイル〔約四八六キロメートル〕、一番遠い家族とは八一六六マイル〔約一万三一四二キロメートル〕も離れています。困ったことになりました。

家から数ブロックのところにキッドランドという保育園があります。そこに通う何人かの子どものベビーシッターをしたことがあって、中に入ったことも何度かありました。スタッフも、雰囲気もいいし、何と言っても家から一〇分のところなのが気に入っていました。三月のある朝、ズーマーが生まれる一週間前に、私はキッドランドへよろよろと歩いて行きました。フロントオフィスでディレクターのロビンがにこやかに出迎えてくれました。でも八か月待ちだといいます。

私は彼女のデスクに肘をついて言いました。

「お願い、わかってください。ここは私の家からたった一〇分だし、ここに通っていた子どもも知っているし、みんなすごく気に入っていたみたいだし。私は、町中の保育園を回ってリストに名前を書きたくないんです。ここがいいんです。だから一一月まで待たなくてはならないのなら、仕方ないかもしれないけど、私は春も夏も、ずっとあなたを口説き続けますよ。なんとかしてリストの上に上がりたいの」

ロビンは笑って言いました。「あなたが気に入りました」

「私もです」

「ところで、赤ちゃん、どっちなのか、もうわかってますか?」

私は丸いお腹に手を当てて言いました。「人間の赤ちゃんには違いありません。ズーマーと名付けるつもりです。ズーマーの染色体や解剖学的な情報は少しわかっているけど、それに基づいてズーマーのジェンダーを決める気はないの。ジェンダー・クリエイティブな子育てというのをするつもりです。だから she/her や he/him ではなくて they/them という代名詞を使います。ステレオタイプの男の子や女の子として扱われたくないし、世界の半分しか与えられないのも嫌なんです。ズーマーにはただ子どもでいてほしい。適切な時が来たら、きっと自分でジェンダー・アイデンティティを決めると思うから」

ロビンは誠実な笑顔を見せながら言いました。「いいですね。典型的なジェンダー規範に当てはまらない子どもが、ここにも何人かいますよ。私たちはその子たちを応援しているの。子どもを純粋に子どもとして扱う努力をしています。だから、『ボーイズ、アンド、ガールズ』と呼びかけずに『フレンズ』と呼びかけています。それにいろいろなものに挑戦できる環境を作るようにしています。ここはあなたにぴったりですね」

今度は私が笑顔になりました。「わかってくれて、ありがとう！」

「だって、理にかなっていますから」とロビンが言ってくれました。

申込書に書き込みました。ジェンダー欄は空白のままにしました。そして小切手を切って予約金を預けました。ロビンに別れを告げて、ぎこちない妊婦の足取りでスキップしながらキッドランドを出ました。帰り道でブレントに電話しました。「ねえ、キッドランドのディレクター、すごく気に入ったよ！」

保育園の予約リストに名前を入れてから、さっそく説得活動を始めました！　私たちは毎月、おやつを差し入れました。「ルビースナップ」のクッキー、「スイートトゥースフェアリー」のカップケーキ、「バンブリー・クロス」のドーナッツ……「こんにちは……また来ちゃいました。ズーマーのママです！　お忘れなく！　私たちが待機してるのは、ここだけです。ズーマーを入れたくて仕方がないの！あら、あなたの髪型すてきね！　クッキーをどうぞ。バイバーイ！」　翌月の口説き係はブレントです。ボーナスポイントを得るために、ズーマーが生まれてからは一緒に連れて行くこともありました。だって、かわいらしいズーマーを一目見さえすれば、リストの順位が上がるはずだと、確信していましたから。

六月一日は新しい職場での第一日目でした。ズーマーがキッドランドに入れるまでの工夫が必要になりました。一週目にはブレントが休みを取ってズーマーと家にいました。夏の間は友人のリブが週に何日か手伝ってくれました。リブは社会学の大学院生で、夏は融通のきくスケジュールで、お金も必要としていたので、パーフェクトでした。リブはかっこいいクィアのヴィーガンで、環境保護主義のフェミニストでしたから、ズーマーがどっぷり浸かるにはうってつけの人だと、私は興奮していました。リブは私が仕事に行く月曜、水曜、金曜にズーマーを見てくれて、火曜と木曜は私が「在宅勤務」をしました。といっても、ズーマーが昼寝をしている間にメールチェックをするのが精一杯でしたが。当時を振り返ると、赤ん坊を抱えて家で博士論文が書けると思っていたなんて、おかしくてたまりません。

ブレントはズーマーの世話をするために、できるだけ頻繁に仕事から早く帰ってきました。私は何度かズーマーを職場に連れて行き、デスクの横の床に小さな「赤ちゃんエリア」を作りました。週一度のスタッフ全員のミーティングは、毛布の上で寝ているズーマーを囲んで、椅子を丸く並べて行われました。時々ズーマーがボールを振り回して、部屋のあちこちに着地すると、すかさず一番近くの人がボールをつかんで、会議を中断させることなく、ズーマーの元へ転がしてくれたものです。

周りの人たちはできる限りのサポートをしてくれましたが、私は自分の仕事に集中できるようになりたいと思っていました。膝の上で喉を鳴らすかわいい赤ちゃんに気を取られずに、メディケイド〔定額所得者のための国民保健制度〕の家族計画プログラムの詳細について研究したいと思ったのです。七月になって、ロビンから電話がありました。「カイル、八月末にズーマーが入れることになったわよ」**やった！　バンザイ‼**　私の喜びようを見て、宝くじにでも当たったのかと思った人もいるかもしれません。実際そんな気持ちでした。大興奮でした！

ブレントと私が、初めてズーマーをキッドランドに連れて行った日、ロビンがデスクでにこやかに迎えてくれ、毎日の送迎について教えてくれました。

「今朝、ズーマーをシステムに登録している時に気づいたのですが、登録フォームのジェンダー欄に何も入力しなくても次へ進むことができましたよ。これはとてもいいことですよね」とロビンが言いました。

「最高です！　ロビン、ありがとうございます！」ここは、私たちの子育ての決断が尊重されサポートされるところだと確信して、ズーマーを送り出すのが少し楽になりました。

一日目、ブレントと私はキッドランドに少しの間、残りました。アン、ループ、レバティの三人の保育士がいます。私はズーマーと一緒に床に座って、一五分ほど保育士と話をしました。ジェンダー・クリエイティブな子育てが私たちにとってどんな意味があるのかを説明しました。生殖器の形によって異なる扱いをしてほしくないのです。ズーマーを赤ちゃんとして扱ってほしい、そして多様なおもちゃと本を与えてほしい。そしてズーマーをいろいろな形容詞で言い表してほしいと頼みました。ズーマーを抱っこしたり、ズーマーと取っ組み合いをしたりしてほしいのです。私たちは保育士に、ジェンダー・ニュートラルな代名詞とその単数形としての使い方の例を教えました。もっと知りたければ私たちのブログもあると教えました。こうしたことに保育士たちが慣れるには時間がかかることも理解しているし、その努力に感謝すること、そして言いまちがえてもどうか自分を責めないでほしいと、伝えました。どんなことでも聞いてほしい、いつでも喜んで答えますと告げました。

ジェンダー・クリエイティブな子育てを理解したり賛成したりしてくれたかどうかにかかわらず、保育士たちは私たちに敬意を持って接してくれました。そしてズーマーをジェンダー・クリエイティブな方法で扱うことに意識的に努力してくれていることもよくわかりました。they/them に慣れるには少しの時間、一か月ほどかかったようです。その代名詞を使うコツをつかもうとスタッフみんなが決心してくれました。変化が早く訪れたのはみんなの努力のおかげです。

毎月、乳児室で、赤ちゃんの足を使ってかわいらしいアート作品を作っていました。九月はズーマーの足をトウモロコシに見立てた小さな傑作、一〇月は足のお化けを作ってくれました。最高にかわいい小さな足裏の記念品になりました。

キッドランドに通い出して数か月後のことです。ズーマーを迎えに行くと、ループという名前の保育士がこう教えてくれました。「今日赤ちゃんのアートプロジェクトをしました。私は自動的に、女の子にはピンクの絵の具、男の子には青い絵の具を用意しようとして、ふと立ち止まって考えました。そして『**自分はいったい何をしてるんだ！　赤ちゃんみんなに同じ色を使うべきだ！**』と考え直したのです」　彼女はジェンダーに基づいて赤ちゃんの扱い方を変えるという、これまで続けてきた習慣を断ち切ろうとしたのだと話してくれました。ズーマーの世話を毎日してくれる人たちが、このように自分自身の偏見に気づこうとしてくれること、そして子どもを身体の違いで分類したり、異なる扱いをしたりしない環境を作ったりするために、自分たちの行動を変えようとしてくれることに、私が感謝しているのは言うまでもありません。

ズーマーが一〇か月ぐらいの時、キッドランドに迎えに行くと、保育士のアンもループもレバティも部屋にいなくて、少し驚きました。代理の保育士が二人いました。かれらは子どもにジェンダー化した代名詞を使っていました。そのうちの一人は、キューピッドよろしく、ズーマーともう一人の赤ちゃんを、性別《ジェンダー》に従って組み合わせようとしていたのです。

ズーマーの仲人を買って出る人が一〇か月間も現れなかったのは、幸運だったといえるでしょう。冗談であっても、まだ胎内にいる時に結婚の約束を決める場合もあるのですから。でも私はそういうことが嫌でした。

その保育士の暗黙のメッセージを無視して私は冷静を装い、やさしい笑顔で保育士に言いました。「どの赤ちゃんもズーマーの友だちですよ」そしてズーマーを抱き上げて家に帰りました。数日後、ロビンと話をしました。ズーマーの将来のセクシュアリティを人に推測されたくないこと、赤ちゃんを性的に扱うのはよい考えだと思わないことなどを伝えて、生産的な話し合いができました。ロビンは完全に同意してくれて、謝罪してくれました。次のスタッフトレーニングの時に、その保育士を傷つけずに、この件について話し合う方法を考えると言いました。キッドランドがインクルーシブな環境であると確認すること、そしてバイナリーなジェンダー規範や、性的な表現にブレーキをかけるとロビンは言ってくれました。さらに、ズーマーの世話をする時のために、スタッフ全員にジェンダー・クリエイティブな子育てについての理解が行きわたるようにすると決めてくれました。それからは、代理の保育士もズーマーをいつもジェンダー・ニュートラルな代名詞で表すようになりました。

二歳になったズーマーは、数人の友だちと一緒に年長組に移りました。新しいクラスにはズーマーを知らない子も、初めて会う親もたくさんいるだろうと思いました。ジェンダー・クリエイティブな子育てをしているFacebookグループ「Parenting Theybies」の仲間の一人であるリアの投稿を参考にして、自分の家族を他の家族に紹介する「ハロー・カード」を作りました。ゾウの絵のかわいいカードと、新しい同級生一人ひとりに、小さなポットに入ったプレイドー粘土を買いました。カードにはこんなメッセージを書きました。

こんにちは！　私たちはズーマーの両親、ブレントとカイルです。うちのズーマーがおたくのルビーちゃんと同じクラスになったので、自己紹介させてください！　私たちはジェンダー・クリエイティブな子育てをしていて、ズーマーの代名詞としてthey/them/theirを使っています。raisingzoomer.comというブログもどうぞご覧になってください。ご質問があれば、いつでもメールをください。あなた方とお知り合いになるのを楽しみにしています。ズーマーもあなたのルビーちゃんとプレイドー粘土で遊ぶのが待ち遠しいことでしょう。　カイルとブレントより。

ハロー・カードを子どもたちのロッカーに入れてから数週間の間に、何人かの親が廊下や駐車場で挨拶をしてくれて、カードのお礼を言ってくれました。ジェンダー・クリエイティブな子育てはすばらしいし、自分たちも家庭や親戚の間でジェンダーのステレオタイプに対抗していこうと思うと言ってくれました。私たちはおすすめの本を紹介し合ったり、お誕生日に招き合ったり、子どもを遊ばせる約束をしたりしました。私たちはおすすめの本を紹介し合ったり、お誕生日に招き合ったり、子どもを遊ばせる約束をしたりしました。三〇代で仕事をしながら、心やさしい人間を育てようとしている人たちの、小さなコミュニティができました。こうしてみんなと子育てができるのはうれしいことでした。

ズーマーが生まれてから三年の間は、保育園でジェンダーが焦点となることは、あまりありませんでした。子どもたちは、はじめの二年間はほとんど話すこともできませんから。三歳の誕生日が近づいても、保育園の子どもたちはまだ、ジェンダーに関することよりは、恐竜や、フィンガーペイントや、誰が一番大きな汽笛の音を出せるか、といった話をしているようでした。ジェンダーについて話す子はあまりいないし、ジェンダー化された代名詞の使い方もばらばらで、どの子もまだ代名詞を使いこなせていないようでした。子どもたちがtheyやsheやheを混ぜこぜにして使っているのはとてもすてきなことでした。ズーマーが歓迎されていると感じられるように、保育士たちがジェンダー・ニュートラルな代名詞や言葉の大切さを子どもたちに教えてくれていたのです。ズーマーは園から帰ると、私のベッドによじ登って、飛び跳ねながらクラスで習った歌を歌いました。「五匹の子ザルがベッドでジャンプ。一匹落ちて、theyは頭を打った！」

ジェンダーはもちろん、キッドランドにおけるズーマーの生活の一部です。スタッフのほとんどはシスジェンダーですし、ズーマー以外の子どもはみな生まれた時に性別《ジェンダー》をあてがわれていました。ズーマーがsheやheやtheyのようにさまざまな代名詞で呼ばれているのを耳にしましたが、たいていの場合は「ズーマー」と呼ばれていました（舌足らずの発音では、スーマーやドゥーマーと聞こえましたが）。親や先生が時々、他の子どもたちに「お兄ちゃんだね！」や「勇気のある女の子だね！」と言うこともありました。

保育士が口を滑らせて、ズーマーに、ボーイやガールといったジェンダーを表す言葉を使ったこともあったでしょう。しかし、そんな場合でもすばやく訂正してジェンダー・クリエイティブな言葉に置き換えてくれていました。重要なのは、先生たちがズーマーや他のすべての子どもたちに意識的に、そして意図的にジェンダー・クリエイティブな方法で接する努力をしていることです。先生たちは爪に色を塗った男の子をほめたりもしますし、「ごっこ遊び」で男の子がプラスチックのハイヒールを箱から取り出しても、それを止めようとはしません。

女の子が自転車を速く走らせたり、泥んこになったりしても構わないし、「ごっこ遊び」でスパイダーマンの衣装を着た女の子が怪獣から救ってくれた時にも、先生たちは「ありがとう」とお礼を言っていました。膝を擦りむいたり、お腹が痛くなったり、ホームシックになったりした子どもは、みんな同じようにたくさんのハグとケアをしてもらいます。

ズーマーの印象が少しでもよくなるように、私は教室で子どもたちと共に時間を過ごすようにしました。体育館では息が切れて床に倒れるまで、うなり声を上げながら子どもたちを追いかけました。子どもたちは私の上に折り重なって「起きろ！　ライオン！」と叫んだものです。

教室で床に座っていると、三歳のナオミちゃんが本を持ってきました。『もしもムースにマフィンをあげると（If you give a Moose a Muffin）』を、代名詞をthey/them/theirに変えて読み聞かせしながら、私は少しばかり、お話にジェンダー・ニュートラルを盛り込もうとしました。

ダニエルちゃんは私が教室に行くたびに大きなハグをしてくれます。私は彼のすばらしいハグをほめ、ズーマーの友だちでいてくれることに感謝しました。

ゲイランちゃんは、私のすてきなローズピンク色のジャンプスーツを見上げて、「どうしてパジャマを着てるの？」と尋ねます。

私が大笑いしながら「ゲイランちゃん、このすてきな服はジャンプスーツっていうのよ。この後、仕事に行くんだけど、私はボスだから、おしゃれなリーダーにもならなくてはいけないの。それに着心地がいいことも大事なの」と答えると、先生も子どもたちも笑い出します。

「ズーマーのママはパジャマで仕事に行くんだ！」とサバンナちゃんが笑いました。

私は冗談を言いながら教室を出て行きます。「サバンナちゃん、私はマイヤー博士っていうんだよ。みんなもボスになったら、いつでもこのジャンプスーツを貸してあげるからね」サバンナちゃんはもっと笑います。

「フレンズ！　みんな楽しんでね！」と投げキッスをしてドアを閉め、私はボス専用パジャマで職場へ向かいます。

ズーマーの三歳の誕生日の数週間前に、キッドランドからこんな週間報告を受け取りました。保護者へのお知らせの中に、キッドランドで預かる子ども全員の発達検査をASQ‐3チェックリストを使って行うという通知がありました。Ages and Stagesが開発したこのチェックリストは、言語、身体能力、社会的スキル、問題解決能力などの面における子どもの成長を測るものです。子どもの長所やサポートが必要な部分を特定するために作られました。ズーマーの健康診断の時に一度、この質問票に記入したことがありました。たとえばこんな質問がありました。「大きな音がした時、あなたの赤ちゃんは振り返って、どこから音がしたかを確認しようとしますか？」回答の選択肢には「はい」「時々」「まだ、ない」がありました。初期の質問票には、私が覚えている限り、性やジェンダーに関する質問はありませんでした。でも今回キッドランドからメールをもらって、ズーマーが検査を受ける前に、生後三六か月用の質問票にジェンダーに関する質問がないかどうか尋ねてみようと思いました。

メールを受け取って数時間後に、ズーマーを迎えに雪嵐の中をキッドランドに向かいました。オフィスでコートの雪を払いながら、お迎え表に名前を書いていると、ロビンがデスクから笑いかけてこう言いました。「今日のズーマーの服装いいわね！　自分で選んだのかしら？」

私も笑って答えました。「シャツ二枚とレギンスの上にショーツを重ねるコーデ、気に入っていただけましたか？　ズーマーは目立ちたがり屋なので、自分のスタイルを決めてそれに固執するんです！」

それから私たちはＡＳＱ－３の質問項目について話し合いました。

「性別の質問があります。『あなたは男の子ですか、女の子ですか？』とスタッフが子どもに尋ねるように指示されているの。ズーマーにはその質問はしないと、あなたにお知らせしようと思って……」

私は反射的に胸に手をやりました。

「教えてくれてありがとうございます。多分ズーマーは『ズーマーだよ！』とか『三歳だよ！』とかと答えると思います。ボーイやガールという言葉をズーマーが使うのを聞いたことはないし、自分がそのどちらかだと認識しているわけでもありませんから」

ロビンは微笑みながら、その質問はどの子にもするべきでないと思うと言いました。ジェンダーが生まれた時に割り当てられている子も、自分でジェンダー認識をしている子にも、キッドランドではその質問をしないつもりだというのです。子どもの発達とは何の関係もないし、たった二つのジェンダーチョイスしかないという考え方を広めたくないとロビンは考え、Ages and Stages 社に連絡をして、その質問を削除するように頼んだといいます。すると、すでに反対運動が起きていて、次の版にはその質問を入れないとの回答を得たそうです。

私は満面の笑みを浮かべて、ロビンのオフィスからズーマーの教室へ向かいました。ローラースケートで雲の上を走っているような気分でした。教室のドアを開けるとズーマーが大きなハグをしようと両手を広げて「ママー!!」と叫びながら駆け寄ってきました。私はズーマーを抱きしめてキスをしました。ズーマーはアビー先生のところへ走って行って、彼女の脚を抱きしめました。「アビーせんせい、うちにコーヒーのみにきてね、きっとだよ!」

アビーは笑いながら「カイルさん、ズーマーは先生たち全員を週末にコーヒーに招きましたよ。土曜日にお会いしましょうね」と教えてくれました。私も笑って手を振りました。

ズーマーがコートを着て靴を履くのを手伝い、私たちは手をつないで、キッドランドを出て吹雪の中へと向かいました。私の心はポカポカ温かでした。毎日キッドランドで、私の家族にたくさんの愛が注がれています。町中の雪が溶けそうなぐらい。

第12章　ジェンダー・クリエイティブ・スタイル

初めてズーマーの洋服を買ったのは、妊娠する一年も前のことでした。ブレントと私は、友人のションとレイと一緒に、ユタ州のモアブという町のメインストリートの舗道を歩いていました。本屋などをチェックしながら昼食のレストランへと向かっている時、突然私が悲鳴を上げたので、驚いた友人とブレントは私が車にひかれたのかと心配して急いで振り返りました。そこでかれらが見たのは、ブティックの大きなガラス窓から中をのぞきこんでいる私の姿でした。「ねえ、見て見て、最高にかわいいと思わない？」

赤ちゃん用の小さな白地のジャンプスーツでした。茶色い丸太と黄色いキャンプファイヤーのアップリケがついていて、炎の上には棒に刺さったフェルトのマシュマロがかざされています。私はスモア〔アメリカのキャンプの定番おやつ。マシュマロを火で溶かして、グラハムクラッカーとチョコレートに挟んだもの〕を思い出し、温かいほっこりした気持ちになりました。店の窓から離れて、メキシコ料理店に向かって歩きながら謝りました。「驚かせてごめんね。でも、ほんとにすごくかわいい服だったよね」

レストランで私たちはマルガリータを飲みながらランチを食べました。その日の朝のレッドロックでのジープツアーの話で盛り上がりました。支払いを済ませて、滞在中の貸別荘に戻るために、ショーンのジープまで歩いて行きました。その途中で「ちょっと行ってくるね！」と宣言して、私はあの小さな店に入りました。

歩道から店内に入ると、親切そうな店員が迎えてくれました。「ウィンドウのキャンプファイヤーとマシュマロのジャンプスーツを買いたいんですけど」と言うと、

店員は小さな棚を指さして、「いくつかサイズがありますよ」と教えてくれました。私は棚から、生後三～六か月用のものを選んで、レジのカウンターに持っていきました。

「子どもはまだいないの。でもこれ超かわいくて、たまらないわ」

「すごくかわいいですよね。あなたの将来の赤ちゃんにきっとお似合いですよ」店員はくすくす笑いながら言いました。

「ありがとう！」白い小さなジャンプスーツを紙袋に入れてもらって、私はスキップしながら外へ出ました。

モアブ旅行から数か月後、ブレントと私はカリフォルニアの海沿いのパシフィック・コースト・ハイウェイをドライブしていました。私たちはこの旅行をムーンハネーと名付けました。結婚式の一週間前の旅行なので、ハネムーンをひっくり返した名前です。「もうすぐモントレーね。水族館に寄っていく？」と尋ねると、ブレントはぜひそうしようと、道路標識に従って車を走らせました。

何時間かかけて水族館を見終わると、車に戻る時間になりました。水族館の出口に続くギフトショッ

プは、海のテーマであふれていました。アシカのコーヒーカップやクラゲのクリスマスツリー飾りをゆっくり見ていると、子ども服売り場が目に入って、思わず引き寄せられました。その頃、私たちは真剣に子どもを作ろうと話していました。すると突然、どこに行っても、半径八〇〇メートル内の子ども服の店が目につくようになりました。

水族館のショップには、乳児、幼児、子ども、一〇代と、年齢ごとにジャンプスーツやTシャツやパーカーが並べられていました。少しずつ大きくなるサイズを見ながら、自分の子どももこんなふうに育っていくのかとワクワクしました。タコの絵とモントレー・ベイ水族館の文字とが描かれた緑色のTシャツが目に留まりました。

そのTシャツに近づくと、後ろからブレントが来て「かわいいね」と言いました。

「うん、かわいいよね。私たちの未来の子に買おうか?」ラックからTシャツを取り出しながら言いました。

「そうだね、そうしよう」とブレントが微笑みながら言いました。彼はいろいろなサイズの中から、二歳用のものを選びました。

「走り回る二歳児に着せたらきっと一番かわいいと思うよ」

「賛成よ」と私もうなずいて、そのシャツを購入しました。旅行から帰って、クローゼットの棚のキャンプファイヤーのジャンプスーツの横に並べました。

実際に妊娠がわかってからや、ズーマーが誕生してからは、あちこちからおさがりが届きました。妹はマーラがもう着られなくなった服を数箱分もくれました。友人は、大切に着せていたベビー服を、いくつかの大きなプラスチックのトートバッグに詰めて届けてくれました。

私は店の子ども服売り場をぶらつき始めました。どのセクションもくまなく歩き回りました。私たちの赤ちゃんにはジェンダーをあてがわないと決めていたので、一つの売り場だけでなく、男の子用のセクションからも、女の子用のセクションからも、かわいいジャンプスーツやレギンスやトップスを探し出しました。

ズーマーの服選びで最も重視したのは、着心地のよさでした。かたい生地やちくちくする生地、暖かすぎるもの、逆に暖かくないものを着せたくありませんでしたから。次に重視したのは、脱ぎ着が楽なもの。ボタンよりはジッパーやスナップの着脱の容易なものを選びました。着心地のよさと脱ぎ着の楽さで合格したら、明るい色や楽しい柄を楽しみながら選びました。

ブレントがBONDSというオーストラリアのブランドを教えてくれました。「ワンダースーツ」という優れたベビー服を作っています。上から下までジッパー一つで脱ぎ着できる非常に優れたジャンプスーツで、子ども服とは思えないほどかっこいい模様や柄が揃っています。バナナ、シャーク、蛍光色の花、惑星、虹色の縞模様、何でもありです。この会社は「男の子用」「女の子用」の服ではなく、ただ「子どものため」の服を売っているのです。「ワンダースーツ」を発見してから、ズーマーが私の中で生きているという実感が湧いてきました。ワンダースーツはとてもソフトで肌触りがよく、手足の先の部分をひっくり返せばミトンやソックスになって小さな手足をすっぽり包んでくれます。

ズーマーが生まれてはじめの一か月間は、スナップで苦労しました。一つ飛ばしてしまい、夜中にまたはじめからやり直したりしたあげく、スナップにはおさらばして、シンプルなシャツやレギンスやワンダースーツに、くらがえしました。ジェンダー・クリエイティブな子育てをする親として、私たちは自分の主張に合ったお金の使い方、すなわちジェンダーのステレオタイプを助長しないブランドを応援する努力をしています。

二歳になるまでズーマーの服はほとんど私とブレントが決めていました。着心地がよくて、実用的で、かわいいと思うものを買っていました。概してどんな柄でも模様でも色でもオッケーでした。生地にはジェンダーなどありません。ピンクや紫は女の子だけ、ブルーや黒は男の子だけのものではありません。私も柄によっては、瞬間的に、「あ、これは男の子用だね」「こっちは女の子用ね」と思うことがありました。そんな時は、自分に向かってすばやく問いかけました。「なぜそう思ったんだろう？　単に男の子用のラックにかけてあったから？　女の子の売り場に置いてあったから？　稲妻は男の子、カラフルなトンボは女の子用だって、いつから決まっているんだろう？」まるで稲妻やトンボをジェンダー二元論の論争に巻き込もうとするように、TJ Maxx〔デパート名〕での買い物中に、こんな考えが頭をよぎるのでした。でも最終的には、気に入りさえすれば、買うことにしていました。

ブレントも私も、服に言葉が書かれているのは好みません。特にジェンダー化されたり性的な表現を示す言葉が書かれたりしているものは、ジェンダー・クリエイティブなベビーには適していません。「浮気者（flirt）」「罪作り（heartbreaker）」「娘を監禁しよう！（Lock up your daughters）」「四〇歳になるまでデート禁止ってパパが言うの（Daddy says no dating till I'm 40）」といった文言が書かれている服を見るとぞっとします。

女の子向けに販売されている服は、楽しくてカラフルなものが多いようですが、大体において素材の質が悪く、生地が薄いようです。男の子用の厚くてしっかりした服に比べて、女の子向けのシャツは細身で、パンツやレギンスの生地は薄いものが多いのです。「女の子用」のショートパンツは、「男の子用」のよりずっと薄く、女児向けの下着は紙のような薄さです。まるで、生涯通じて着心地の悪い下着をつけることが期待される女性のための練習台のようです。キラキラした服は女の子向けの売り場に多く、パステルカラーの服や花柄やハートの模様のものが多く見受けられます。子ども服メーカーには、もっとカラフルでユニークな模様や柄の服を作ってほしいものです。

男の子向けの売り場では、紺色、黒、グレイが中心で、赤と黄色も少し混ざっています。「恐竜、ロボット、救急車」などの柄が多いのですが、もっとバラエティがほしいと思います。「**銀行支店長の服を小さくしたみたい**」幼児期の男の子コーナーの棚を眺めながらそう思いました。襟付きのボタンダウンのシャツ、サスペンダー、ベージュ色のズボン……子どもでいられるのは一度きりです。子どもの成長に合った、質のよい、耐久性のある着心地のよい服、そして楽しくてカラフルな子ども服に私は一票を投じます。もちろん、こうした服を作っているすばらしいブランドも存在していますが、私はもっと有名ブランドに「女の子用の服」「男の子用の服」にこだわらず、子どものための服だけを作ってほしいと思うのです。

ズーマーは二歳になると、何を着たいか自分の考えを持つようになりました。一緒に買い物に行った時は、ズーマーが惹きつけられるものを自由に選ばせ、観察しました。たとえばショートパンツを買いに行ったら、あちこちのセクションから一緒に候補となるものをいくつか選んで、そこからズーマーに好きなものを選ばせました。ズーマーは、着心地のよい、楽しい色や不ぞろいの柄を好みました。ズーマーは、社会が設定した独断的な境界線を意識せずに、店中をくまなく歩き回ります。そして選んだ服は私を笑顔にしてくれます。ズーマーは下着、シャツ、パンツ、靴下、帽子、靴、ヘアクリップ、パジャマ、サングラス、などすべてに意見を言うようになり、私たちはそれを尊重しました。何であっても、自分に一番よいと感じたことが表現できるように、熱烈に応援しているのです。

ズーマーは、生まれる前に私たちが買った緑の「タコちゃん」のシャツを何か月も気に入っていました。二日も着続けたシャツを脱がせて洗濯するためには、ズーマーを買収しなくてはなりませんでした。でも、もう小さくなって着られなくなり、少しほろ苦い思いがしています。今私たちは、再びモントレー・ベイ水族館への旅行を計画しています。このおしゃれな子どもに、次のサイズのシャツを選ばせたいのです。

第13章　スポットライトの中へ

二〇一六年五月、TEDxソルトレイクシティの五回目の講演者の募集が始まりました。ズーマーはまだ二か月にもなっていなくて、私は疲れていました。しかも数週間後にはフルタイムの仕事復帰が決まっていました。それに、少しでも時間を見つけて学位論文を書き上げようとしていました。そんな中、TEDxのイベントのスピーカーに応募する必要などありませんでした。

しかし私は、ジェンダー・クリエイティブな子育てについて世に訴えたいと思ったのです。なぜ私たちがこのような子育てをしているのか、その重大な理由を人々にわかってほしかったのです。子どもたちには、自分のアイデンティティを決める機会が与えられるべきだということ、ジェンダーのせいで不公平な扱いを受ける子どもがあってはならないということを伝えたかったのです。私には支えてくれるネットワークがありますし、ジェンダーとセクシュアリティについて学んでもきました。大学教員として情報をわかりやすく教えてきた経験もあります。私は何も恐れません。この育児法の重要性が理解できていました。より多くの人がそれを知り自分にもできるという自信が持てるようになれば、より多くの人が実践するようになるだろうと考えていました。自分の考えを公共の場で述べる責任があると感じていました。

TEDxのスピーカーに応募してジェンダー・クリエイティブな子育てについて講演したいとブレントに告げると、彼は少し驚いているようでした。

「そんな時間があるの？」

「時間はまるでないよ。でも他の親のための重要な情報だと思うから、せめて応募だけでもしたいの」

ブレントは私が手を広げすぎて無理をしているのではないかと心配していました。でも彼は常に私のサポーターでしたから、応募に賛成してくれました。

「もし合格したら……」と彼は譲歩して言いました。

「今年、もしこれ以上やりたいことが浮かんだら、決める前に、ぼくとレイに相談すると約束してほしいんだ。可能かどうか、みんなの投票で決めたいんだ」

彼の要求について少し考えてから同意しました。冗談で言っているのはわかっていましたが、悪い考えではありません。「約束するよ！」

TEDxの講演のアイディアを提出したら、次のラウンドまで進みました。今度は九〇秒の動画を作らなくてはなりません。小さなズーマーを腕に抱き、髪を後ろにしばり、メイクもせずにパジャマより少しだけましな服装で、動画に出ました。一度か二度で撮り終えました。育児から学んだことがあるとしたら、効率的になることと、完璧主義は忘れるということでした。動画で何を話したかはっきりは覚えていませんが、ジェンダー・クリエイティブな子育てをよいと思う理由についてだったと思います。

動画をコンピュータにアップロードしてＴＥＤｘのスピーカー選考委員会に送りました。

　五月末のメモリアルデイの週末に、初めて三人でワイオミングへ旅行に行きました。ジャクソンホールという町のモーテルに泊まって、グランド・ティトンやイエローストーン国立公園を数日間かけて散策しました。ズーマーはちょうど一〇週目になったところでした。雄大なティトンの裾に広がる草原にたむろするバイソンを眺めながらハイウェイを走っている間、私は携帯電話ですばやくメールをチェックしていました。そして、受信トレイに「ＴＥＤｘソルトレイクシティの最終選考結果」というメッセージが入っているのに気づいたのです。

「ねえブレント、ＴＥＤｘのスピーカーが決まったみたい。今確認した方がいいと思う？」「もちろんだよ！」ブレントはワクワクしているようでした。ブレントが運転をし、私はうとうとしているズーマーと一緒に後部座席にいました。

　メールを開くと、私がスピーカーに選ばれたと書いてありました。

「選ばれたよ！」うれしくてたまりませんでした。でも最高の講演にするために、これから四か月間にしなくてはならない作業のことを考えると不安でもありました。

「すごいじゃないか！　きみを自慢したいよ！」

　恐怖の波が襲ってきました。私には乳児がいます。フルタイムの仕事を始めたばかりです。チャイルドケアのあてもありません。学位論文のリサーチもしなくてはなりません。そんな中、講演の原稿を書いて、暗記して、一万九千人もの観客の前でライブで講演しなくてはなりません。しかもその講演はYouTube にアップロードされて永遠にインターネット上で生き続けるのです。これは大惨事です。

やりたいと思っていました。でも何よりも、やらなくてはならないと思っていたのです。私たちがジェンダー・クリエイティブな子育てをする決心をした時に、家族や友だちとシェアできるＴＥＤｘトークがあればどんなに助かったことでしょう。あの時切実に求めた情報を作る機会が、今、私に訪れたのです。何が何でも、やるしかありません。

原稿をいくつも書きました。神経学者でもある私のスピーチの師匠とも議論を交わしました。何が生まれつきで、何が社会化されたものなのか、それを見分けるのが困難な場合もある、といったことを話し合いました。彼の意見をいくつか取り入れ、いくつかは没にしました。何度も修正して、やっと最終稿に近づきました。

友人のデレックとレイがやってきて、丸一日かけて原稿の手伝いをしてくれました。そして二か月後、自分の思い通りの原稿が完成したと確信しました。さて、次はこれを暗記しなくてはなりません。ステージ上でメモを見るのは禁止されていました。これまで、そんな経験はありませんでした。最後に一言一句覚えたのは、二〇〇五年に観たミュージカル「レント（RENT）」の「Out Tonight」の歌詞でしたが、それだってサビ部分の繰り返しがありました！

講演を絵コンテにしたり、フラッシュカードを作ったりしました。朝起きたら台本を読み、シャワーを浴びるたびに、暗唱しました。台本を読んでいる自分の声を録音して、通勤電車の中でヘッドホンで聴いて、次の言葉や次の文を覚えようとしました。丸々一か月もの間、生後五か月の愛らしいズーマーは、ベッドタイム・ストーリーの代わりに、ママが台本を演じるのを見るはめになりました。それは、世界中に聞いてほしい物語でした。ズーマーの人生をより良いものにするための物語です。多くの子どもたちの人生をより良くしたいと願う物語でした。

その夏、ＴＥＤｘソルトレイクシティの講演者仲間は、私の大切な友人となりました。私たちは、練習用の講堂や夕暮れ時の駐車場で、進んでお互いのトークを何度も繰り返して聞きました。言葉やジェスチャーを変えるアドバイスをしたり、笑いや苦しみに心を揺さぶられて涙を流したりしました。講演者仲間の、ランス・オールレッドのトーク、「あなたにとってポリガミーとは（What is Your Polygamy?）」[20]や、パイパー・クリスチャンの「地球を護る話をしよう（Tell a Story, Protect the Planet）」[21]に磨きがかかるのを目にすることができました。

そして九月のある土曜日、私はキングズベリー・ホールの檀上で「ジェンダー平等を求めるなら、クリエイティブになりましょう（Want Gender Equality? Let's Get Creative.）」[22]というタイトルで自分の考えを述べました。両親ときょうだいたち、ブレントも、友人たちも聴衆席にいました。私の知らない大勢の人たちも。みんな私の話を聞き、笑い、うなずき、拍手をしてくれました。

話し終えてステージから降りると、私の講演のメンターが「よくやった！」と笑顔で両手を広げて抱きしめてくれました。

それから、大勢の人が講演の感想を伝えに来てくれました。もっと多くの親に私の話を聞かせたいと言ってくれた小児科医もいました。子どものネット使用や砂糖摂取を気にするのと同じぐらい、ジェンダー・ステレオタイプを減らすことに気持ちを向けていれば、ジェンダー平等がもっと早く達成できたのではないかと彼は言い、私は「まったく同感です」と答えました。彼にハグしていいかと尋ねられて、私は快くそれを受け入れました。

昼休みにリブがズーマーを講演に連れてきてくれました。一人のお年寄りが私たちにこう声をかけてきました。「ズーマーちゃん、あなたのママが話し始めた時は、半信半疑だったけど、最後には、あなたがどれほどラッキーな子どもかということがよくわかったよ」

動画がネットにアップされるのは緊張しました。TEDxの観客は予想通りフレンドリーでした。でも私の話が公開されれば、誰でも聞けるようになるのです。ライブ講演から二か月ほど経って、動画がアップされました。一か月間で、視聴者数が千人から二千人に増えました。覚悟していた憎悪の波は起きませんでした。実は、YouTubeのコメントをあえて読まないようにしていたのです。「絶対にコメントは読まない」というのが私の強い信条でした。私のメールアドレスをご丁寧に探し出して、たいてい誤字脱字だらけの一行メッセージ――私が最低なやつだという――を送ってきた人もほんの何人かいました。そんな残酷なメッセージには回答せず、ただ削除しました。一方で、愛情と感謝に満ちた波が私を包んでくれました。

自分もジェンダー・クリエイティブな子育てをしたいので、ネットの講演を家族に情報として伝えたという人たちもいました。動画を授業で使ってくれた大学教授もいます。「トランスジェンダーやノンバイナリーの子どもの親と共有できる情報を作ってくれてありがとう」と言ってくれたセラピストもいました。ノンバイナリーやトランスの大人たちからは、「自分もズーマーのように育ててもらいたかった」と言われました。子どもをより公平に扱うようになったという親もいました。私の作り上げたものが、人々を激励し役に立っていることを誇りに思いました。とても疲れていましたが、誇らしい気持ちでした。

◆
◆
◆

ズーマーが生後六か月になった頃、私もブレントも、ジェンダー・ステレオタイプが広告に蔓延していることが、ひどく気になっていました。特に子どもや子育ての分野にそれが顕著に見受けられました。ある日、スーパーで買ったものを袋から出して冷蔵庫や戸棚にしまっていたブレントが、こんな愚痴を言いました。

「メーカーが『いいものを選べるママはJifピーナッツバターを選びます』や『ママのおすすめ』のようなキャッチコピーを見ると、父親のぼくは親として二流なのか、と思ってしまうよ。父親は子どもの世話において無能で絶望的ですらあるというような広告やコマーシャルは大嫌いだ。本当にばかげているよ」

私は顔をしかめて言いました。「そうよね。本当に残念よね。まったく最低ね。別のブランドのピーナッツバターを買ったでしょうね？」

「その通り！」とブレントがニヤリと笑いました。

私たちは製品がどのようにマーケティングされているかに注意を払って、ステレオタイプにつけこんでいないものを買うようにしました。ターゲットを母親に絞るのではなく、親一般や保護者全般に向けられている製品に惹かれました。ステレオタイプを永続化させず、むしろチャレンジするような包摂的なメッセージを出している会社にお金を落とすようにしています。

ブレントと私は、デザインウィークというイベントで、「デザインとマーケティングにおけるジェンダー」というテーマでプレゼンテーションをしました。これは、ファッション、グラフィックデザイン、デジタル、建築、インテリア、広告といったさまざまなデザイン分野のクリエイターが集まって刺激し合いコラボするイベントです。製品や広告のデザインや、文化をより包摂的にするために、ソルトレイクのクリエイターたちにどんな貢献ができるか、それを深く批判的に考えてもらう手助けになればと思ったのです。

ブレントは人前で話すのが大嫌いです。何しろ注目されるのが嫌なのです。自分の誕生日だって飛ばしたいくらいです。彼は、私がジェンダー・クリエイティブな子育ての提唱者としてすることは後押ししてくれますが、「スポークスパーソンはきみだよ。ぼくじゃない」とはっきり言っていました。私の書いたものにはすべて目を通してくれるし、インタビュー前にも役立つ話をしてくれます。でも自分は、マイクを突き付けられないためには**どんなこと**でもしようと思う人なのです。しかし、私はこのイベントの効果を最大にするために、非常に才能あるデザイナーであるブレントの専門知識とパートナーシップが必要でした。ブレントは参加を承諾してくれました。

一〇月のある平日の夜、ズーマーとリブが留守番をしている間、ブレントは人前で話す抵抗感をいったん棚に上げて、デザイナー、マーケティングならびに広告関係者、学生などから成る大勢の聴衆の前に私と並んで立ち、性《セックス》とジェンダーの違いについて述べました。ジェンダーはスペクトラムであると説明し、ジェンダー・バイナリーに挑みました。消費主義に関するジェンダー役割とステレオタイプの歴史についても述べました。自分の思い込みを考え直し、本当のターゲットは誰なのか、誰に届いていないのか、どうすればもっと身近に感じてもらえるデザインができるかなどについて、自分に問いかけてほしいと話しました。会場に詰めかけたクリエイターたちに、ジェンダー平等とインクルージョンが実現できる未来をデザインしてほしいと励ましました。

その夜、私たちはすばらしいクリエイターたちと出会うことができました。かれらは次の日から、もっとよい仕事をすると約束してくれました。たとえば、ウェブサイトに載せる医師の写真を、使い古された年配の白人男性ではなく、非白人の若い女性の医師の画像にして多様性を示そうというようなことです。ドロップダウンメニューにも、実際の顧客像を反映させ、男女二択ではなく、ノンバイナリー、ジェンダークィア、インターセックスといったカテゴリーを加え、またそれら選択肢のどれもしっくりこない人は自分のアイデンティティを入力できるようにしようとかれらは言います。でも私たちは、性別やジェンダーを尋ねること自体がそもそも必要なのかと問題提起しました。

そのイベントの二年半後、ジョシュアという名前のデザイナーからEメールが届きました。大きな医療センターの患者や訪問者のための案内図をデザインし直すプロジェクトに携わっているといいます。

数年前にあなたたちの「ジェンダーをデザインし直そう：平等というアート（Designing Gender: The Art of Equality）」というプレゼンテーションに参加したことを思い出しました。私たちはまだトイレに時代遅れの男女別のサインを使っています。ネットでさんざん探したのですが、すべてのジェンダーを含むトイレのシンボルとしてスタンダードなものが見つかりません。自分で作るしかないのかもしれませんが、もし何か提案があればぜひ教えてください。

追伸：あのプレゼンテーションによって、地域社会の一人のデザイナーが、こうしたことに注意を払うようになったことを、少なくともお伝えしたいと思ってご連絡しました。

ジョシュアが包摂的な仕事をし始めてくれたことに感謝する返事を書きました。トイレについては、トイレ自体のアイコンを使えばどうかと提案しました。世界中で通用し、ジェンダーフリーで、目的にもかなっています。ジョシュアの完成作品をぜひ見たいということ、そしてもし行き詰まったら、いつでもブレインストーミングしましょうと書き添えました。私は微笑みながら「送信」ボタンを押しました。このデザイナーの物語にかかわれたことに感謝し、プレゼンテーションの何年か後に、こうして私たちのメッセージをプロジェクトに取り入れようとしてくれていることや、その医療センターが患者にとってより安全で包摂的なところになることをうれしく思いました。

私は「気がついたら、意見を言う」をモットーとしていますが、それは良い場合にもそうでない場合にも言えることです。排他的なことを目にしたら、管理者に丁寧なメッセージを送って、より包摂的にするよう提案します。一方、包摂的なイメージや用語を使っている企業があれば、それに気づき感謝していることを簡単なお礼のメッセージにして送っています。消費者には小さな変化を提案するパワーがあり、それで大きな変化をもたらすことができるのです。

ジェンダー・クリエイティブな子育ての公の提唱者としてスポットライトを浴びるのは怖いことでした。でもこの育児法が世界をより良くしてくれると確信していました。できるだけ頻繁に、そしてできるだけ遠くまで、このメッセージを伝えなくてはならないと思っていました。この運動の一端を担うことで、多様性を讃えるより包摂的な世界を作り、平等への闘いを続けることができれば、私にとってこれほどの功績はないでしょう。

第14章　空間づくり

子育てに慣れてきた頃に、あることに気がつきました。子どもたちを遊ばせるプレイグループの呼びかけが、母親が子どもを連れてくることを前提としているということです。「ママと赤ちゃんのヨガ」「ママと赤ちゃんのお話タイム」などは、母親が子どもと家にいて、子どもの活動や遊びグループやイベント参加などを母親が決めるという思い込みを助長するものに他なりません。図書館や地域社会の掲示板で、こうしたポスターを見るたびに私は顔をしかめていました。パパはどうなのよ？　おじいちゃんは？　モディーズやザザズ〔ママとダディーを合わせて「モディー」、ザザはジェンダーフリーの代名詞Zからの著者の造語と思われる〕や世界中のノンバイナリーの親はどうなのよ？　私のようにパートナーと均等に子育てをしている者には「ママグループ」は必要ではありません。それよりも、子どもの世話をするすべての人と小さな子どもたちのためのジェンダー・エクスパンシブな場所がほしいのです。

家族が集まれて、子どもをステレオタイプ化しないよう意識的に努力をし、養育者がストレートなのかシスジェンダーなのか、パートナーがいるのか、伴侶は一人だけなのかなどと憶測されないような場所、コミュニティとしての絆を作る場所がほしいのです。ズーマーが六か月の頃、私たちは初めてのジェンダー・クリエイティブなプレイグループを作りました。インスタグラムで告知し、Facebookでイベントを作り、友人と共有しました。また、ユタ大学のLGBTQリソースセンター、ソルトレイクシティのプライドセンターにも知らせ、イベントに興味のありそうなすべての人に知らせました。

プレイグループの開催地は、ソルトレイクシティの巨大な公共スペースであるリバティ・パークでした。ピクニック・テーブルに紫と銀色の風船をくくりつけて、目印にしました。飲み水とおやつを用意して、芝生に敷いた毛布におもちゃや絵本を並べました。職場の友人が数人、子どもを連れてきました。妊活中の友だちもやってきました。幼い女の子を二人連れてきた友だちもいて、年上の保育園児のお姉ちゃんは、映画「アナと雪の女王」のアナのドレスを着ていました。

彼女の父親が、「ジェンダー・クリエイティブ・パーティなのに、娘がプリンセスのドレスを着たがったんだ」と少し困ったように言いました。

私は彼を安心させたくてこう言いました。「アナのドレスを着たのは、いいことだと思うよ。だって彼女がそれを着たいと思ったのだし、あなたはその意思を尊重したのだし。子どもが子どもらしくいられるということ、まさにそれがポイントなのよね」

彼は娘を毛布の上でズーマーの隣に座らせました。二人は同じくらいの年齢でした。木から落ちる葉っぱを渡し合ったり、チェリオ〔シリアル〕をシェアして食べたりしました。私たちは、子どもの面白いハイハイの仕方とか、どんな傑作なことを言ったのかなど、子どもの節目になる重大なできごとについて情報を交換し合いました。お互いの仕事や、今後のプランについても尋ねました。ごく普通の典型的なプレイグループでしたが、包摂性という温かい輝きが私たちを包んでいました。

数か月に一度、こんなプレイグループを開催しました。いつも新しい家族が加わります。職場やズーマーの保育園の人、ネットで知り合った人、他のコミュニティの団体から私たちのことを聞いた人たちなど、さまざまでした。参加する子どもは大体、出生時にジェンダーをあてがわれたり、すでに男の子か女の子かを自認したりしている子どもでしたが、ノンバイナリーの子どもや、ジェンダーの可能性を探求している子や、社会的な移行中の子どももいました。一年目には、ジェンダー・クリエイティブな子育てをしている親の参加は見られませんでしたが、二年目にはユタ州でジェンダー・クリエイティブな子育てをしている二家族と知り合うことができました。

私がとても気に入っているのは、二〇一八年一一月、ズーマーが二歳半の時のプレイグループです。この時に、ネットで親しくなったジェンダー・クリエイティブな子育てをしている家族と直接会うことができました。ボビーとレスリーは、ニューヨーク州ブルックリンから二人の赤ちゃん、ソジョーナーちゃんとワイルドファイアちゃんを連れて、ソルトレイクシティまで飛行機で来てくれました。アリはスパローちゃんという赤ちゃんと、九歳のヘイゼルちゃんを連れてフロリダ州オーランドから来てくれました。ボビー、レスリー、アリとは、they/them の代名詞を使って子育てをしている親の Facebook グループで知り合いました。Genderevolution〔ジェンダー進化論〕というジェンダー・クリエイティブな子育てについてのカンファレンスのパネルディスカッションに参加するために、ソルトレイクシティまでやってきたのです。

私たち家族は週末の間ずっと一緒に遊び、土曜日にはカンファレンスに出席して、ジェンダー・クリエイティブな子育てについてのプレゼンテーションを行いました。会場は、ジェンダー・バイナリーという主流の子育てに共感できず、それに代わる方法を求めている熱心な人たちでいっぱいでした。

日曜日に、私たち三家族はソルトレイクシティのインターナショナル・ピース・ガーデンでジェンダー・クリエイティブ・プレイグループを開催しました。地域のジェンダー・クリエイティブな家族がやってきました。二時間かけて来てくれた家族もいました。TEDxで知り合って友だちになった元NBA選手のランスは、息子を連れてきました。この時の参加者の中には、ジェンダー・クリエイティブな子どもが六人、they/them を使っているノンバイナリーな親が三人、シスジェンダーの親子が八組いました。みんな一緒に公園で遊び、ホットチョコレートを飲み、ヴィーガン・ドーナツを食べ、公園を散策しながら彫刻を見たり、落ち葉の山で遊んだりしました。誰もがみな、お互いの代名詞と、ジェンダー・アイデンティティと、ジェンダー表現を尊重し合いました。新しい友だちもできました。親は、ただ親らしく、子どもは、ただ子どもらしくいられる、美しい朝でした。それこそが私の望むプレイグループなのです。

◆
◆
◆

ズーマーが二歳になる数か月前、ズーマーの友だちアーサーちゃんの三歳のお誕生日パーティに呼ばれました。ソルトレイクシティのタイニー・タンブラーズという子ども用のジムです。そのジムに行くのは初めてでしたが、その土曜日以来、そこはズーマーのお気に入りの場所になりました。

ズーマーは鉄棒にぶら下がったり、平均台の上を歩いたり、マットの上を走り回ってシャボン玉を追いかけて割ったり……**大喜び**でした。

九〇分間の誕生パーティが終わって家に帰ってからも、ズーマーはジムについて話し続けました。「タイニー・タンブラーズにいきたい！」朝目覚めてすぐ、そして夜寝る前にも、そう言い続けました。誕生パーティの数週間後、タイニー・タンブラーズの近くをたまたま車で通りかかると、ズーマーが気づいたのか、後部座席から興奮気味に言いました。「タイニー・タンブラーズにいくの？」ズーマーに車で走っている場所がわかったことに、私は驚いていました。もっとジムで遊びたいというメッセージをズーマーは明らかに発していました。そこで、ズーマーの夢を実現して、次の誕生会はここで開くことにしました。

タイニー・タンブラーズのウェブサイトから、誕生パーティの予約ができるようでした。予約ボタンをクリックして申込用紙に入力し始めました。ズーマーの名前と年齢の次に、「男女」どちらかのジェンダーを選ぶ欄がありました。私はそこを空欄のままにして、「次へ」をクリックしましたが、バイナリーな性別を選ばずに次のページに進むことができませんでした。やれやれ。

このようなドロップダウンボックスについては、私なりのルールがあります。ズーマーの性別《セックス》やジェンダーを選ぶ以前にこう考えます。**「この組織にとって、ズーマーの性別《セックス》を知ることが本当に必要なのか？　回避することはできないだろうか？　もしズーマーの性別《セックス》を知ったとしたら、それがズーマーの扱いに影響を与えるのだろうか？」**

ズーマーは、段違い平行棒や平均台の上で生殖器を使うわけではありませんから、タイニー・タンブラーズはズーマーの性別《セックス》を知る必要はありません。それにズーマーはまだ私に自分のジェンダー・アイデンティティを知らせてくれたわけではないので、私がそれをジムに告げることもできません。そこでジムの電話番号を探して携帯で電話をかけました。

フィービーという親切そうな人が電話に出て「ご用件は何ですか?」と尋ねました。

「こんにちは、フィービーさん。オンラインで子どもの誕生会を予約しようとしていたのですが、ジェンダー欄を空欄にしたら、先へ進めません。私たちは子どもにジェンダーをあてがっていないし、子どもはまだ自分のジェンダーを私たちに知らせてくれていません。ですから、ジェンダーを記入せずに、誕生会の予約ができないかをお尋ねしようと思って電話しました」

フィービーの即座の応答に私は感心しました。「失礼しました! 私もジェンダー欄は嫌ですよ。会社のやり方なんです。でも、もちろんジェンダーを選ばなくても大丈夫ですよ。私が書き込みましょう。お子さんの名前は何ですか?」

「ズーマーです」

「それでは、they の誕生パーティの日をお知らせください」

フィービーがジェンダー・ニュートラルな代名詞を即座に使ったことに、私はすっかり感心しました。

「三月二四日ですが、空いている時間帯はありますか?」

「三時のスポットが空いていますよ。テーブルクロスとカップやお皿の色が二色選べますが、何にしましょう?」

「ちょっと待ってください。ズーマーに尋ねますから」

ズーマーは私のすぐそばで、リビングルームの床に座って遊んでいました。「ズーマー、今日のお気に入りの色は何色?」ズーマーはピンクのプラスチックのバスケットで遊びながら、私を見上げて「ピンク!」と言いました。

「オッケー、他に好きな色を教えて」

「オレッジャ!」ズーマーはプラスチックの小さなオレンジを掲げて言いました。

「それではピンクとオレンジでお願いします」と私はフィービーに伝えました。

「ズーマーは何歳になりますか?」

「二歳です!」自分でも時の経つ速さが信じられません。


それから数週間の間に、保育園のクラス全員、親戚、子どものいる友だちに招待状を出しました。セントジョージに住む私の家族は、ズーマーがこれから太陽の周りをもう一周するお祝いに、四時間かけて車で駆けつけてくれました。継母のエイプリルからのテキストメッセージ「私の小さな孫はどんなプレゼントがほしいかしら?(What does my little grandbaby want for their birthday?)」の中に「their」が使われていて、温かいほんわかした気持ちになりました。ジェンダー・ニュートラルな代名詞をこのように文字に表してくれることで、家族が積極的にサポートしていることがわかります。

昼寝から目を覚ましたズーマーに、ブレントが蛍光色の花柄のワンダースーツを着せました。「今日は何の日だと思う? タイニー・タンブラーズのきみの誕生会の日だよ!」と告げると、ズーマーの眠そうな目が突然輝きました。手を叩きながら飛び跳ね、すっかり興奮している様子です。

二〇人の子どもたちとその家族がタイニー・タンブラーズに集まりました。靴を脱いだ子どもたちを、まるで魔法のように先生たちがマットの上に丸く座らせました。フィービーは子ども一人ひとりに名前と好きなケーキの材料を尋ねています。「私はウーナ。ブルーベリーがいい！」子どもたちは、円の中心の空想ケーキの生地にブルーベリーを投げ入れるふりをしてから、何回か床を叩きます。

「私、ゲイラン。チョコレートがいい！」パンパンパンパン！と床を叩きます。

「サバンナ！　スパイダーマン！」パンパンパンパン！

「ズーマー、アボカド！」パンパンパン！

「ダニエル！　フルーツスナック！」パンパンパンパン！

「リバー！　ケサディーヤ！」

こうして次々に材料を加え、とんでもないケーキミックスができあがりました。

子どもたちは大笑いしながらジムを走り回りました。歌を歌ったり、レインボーパラシュートゲームをしたりしました。子ども同士がぶつかったり、泣いたりすることは、驚くほどありませんでした。子どもたちが何百キロワットものエネルギーを燃やしている間、親たちはおしゃべりに興じました。

「ケーキとアイスクリームの時間ですよ！」フィービーの声で、子どもたちと大人たちが揃ってパーティルームに入りました。部屋には、ピンクとオレンジ色のテーブルクロスのかかった小さなテーブルと椅子が並んでいます。紙コップと紙皿もピンクとオレンジ色です。二週間前に、私の親友レイがFaceTimeで、ズーマーに好きなケーキを尋ねてくれました。

ズーマーは即座に「シュポッポケーキ！」と答え、レイは「オッケー、ズーマー・コヨーテは、汽車のケーキね！」と確認しました。

「やったぁ！　シュポッポのケーキ！」

「オッケー！　汽車のケーキね、約束するわ!!」

レイが、幼いズーマーのために大きな二段ケーキを注文してくれました。その上に数字の「2」の形の大きなろうそくを立てて火をつけるとフィービーが電気を消しました。私が、重たい絶品ケーキを抱えて、「ハッピーバースデイ・トゥーユー」と歌いながらズーマーに向かって歩き出すと、みんなも歌い出しました。ズーマーの前にケーキを下ろし、ろうそくを吹き消すよう促しました。まだ上手に吹き消せないズーマーが、「ブブッブ、ブブッブ」と馬か何かのように唾を飛ばし始めたので、ブレントが手伝って吹き消し、みんなで拍手しました。

みんながケーキとアイスクリームを食べ始め、私は部屋を見渡していました。ゆっくりと時間が流れていました。妊娠中には、子どもの二歳の誕生日パーティのことなんて想像もできませんでした。でも今、親になって二年、ジェンダー・クリエイティブな子育てをして二年が過ぎ、私たちを愛してくれて支えてくれる人たちにこうして囲まれています。ズーマーと友だちはお互いのケーキをちょっとずつ盗み食いしながら笑い合っています。ズーマーはみんなにかわいがられています。部屋の向こう側にいた父が歩いてきて私を抱きしめました。そして私の目を見て「ぼくは、この小さな孫が大好きだよ。見てごらん。よくやったね。お前を誇りに思うよ」と言ってくれました。私たちはズーマー・コヨーテを見つめていました。私たちの世界を揺さぶるこのすばらしい二歳児を。

第15章　メディア騒動

初めて取材依頼が来たのは育児休暇中のことでした。以前の職場の同僚で、今はテキサス州でテレビのモーニングショーの司会者になっている人からメールが来ました。ジェンダー・クリエイティブな子育ての記事の提案をプロデューサーにしたところ、大変気に入ってもらえたと言うのです。彼女はインスタグラムでズーマーの誕生を知って、私がインタビューに応じるかどうか、尋ねてきたのです。その頃の私は、まだズーマーの泣き声の意味さえ理解できない状態でしたから、ニュースのインタビューに応えるのは少し重荷に感じられたし、まだ早すぎると思いました。

その日の午後、仕事から帰って来たブレントにこのことを話しました。今はまだニュース番組に出るつもりはないし、ブログやインスタグラムで自分の言いたいことを発信する程度で十分だと言いました。「それにテキサスの何百万人もの前で、『ほんの少し前に子どもを産んだばかりですが、もう何でもわかっています』なんて言いたくないの」そう言うとブレントが笑いました。

「ぼくもニュースはまだ早いと思うよ。準備ができたときみが思うのなら応援するけど、インタビュアーの誰もが、ぼくたちのことを良く思っているとは限らないしね」

「そうね。でも、おかしいよね？　ただ子どもをステレオタイプから守ったり、子どもがジェンダーを自分で探求できるようにしているだけなのに、それがニュースになるなんて」

ニューススタジオで、カウントダウンが始まり……三秒前、二秒前、一秒前、そして生放送が始まり、ジェンダー・クリエイティブな子育てに、まるで興味のないインタビュアーに見世物にされかけている自分を想像して身震いしました。

私たちの実体験とかけ離れたばかげた見出しで関心をそそろうとするメディアの餌になどなりたくありませんでした。ブログやインスタグラムなら、自分の言葉で自分の物語をコントロールできます。編集で細切りにされるようなインタビューなんてごめんです。私のことを知りもしない朝のニュースキャスターに「なんと奇妙キテレツな子育てでしょう！」などと言われたくないのです。

ズーマー誕生から二年間は、メディアのリクエストをすべて断りました。インスタグラムやメールを通じて一二人ほどの雑誌ライターや、ラジオやテレビ局のプロデューサーから、インタビューの申し込みがありましたが、私は自分の物語は自分でコントロールしたかったのです。一般視聴者と共有したいと思う個人的な人生の瞬間は、自分で選びたかった。私は、インスタグラムのキャプションやテキストを通して、ジェンダー・クリエイティブな子育てについてわかりやすい、前向きなメッセージを送る方がよかったのです。自分の家族の物語とそれに関することについては、私が責任者であり続けたいと思っていました。でも、ジェンダー・クリエイティブな子育ての普及に貢献したければ、いつかは、そのコントロールを放棄しなくてはならない日が来るでしょう。

二〇一八年二月二〇日、ズーマー二歳の誕生日の一か月前に、アレックス・モリスというジャーナリストからインタビューをしたいというメールを受け取りました。アレックスは『ニューヨーク・マガジン』の特集記事のことで、私の友人でジェンダー・オープンな子育てをしているボビーに取材していたのです。子育ての哲学、自分のジェンダー・アイデンティティとジェンダー表現を選ぶ機会を子ども自身に与えようという動きについての記事です。ボビーは私のＴＥＤｘの講演をアレックスに紹介し、自分たちの子育ての計画について家族や友人に教えるのにも、私の講演を使ったと話したといいます。

アレックスはＴＥＤｘの講演を見てインタビューを申し入れてきました。ジェンダー・クリエイティブな子育てをする親としてだけでなく、社会制度におけるジェンダーを研究する社会学博士としての私の話を聞きたいと言うのです。ボビーも私に特集記事の、もう一つの声になってほしいと考えていました。彼は共通の友人を通してアレックスと出会い、よい印象を抱いたと言います。アレックスは私たちの子育てを応援してくれるし、私たちのストーリーを尊重する記事にしてくれるだろうと、ボビーは言って私を安心させてくれました。

ブレントに相談しました。インタビューを受ける準備が自分にはもうできているかもしれないし、ボビーのことも応援したいと言いました。彼は、やりたいと思えるならいいのではないかと、判断を私に委ねました。私はアレックスが、ホールジー〔バイセクシュアルとカミングアウトしているアメリカのシンガーソングライター〕や、エヴァン・レイチェル・ウッド〔アメリカの女優。バイセクシュアルとしてカミングアウト〕について書いた記事を調べてみました。そして彼女のジェンダーやセクシュアリティや人工中絶についての記事が、いろいろな意味で私と波長が合っていると感じられたので、インタビューのリクエストに応じることにしました。

アレックスはニューヨーク、私はユタ州にいたので、はじめの会話はビデオチャットを通じて行いました。三時間近くにも及びました。ジャーナリストというものは、親身になって、相手をリラックスさせ、おいしい話やデリケートな部分を引き出すものです。アレックスはとても優秀でした。彼女と話すのが純粋に楽しくなりました。

それから、追加の資料や事実関係の確認のために、メールやテキストや電話が続きました。『ニューヨーク』誌の事実関係確認の担当者アイラから、こんな電話がかかってきた時は思わず声を上げて笑ってしまいました。ズーマーのぬいぐるみの馬の名前が、本当に「ネイネイ・ダグラ・エアーポート・ホース」で、私たちがネイネイを本当に they/them の代名詞で呼んでいるかどうかという確認でした。

電話を切る前に、アイラが大学でジェンダー学の授業を取ったこと、そしてこの記事が出るのをとても喜んでいることを伝えてくれました。因習的な男女バイナリーに代わる子育て方法があると示すことで、自分のような若者にとってロールモデルになるというのです。

私はアイラに感謝し、こう伝えました。「ジェンダー・クリエイティブな子育ては、私にとって最高の子育ての決断だったと思います。あなたがいつか親になって、こういう子育てがしたいと思った頃には、すでに多くの仲間がいることでしょうね」

私は、この特集記事が若い人たちや、因習的な子育てと違う子育てをしたいと思う、将来の親たちに刺激を与えてくれるだろうと感じていました。

『ニューヨーク』誌の別のスタッフで写真エディターのマットからもメールがきました。彼は記事に載せる写真を探していて、私たちのインスタグラムからいくつかよさそうな写真を選んでいました。雑誌の光沢ある誌面や、同誌のウェブサイトThe Cut上で、何百人、何千人もの人が目にすることになる家族写真を選ぶのには、気まずさが伴いました。唯一はっきりしていたのは、ズーマーだけが一人で写っている写真は選びたくないということでした。そこで、家族で写っている写真がいいとマットに伝えました。マットは私たちの希望を尊重してくれました。そして、ある一枚の写真に全員が賛成しました。コットンウッド渓谷で写した三人の写真です。

掲載号がもうすぐ出版されて店頭に並び、その数日後には、ウェブサイトThe Cutにも出るとアレックスが教えてくれました。発売当日、初めてその記事を読むために、私は早起きして掲載誌のデジタル版をダウンロードしました。ソルトレイクシティの本屋バーンズアンドノーブルに三週間後にやっと雑誌が並ぶと、私たちは三部を購入しました。

長年愛読してきた雑誌に、自分たちの写真とストーリーが出ているのはとても変な感じでした。[*23] いい記事でした。アレックスは私たちを尊重してくれて、よい表し方をしてくれたと思いました。私たちは、この記事のインタビューに応じたいくつかの家族の中の一家族でした。友人の、ボビー、リア、アンドレアたちも、それぞれの動機と逸話を話していました。かれらの物語と私たちの物語が交差しながら、私たちの共通目標――子どもが自分のジェンダーを見つける支えとなりたいという――へと向かう子育ての決断のストーリーとなっていました。私はコーヒーを手にソファに座り、もう一度記事を読み返しました。

「It's a Theyby!（theyとbabyを組み合わせた造語。赤ん坊が生まれると、It's a Boy! やIt's a Girl! と言って発表する習わしがある〕」と題された記事は同誌のオンライン版 The Cut でも公開され、読者からの反応は概して好意的でした。そもそも『ニューヨーク』誌が進歩的な読者のための進歩的な雑誌だからこそ、インタビューを引き受けたのです。ポジティブな反応は、言ってみれば「予言の自己成就（self-fulfilling prophecy）」でした。父が送ってきたテキスト「ニューヨーク・マガジンの記事を読んだよ。お前のことを誇りに思うよ。XO〔キスとハグ〕」を読んで涙があふれました。私がジェンダー・クリエイティブな子育ての表立った提唱者になれたのは、家族や友だちからのすばらしい応援があったからです。

The Cut でこの記事が公開された時には、私たちのインスタグラム @raisingzoomer には、千人ほどのフォロワーがいました。半分は友人や家族や同僚や以前の教え子たちで、残りの半分はジェンダー・クリエイティブな子育てをしている仲間や、オンラインで知り合った世界中の進歩的で親切な人たちでした。四月の第一週には、インスタグラムのフォロワーがおよそ五〇〇人増え、ほとんどが好意的な人たちでした。**私たちの物語が公開され、それを読んだ人の一部がインスタグラムに飛び込んで来て、私たちの旅をフォローし始めただけのこと。**「これでいい」と私は思いました。もう日常に戻れると思いました。しかし、昨今のネットニュースの恐ろしさをまったく見くびっていたことに気づかされました。

The Cut で公開された「Theyby」の記事は、数日後にはすでに一人歩きを始めていました。十数か国の主だったニュースソースにズーマーの写真が掲載され、「この子の両親は家族にさえも赤ん坊のジェンダーを秘密にしている」「この子のおむつの中身は何？」「新しがり屋の親たちが選んだクィアな子育て」といった見出しがつけられました。スピンオフの記事の中には、文脈を無視した引用や、私の名前のミススペルが見られ、私の資格を削除したものもありました。私は注目されたがり屋のがめつい母親で、子どもを虐待し、ズーマーに取り返しのつかない心理的ダメージを与えていると非難されました。

私は自分の子育てを「ニュース」だとは思っていませんが、現代の二四時間態勢のネットメディアの世界では、クリックする価値さえあれば、それがどんなものであってもいいのです。わずか数週間のうちに、私たちのストーリーと家族の写真が世界中に広がっていくのを、私は目にしました。イタリア、ポルトガル、ドイツ、フランス、ブラジルでもニュースになりました。次はいったいどこに出現するか、ブレントが見張っていました。私は起きていることを無視しようとしていました。記事に登場したすべての家族の中でバズったのは、私たち――ブレント、ズーマー、私――の家族だけでした。

こんなことになるとは思いませんでした。メディアがこれほど非倫理的になっているなんて思いもよらなかったのです。私のインスタグラムから写真を抜き取って、The Cut やブログやインスタグラムのキャプションから勝手に「引用」して、あたかも私がインタビューに応じたかのように、新聞記事に仕立て上げる人がいるなんて、考えもしませんでした。

迂闊でした。たった一度インタビューに応じたことが、誰でも自由に私の家族をニュースにしてもいいというゴーサインになってしまったのです。The Cut に記事が出て一年以上経ってからも、新しい記事が出たというアラートが届きます。先週はイスラエルのニュースでした。私はニューヨーク誌のインタビューをしたことを後悔しているわけではありません。ただ、それがどんなことを引き起こすか、前もって心構えができていればよかったと思うだけです。

それまでの私の人生は、ほとんど人に知られていなかったのに、一夜にして何百万人もの人がほんのわずかな情報を基に、私という人間について、そして親としての私について、さまざまな意見を述べるようになったのは、実におかしなことです。私とブレントは、ズーマーの前でメディアのバカ騒ぎについて話さないと約束しました。ズーマーが目を覚ましている時は一緒に遊んだり、抱き寄せたりして、平静を装っていました。私たちのかわいい二歳児は、両親がどんな問題を抱えているか、まるで気づいていませんでした。キッチンでブレントは私を抱きしめて、「きみは優秀な親だよ」と私をほめ、私も彼に同じことを言いました。それでも私たちは毎晩、見知らぬ人からの新しい批判を抱えて、ベッドに入っていました。

英国ハフポスト誌の思慮深く、倫理観のあるジャーナリストが、「あなたの許可なしには、何も出版できませんから」と、いくつかの質問を送ってきました。そしてニュースにあふれていた、私たちの子育てについてのいくつかの誤解を解く機会を与えてくれました。彼女の質問にメールで答えながら、たとえば子どもにピンクやブルーは着せないといった浅はかな思い込みを打ち消していきました。ハフポストの記事が出たのは、メディアの門が開け放たれてから約一週間後の四月一〇日のことでした。記事の内容やその読者層によって、私たちのインスタグラムに寄せられる反応の強さや波の熱さはまちまちでした。英国ハフポストの波はそれほど大きくなく、幸いなことに、主に肯定的なものでした。（実際にその記事を書いたのは私でしたから！）[*24]

その記事が出て二週間後、朝起きて携帯をチェックすると、オーストラリアの友人レイチェルからメッセージが届いていました。彼女のお気に入りのオーストラリアのポッドキャストで、私たちのことが話題になっていて、そのウェブサイトにもジェンダー・クリエイティブな子育ての記事が出ていると言います。私はパニックを起こし、ブレントもこの知らせで打ちのめされるだろうと思いました。私たちの家族がスポットライトを浴びていることは、彼にとって負担であり、母国でそれがニュースになるには、まだ心の準備ができていなかったのです。

ブレントをわざわざ起こして伝えるより、彼がコーヒーを飲むまで待とうと思いました。

昨日、インスタグラムに意地悪なコメントを書き込んできたやつに、夜中過ぎまで性とジェンダーの違いを教えていたにしては、ブレントはわりといい気分で目覚めたようでした。そしてパブリックキッチン・レストランで朝ごはんを食べようと提案しました。私たち三人は急いで着替え、車に乗り込んでレストランへ向かいました。そしてテーブルに着いて、コーヒーと朝ごはんを注文しました。

「言わなくてはならないことがあるの」と私は開口一番に言いました。

ブレントはズーマーにクレヨンと塗り絵を渡しながら、私を横目で見ました。そして私に全神経を集中させて「何が起きたの?」と尋ねました。

「あのね、私たちのストーリーがオーストラリアにまで届いたの。レイチェルが昨日聞いたポッドキャストとネット記事へのリンクを送ってきてくれたよ」

「どんなポッドキャスト? どのニュース?」ブレントは不服そうでした。

「そんなに有名じゃないと思うよ。『ママミーア』とかいう名前みたいよ」

「『ママミーア』だって! カイル、有名だよ。オーストラリアで一番人気のサイトの一つだよ!」彼は怒り、苛立っていました。止めてほしいと思っても、どんどん広がってしまうのです。彼は精神的に疲れきっていました。それは私も同じでした。

バリスタがコーヒーを持ってきました。ブレントは、世界一礼儀正しい人で、普段から一つの行為に対して三度もお礼を言うのが常ですが、今はあまりにも気持ちが乱れていて、目の前にラテが置かれたことにさえ気づかないようでした。ブレントの呼吸が激しくなり始めました。それは血管に不安感が充満していることを示していました。

「きみは、いつ知ったの？　なぜすぐ教えてくれなかったの？　なぜ今なんだ？　腹ペコだというのに！」

「ごめんね。こんなに怒るとは思わなかったの。新鮮な空気を吸いに外に出ようか？」

その時点の、私たちの人生は最低でした。息をつく暇もありません。国際的なスポットライトにさらされていたのです。新しいネット記事が出るたびに、毎日、見ず知らずの人が勝手にうちの玄関を開けて、何千人もの人を招き入れているような気がしました。四六時中、知らない人たちに生活を監視され、調査されていました。応援してくれる人もたくさんいました。でもそうでない人も多くいました。どちら側の人なのかを見分けることもできませんでした。

ブレントはすぐ戻ると言って席を立ちました。レストランの入り口から外に出て、ブロックを一周し、数分後に戻ってきて座りました。

「ママに電話したよ。きっとぼくらのことがニュースに出るからと伝えておいた」ブレントは疲れきっていました。「でもママは、キンバリーから聞いて、もう知ってたよ。こんなことになって大変ねと言ってくれたよ。ぼくたちを愛してるってね。もっと早く言っておけばよかったよ。ぼくたちのことなんか、もう誰も書かなくなればいいと思っていたし、オーストラリアにまで伝わらなければいいと思ってたんだ」

私はため息をつきました。「オーストラリアに届いたのは確かだね。今日、オーストラリアのニュースのインタビュー依頼を二つも断ったよ。ご両親がすでに知っていてくれたのはよかったけど、明日朝のテレビニュースで、私たちが面白おかしく言われるのを見るのは、きっとつらいでしょうね」

そんなことは二人とも望んでいなかったし、この事態をどう切り抜ければよいかを考えていました。トーストと卵の朝食が運ばれてきて、私たちは黙々と食べました。私たちのテーブルから聞こえる唯一の音は、ズーマーがオートミールを口に運ぶ合間に、小さなおもちゃのスクールバスとシールで遊んでいる歌うような声だけでした。幸いなことに、ズーマーは親が精神的な苦痛で打ちのめされていることなどまったく気づいていません。

翌朝、目を覚ますと、何千人もの新しいフォロワーと、何百もの新しいコメントが届いていました。その大半はひどいものでした。この波は、まちがいなく、私たちのインスタグラムに寄せられた最大級で最もネガティブな波でした。

ブレントがノートパソコンで急いで検索し「クソッ！」と言って何かを見せてくれました。それは、スクリーンいっぱいに大きな文字で書かれた「なぜこの母親と父親はTheybyと呼ぶ幼児が女の子なのか男の子なのかを誰にも明かさないのか」という見出しでした。「イギリスのタブロイド紙にデビューしたようだよ」とブレントは私を見ながら言いました。

『デイリー・ミラー』や『ザ・サン』といったイギリスのタブロイド紙が私たちのストーリーを取り上げていました。私は一九歳の時に七か月間イギリスに住み、ロンドン郊外のパブでバーテンダーとして働いたことがあります。パブのお客がビールを飲みながら、こうしたタブロイド紙を読んでいたのを覚えています。この二紙合わせて、毎日二〇〇万部が発行されているのです。低俗なゴシップやオピニオン、王室やイギリスのスポーツ選手やセレブリティについての誇張された記事で埋め尽くされていて、こうした人たちを気の毒に思っていました。イギリス中の、台所、職場、電車の中、美容院、パブ、などで何百万人もの人が噂に花を咲かせるのです。まさか自分がゴシップの種になるなんて、想像すらしていませんでした。

その日の午後、ズーマーが昼寝をしている間に、私たちはインスタグラム・アカウントについて話し合いました。アカウントをプライベート設定にするか、あるいは削除してしまうべきでしょうか。二週間でフォロワーが千人から一万二千人まで膨れ上がっていたのです。オーディエンス層は混濁していました。応援のコメントが殺到した一方で、私たちをまるで見世物のようにフォローしている人たちが何百、いや何千人もいました。バーチャルの筏の上から私たちの実験を眺め、それが惨憺たる結果に終わるよう願っている人たちがいることもわかっていました。

一か月前とは打って変わって、私たちは人々の目にさらされていました。私たちのことやジェンダー・クリエイティブな子育てのことを知って感謝しているという何百ものメッセージも届きました。因習的な子どものジェンダー社会化に代わる子育て方法を探している人たちに、私たちの物語が、必要な語彙と支援ネットワークを与え、ロールモデルとなったというのです。ノンバイナリーやトランスジェンダーの人たちも、ズーマーのように育てられたかった、そして私たちを必要としている人のために、これからも強く、声を発し続けてほしいと励ましてくれました。ブレントと私は、インスタグラムのアカウントを公開し続ける必要があると判断しました。ジェンダー・クリエイティブな子育てが世界中で主要なコンセプトになりつつあるのです。私たちのストーリーが理想的な方法で拡散されたわけではありませんが、このストーリーも、私たちも、もうどこへも行くことはないのです。

その夜、ブレントがズーマーをお風呂に入れている間に、私は台所で夕食の片づけをしていました。それからズーマーを寝かしつけて、ワインを開けました。今日一日、インスタグラムや、イギリスの新たな嫌がらせサイバー軍団を避けてきましたが、意を決して見ることにしました。グラスにワインを注いで、スマホを手にベッドに座りました。ブレントは彼個人のインスタグラムのアカウントにログインし、私は @raisingzoomer にアクセスしました。

私は、試合の勝利戦略を与えるコーチのように、ユーモアを込めてブレントを激励しました。「ここに書かれたコメントを読む人の中には、ジェンダー・クリエイティブな子育てに興味のある人がたくさんいることを忘れないで！　そういう人たちが自信を保てるように、私たちは、こんなことには動じないという態度を見せなくっちゃ。トランスの子どもたちがどれほど味方を必要としているかも忘れないで！　私たちが書き込む返事が、明日のニュースに引用されるかもしれないのよ！　だから気を付けて！」

ブレントは赤ワインを一口飲むと、バーガンディ色に染まった唇で微笑みながら言いました。「了解！　ぼくがコットンウッド渓谷の写真の下のコメント欄を担当するから、きみはズーマーがアイスを食べているところのコメントをやってね」

私はうなずき、ワインを一口飲むと、瞼が重くなって携帯が持てなくなるほど眠くなるまで、できるだけたくさんのコメントに返事を書き続けました。反撃しなくてはなりませんでした。せっかく作った美しいコミュニティを、怪物の波に台無しにされるつもりはありませんでした。私は誰のために、意地悪なコメントに立ち向かって過ちや無知を正しているのか、一人ひとりの顔を思い浮かべました。そして、愛というフィルターを通してやり遂げようとしていました。

私がコメントを削除したりブロックしたりすると、「言論の自由」の侵害だと言う人もいました。かれらの言う言論の自由を、私は「いじめ」と呼びます。確かにかれらには、私について何を言ってもいいという権利が、あるかもしれません。私を精神病院に入れるべきだと言いたければ言えばいい。でも、そんな発言は私のではなく、自分のプラットフォームでするべきです。

毎日、何人ものレポーターやプロデューサーが連絡してきました。「グッドモーニング、ブリテン」ショーに出演しないか？　「フォックス・アンド・フレンズ」に出ないか？　ワシントンDCまで来てくれるか？　ニュージーランドのラジオ出演はどうか？　私たちのドキュメンタリーを作ってほしくはないか？　Ｎｏ！　私はテレビのインタビューを受けるつもりはありませんでした。一日を切り抜けるだけで精一杯だったのです。私は、プロデューサーやジャーナリストに同じ文面の返信を送りました。

「ご連絡ありがとうございます。でも興味ありません」

出演料を支払うというオファーもありました。五分で千ドル？　三千ドルならどう？　「いいえ、けっこうです」私は火に油を注ぐようなことはしたくありませんでした。すでにニュースでどんな扱われ方をしているか、わかっていましたから。ジェンダー・クリエイティブな子育てに純粋に興味があるのなら、インスタグラムやブログの私たちの物語を通じて知ろうとするはずです。交通事故による渋滞ニュースと、天気予報との合間の九〇秒間で私たちの物語を紹介しようとは思わないはずです。

数か月の間に、私たちの物語は世界中を駆けめぐり、あまりにも多くのメディアに取り上げられ、もう数える意味さえありませんでした。おそらく南極大陸を除くすべての大陸で、何十か国語ものニュースになったのではないかと思います。もっとも、南極の科学者の中には Reddit〔アメリカ合衆国の掲示板型ソーシャルニュースサイト〕のスレッドで私たちのことを知った人もいたかもしれませんが。まるで伝言ゲームのようでした。元のストーリーから遠く離れれば離れるほど、まちがいだらけの不正確な情報になっていきました。ブレントがジェンダー学の教授で、私が彼の生徒だと書かれた時には、私たちは大笑いしたものです。

ある日、同僚で友人でもあるレベッカが私のオフィスに来てこう言いました。「パートナーのイゴールが今朝、母国ロシアのネットニュースを読んでいて、突然手を止めて『なぜカイルがロシアのニュースに出てるんだ?』と言ってノートパソコンの画面を私に向けたの」

同じ日の午後、ブレントがまた別のロシアの記事について電話してきました。「ズーマーが生まれた日に病院のベッドに寝ているきみの写真が出てるよ」と。私は気分が悪くなると同時に、ヒステリックに笑い出しました。どうしてこんなことが起きるのだろう? 私は心を閉ざしていました。三か月から六か月の間、すべてが終わるまで隠れていられればどんなにいいだろうと思いました。でも、私たちが強く、平静を装い、表に立ち続けることが重要だということもわかっていました。それでも、ネットで写真がさらされたり、ネットニュースのコメント欄や職場の給湯室で議論されたりする心の準備などは、できていませんでした。いつ自分が壊れてもおかしくないほど重くのしかかる状況を、私は軽視しようと努力していました。

「ウラジミール・プーチンは、ジェンダー・クリエイティブな子育てについてどう思っているだろう？」私はあふれ出る涙に圧倒されそうになりながら、笑顔を作ってブレントに尋ねました。

大きな波に飲み込まれるようなこの奇妙な体験の中にあって、私は親としてもパートナーとしても打ち込みながら、フルタイムの厳しい仕事をこなし、数週間前までそこにあった生活を手放すまいと努力していました。友人、大学時代のクラスメイト、何年も音沙汰のなかった知り合いなどが、記事やポッドキャストを見つけては連絡をしてきました。Facebookで交わされた私についての激論の様子を、スクリーンショットに撮って送ってくる人さえいました。私のいつものレジリエンスは限界に来ていました。一日一日が過ぎ、新たな注目の波が押し寄せるたびに、ブレントは不安を募らせ、私は自信を喪失していきました。

毎朝ズーマーが起きる前と、毎晩ズーマーを寝かしつけた後に、何時間もかけてコメントに返信を書きました。インスタグラムでも、あまりにも多くの見ず知らずの人たちが私を大胆に攻撃するべきだと考えているようでした。私はそのスレッドに少しでも正しい情報を注入しようとしていました。でも、さまざまな出版物のウェブサイトへ寄せられたコメントを見るのは拒否しました。自分のインスタグラムは自分でコントロールできるし、それだけしか時間がありませんでしたから。

ジェンダー・クリエイティブな子育てを実践したいという投稿もありました。でもその次には、私から子どもを取り上げるべきだという投稿がありました。私はコメント欄では穏やかに親切に対応する決心をしていました。私の言動を見ている人がいるはずです。この状況への対応の仕方によって、ジェンダー・クリエイティブな子育てを支援しようとする気持ちを削ぎたくなかったのです。私は自分の家族にとって最良だと思うことをしているのであって、それに納得できない人は、いずれ忘れるだろうと、自分に言い聞かせていました。

はじめから意地悪な投稿をしたり、サポーターを非難したりする人が何人かいました。とてもひどいものでした。でも、私とブレントはかれらにしっかり向き合って、性とジェンダーの違いやニュアンスについての資料を読むように勧めたり、ジェンダーのステレオタイプがかれら自身や子どもたちにどんな影響を及ぼしてきたかを考えるよう提案したりしました。そしてかれらの質問には、状況を悪化させたり、相手を（かれらがするように）ののしったりせずに、答えるようにしてきました。

最初は嫌がらせをしていた人たちが、「よく理解していなかった、学ぼうとせずにただ悪口を吐いていた」と謝ってきたことも何度かありました。そして、コメント欄に再び投稿して、私たちを援護してくれるようになりました。他の意地悪なコメントにこう言ってくれたのです。「私もカイルとブレントは気が狂っていると思ってたけど、今はもう理解できるようになったよ。ズーマーのためにすばらしいことをしていると思えるようになったんだ」そんなコメントを目にするのは、まったくもって愉快なことでした！

メディア騒動のせいで、私の恐怖感が何段階も上昇してしまいました。住所やズーマーの保育園の場所はいつも秘密にしていました。ズーマーの保育園の名前もブログやSNSで公表することはありませんでした。園の近くや場所がわかるところで撮ったズーマーの写真を掲載することもしませんでした。私たちの子育てに強く反対する人が、勝手に私たちを探し出してズーマーを連れ去ってしまうのではないかというのが私の最大の恐怖でした。

常に家を完璧な状態に保ち、ズーマーが人前でかんしゃくを起こさないようにしなくては、と思い込んでいました。ズーマーがいかに愛され、どれほど健全に育っているかを、私とジェンダー観を異にする人たちに証明しなくてはと感じていたのです。ズーマーにジェンダー・ニュートラルな代名詞を使っているだけで、私を児童虐待だと非難する人がいることに腹が立ちました。世の中にはゲイやトランスだという理由で家から追い出されたり、最悪の場合は親に殺されたりする子どもが実際にいるのです。

私たちは特に警戒するようになりました。家のすべての窓の溝に木の棒をはめたり、防犯カメラを設置したりしました。玄関のドアの内側にチェーンを取り付けましたが、これは侵入者を防ぐためと、ズーマーがドアを開けられるようになってからは、勝手に外に出ないようにするためでした。ズーマーがある時パジャマ姿で表のパティオにいるのを発見したことがありましたから！

ズーマーの保育園のディレクターのロビンに、私が怖がっていることを伝えました。彼女も私たちのストーリーがネットでどう広がっていくかをフォローしてくれていたのです。

「ズーマーを守る対策をもう話し合っていますよ」とロビンが言ってくれました。

ロビンと話している間中、胸が張り裂けそうでした。こんなことが制御できなくなり、これほど広がってしまったことに怒りを覚えていました。こうなることを予測できなかった自分に腹が立ちました。私はジェンダー・クリエイティブな子育ての代表者として公にさらされているのに、他の家族は誰もその重荷を負担してくれないことに怒っていました。

キッズランドのオフィスに立っている私は惨めで打ちひしがれていました。

ロビンが言ってくれました。「スタッフ全員に、起きていることを話してありますよ。誰かに、ズーマーがこの保育園に通っているかと聞かれても、否定するように言ってあります。園見学に来た人にわからないように、ズーマーの名前の書かれたものの場所も移動させました」私は泣き出しました。ひどい重荷を感じると同時に、ひどく愛されていると感じていました。ロビンもスタッフたちもズーマーと私たち家族を大切に思ってくれて、私たちが安心できるように全力を尽くしてくれていたのです。

数か月すると事態が落ち着きを取り戻し始めました。依然としてニュースは留まることを知りませんでしたが、その数は減少しました。私から思うような反応を得られなかった輩は、興味を失って、ワールドワイドウェブのごみ溜めへと消えていきました。まさにそれは、八週間続いた嵐が去って、太陽が再び顔を出したようでした。他のことに集中できるようになりました。Parenting Theybies Facebook グループの友人たちに、メディア・ゲームに参加したい人はいないか尋ねました。自分たちの物語をメディアと共有してもいいという人たちの名前とメールアドレスを、インタビューを望んでいるジャーナリストに渡しました。私は、すべてのレポーターと話す気はありませんでしたし、他の親たちが自分のストーリーを発信する手助けをしたいと思っていました。物語を多様化するためには、多様な人たちの言葉が必要ですから。

実にたくさんのオンライン・コミュニティの友人が、インタビューに応じ始めました。その理由が、純粋にレポーターと話したいからであっても、この運動を前進させようという情熱からであっても、私にとってはとてもありがたいことでした。ボビー・マッカローも、ティファニー・クックも、アリ・デニスも、そして他の人たちもインタビューに応じました。コリ・ドッティも、ジェシ・テイラー・クルスもそうでした。ネイトとジュリア・シャープは、六月にＮＢＣのインタビューを受けました。マサチューセッツ州ケンブリッジのラジオ局でネイトが受けたインタビューは、ジェンダー・クリエイティブな子育ての情報として、私が最も気に入っているものです。[*25] それまで私は孤独でした。たった一人でステージに上がり、目がくらむようなまぶしいスポットライトに何週間も照らされ続けながら、すべてうまくいっているような勇敢なふりをしてきました。でも、他の家族がこうしてスポットライトの中に入ってきたおかげで、私は一歩退いて、立ち直れるようになりました。

レイチェルがはじめに教えてくれたオーストラリアのポッドキャスト「ママミーア・アウトラウド」[*26]は、概してジェンダー・クリエイティブな子育てに好意的で、このテーマを取り上げるたびに、キャスターたちの理解も深まりました。性別や想定されるジェンダーによって子どもたちが異なる扱いを受けることの科学的な根拠について議論したり、キャスター自身の考えをオンエアで述べたりするようになりました。実のところ、私も楽しく聞くようになっていました。ただ、ママミーア創設者のミア・フリードマンがポッドキャストで言ったことがずっと気になっていました。

ジェンダー・クリエイティブな子育てについて彼女はこう言いました。「日常的に、周囲の人との小さな衝突は避けられないですよね。すると、いつも自分の立場を再確認しなくてはなりません。保育園でもスーパーマーケットでも、祖父母に対してでも、それこそ四六時中、ミニ戦争を引き起こすでしょうし、常に守りに入らなくてはなりませんよね」

それは私たちには当てはまりません。でも、シドニーで「こんな子育てをしたい」と思っていた人が、ポッドキャストで「毎日、ミニ戦争に明け暮れる」かもしれないなどと聞けば、考えを変えてしまうかもしれません。そう思うとうんざりしました。すべてのニュース・プロデューサーやジャーナリストやキャスターの、私の家族についてのまちがいを正そうとは思いませんが、この一件だけは訂正すべきだと思いました。

そこで、ミア・フリードマンのインスタグラムから彼女に直接メッセージを送りました。ポッドキャストを楽しんで聞いたこと、でも私たちの現実を正しく反映していない発言、特にそれが日常的に悪夢のようなストレスであるかのように思わせる部分については訂正する機会がほしいと書きました。彼女は大変快く承諾してくれました。そして彼女自身のポッドキャスト「ノーフィルター」のインタビューに呼んでくれました。四か月後、私たちはスカイプで一時間ほど話し、そのポッドキャストは二〇一八年八月二六日にリリースされました。[*27] 自分の物語の一部を取り戻せたことは、いい気分でした。

私たちのストーリーが世界に公開されてからおよそ一年経った二〇一九年二月一三日、朝起きてインスタグラムをチェックすると、意地悪なコメントが何件か投稿されていました。それを読んで、文字通り血圧が上昇し、気分が急降下しました。コメントの内容に特に腹が立ったというよりも、自分にはもう闘う時間もエネルギーもないことに腹が立っていました。毎日のように、同じようなコメントが違う人からインスタグラムに入っていて、すぐに返信しなくてはと考えていました。でもその朝、私の中で何かが変わりました。夜中に私たちのベッドにもぐり込んできた美しい我が子の寝顔を見て、こう考えたのです。**あなたたちは、もう私の時間を奪うことはできない。**もしかしたら後で返信するかもしれないし、削除するかもしれない。サポーターの一人が気づいて援護してくれるかもしれない。でも私は見ず知らずの人の感情に惑わされるのはもう嫌でした。私がしっかりつかんでいたいのは、あまりにも早く成長を遂げる目の前のすばらしい小さな人間だけでした。私はスマホを置くと、ズーマーを抱き寄せました。ズーマーは親指をしゃぶりながら、目を閉じたまま「おはようママ」と言いました。私はインターネットを消して微笑みました。「おはよう、ズーマーちゃん」

◆◆◆

私や他のジェンダー・クリエイティブな家族についての物語は、依然として書き続けられています。すでに十分な情報が揃っているので、グーグルで検索すれば、私たちへのアクセスや、興味のある人向けに当事者が書いた情報へもアクセスすることができるでしょう。

国際的なスポットライトを浴びるのは、強烈で奇妙な体験だし、疲れるものです。自分の子どもの写真が、理解できない外国語のサイトに出ているのを目にするのは、控えめに言っても不愉快です。私の下した決断がズーマーの歴史の一部となって、永遠にネットに存在し続けるということはわかっています。ズーマーが大きくなって自分の名前をネット検索したら、平均的な一〇代よりも検索結果が多く出てくることでしょう。性別による期待や制限を受けないように、まだ幼児だったズーマーがジェンダーをあてがわれずに育てられたということが世界中を驚かせたという、当時のニュースの見出しもきっとズーマーの目に入るでしょう。

ズーマーのデジタル・フットプリント〔ネット上に残る記録〕は、ズーマーが歩き始める前にもう始まっていたのです。私もブレントもこの育児法に誇りを持っているので、共鳴してくれる人を励ましたいという気持ちで、私たちの物語を共有する決断をしたのです。それができたことを誇りに思っています。多くの人が経験することのないような嵐を切り抜け、何百万人もの人々の目に触れて批判を受けてきました。でも最終的に傷つくことなく、軽傷で乗り越えることができました。ズーマーが両親によなく愛され、受け入れられ、サポートされていると認識すること、そしてズーマーがなりたい自分になれるように私たちが毎日意識的な決断をし続けてきたことを、いつの日かズーマーに理解してもらいたいのです。

私たちの影響でジェンダー・クリエイティブな子育ての決断をした家族と出会えたことは大きな幸運でした。ズーマーが大きくなる頃には、ジェンダーをあてがわれない赤ちゃんや、they/them の代名詞を使う子どもが増え、こうした子育てを公に支持する人たちが増えることでしょう。大きな変化が起きようとしています。ズーマーが成人する頃には、よりノンバイナリーな世界になるでしょう。二〇三一年に一五歳になったズーマーが二〇一八年を振り返ってきっとこう思うでしょう。「**theyby のことで、なぜあれほど大騒ぎしていたのだろう?**」そしてホバーボードに飛び乗って友だちと宇宙ステーションに遊びにいくことでしょう。ジェンダーのことなどまったく気にしない友だちたちと一緒に。

第16章　最　高！

　以前から私たちは、ズーマーが自分で好きなヘアカットやスタイルを決めるまでは、髪は伸ばしたままにして、目に入りそうな前髪を少し切るだけにしておこうと決めていました。生後一八か月ぐらいの時から前髪をカットし始めて、数か月に一度トリミングするようになりました。ハイチェアに座らせて、他の毛が邪魔にならないようにクリップや髪どめで押さえ、ブレントのひげトリミング用のハサミでズーマーの前髪を、眉毛のちょうど上のあたりまで切りそろえました。はじめの何回かは、注意深く慎重に切っていたので、問題ありませんでした。

「ズーマーの前髪、切った方がよさそうよ。それとも伸ばした方がいいと思う？」ある土曜日の朝、ブレントに聞いてみました。

「ズーマーはヘアクリップが嫌いだから、前髪がしょっちゅう目に入ると嫌がるだろうな。いっそ目に入らないように前髪を伸ばすのはどうだろう？」

「そうね、前髪を伸ばさせてみましょう」

二〇分後、ズーマーをハイチェアに座らせてお昼ごはんを食べさせました。ズーマーは、食べ物でべたべたになった手で、しょっちゅう目の前の前髪を払っています。そこで前髪をヘアピンで留めてみたところ、ズーマーはピンをつかんで外してしまいました。髪にはアボカドがヘアジェルのようにこびりついています。

「やっぱりだめだね。前髪を切ろう」私はバスルームにブレントのハサミを取りに行きました。

ズーマーはうつむいてアボカドをつまみながら食べ続けていました。私はズーマーの前髪をつまんで、**「またすぐに切らなくてもいいように、少し短く切っておこう」**と考えていました。ハイチェアの前にハサミを持って立ちズーマーの頭を見下ろしながら、そう決めました。しかし、それがまちがいの元でした。右からまっすぐにハサミを入れたところ、前髪が左にずれて斜めになってしまいました。前髪から手を離すと、元の位置に戻りましたが、なんとも不ぞろいでした。短すぎて滑稽な結果になりました。

「あら……これはまずい！」小声で恐る恐るつぶやきながら、幼子に与えてしまった最悪のヘアカットを査定しようとしていると、

「どうしたの」とブレントがリビングルームから声をかけてきました。

私は笑い出しました。あまりにもひどい状態でしたが、改善策はありません。時間に頼るだけです。

「ズーマーの前髪を切ったんだけど、うまくいかなかったの」ブレントはキッチンへやってきて、被害状況を見て言いました。「三〇分前には、髪を伸ばすって決めたんじゃなかったっけ？」

私は口をすぼめて言いました。「うーん、でも切るという最終決定を下したのよ。でもうまくいかなかった。直せるかな？　やってみようか？」

ブレントは笑っていました。「いや、もうやらない方がいいよ。もうすでにやりすぎだし」ズーマーがアボカドまみれの顔で私たち二人を見上げました。ちんちくりんで、ゆがんだ、つんつるてんの前髪で！

「ごめんね、ベイビー」「すぐ伸びるよ」

それから私はYouTubeで前髪の切り方を調べてから、サリー美容品店へ行きました。髪を切るための正しい道具を購入し、カウンターの一九歳の販売員から簡単なヘアカットのレッスンを受けました。ハサミの腕を上げようと誓ったのです。

ひどいヘアカットほど伸びるのに時間がかかるものです。まったく不公平です！　前髪カットを失敗した次の週、私はズーマーと一緒に、大学時代の友人をカリフォルニアに訪ねました。彼女の子どもたちと会うのは初めてです。飛行機に乗り込むと、客室乗務員がズーマーを一目見て言いました。「おやおや、ハサミで遊んだのは、誰でしょうね？」

私は、どう答えれば一番恥ずかしくないか急いで考えました。二歳児にハサミで遊ばせている母親だと客室乗務員に思われてもいいのか、それとも私にはまるで美容師としての将来性がないと思われる方がいいのか？　そして私は決まり悪さをにじませながら、こう答えました。「あの、実は私が前髪をカットしたのよ。ひどいよね。自分でもわかってるわ。でも大丈夫よ、子どもって回復力があるから」私は飛行機の後方の席に腰を下ろしました。

数か月後、メディア大騒動が起き、毎日何千人もが私たちのインスタグラムを訪れるようになった時、ズーマーの写真にこんなコメントが寄せられていました。「この子の親は髪の切り方も知らないようだ！」このコメントには何日も笑えました。まったくその通りです。あの日のヘアカットの失敗から、私は多くのことを学びました。そして有料でもいいから、ズーマーが自分の好きなヘアカットを選ぶようになって、キッチン美容室の仕事から私が解放される日が待ち遠しくなりました。

ズーマーには、短い髪＝「男の子の髪型」、長い髪＝「女の子の髪型」と思って育ってほしくありません。髪はしょせん髪です。誰もが自分の好きなようにすればいいと思うのです。幸いなことに、ズーマーはあらゆるタイプの、多様なジェンダーの、さまざまなヘアスタイルの人を知っています。ジェンダー・バイナリー的な髪型のトレンドが周囲に見られなかったおかげで、ズーマーはヘアスタイルをジェンダー区別していません。ズーマーが生まれてから三年の間に、私の髪型も、肩までの長さ、背中までの長さ、顎までの長さ、そしてとても短い髪型へと変わっていきました。

ある金曜日の朝、ブレントがズーマーを保育園へ送っていこうとしている時、今日私は髪を切りに行くんだとズーマーに話しました。そして午後になって、新しい髪型で保育園に迎えに行った時、ズーマーにこう聞かれました。「ママのかみ、どこにいっちゃったの？」

「短く切ったのよ。長い髪の毛はきっとどこかのごみ箱に入っていると思うよ。ママの髪型、『パウ・パトロール』のライダー〔アニメ「パウ・パトロール」に登場する少年〕みたいでしょ？　気に入ってるんだ。ズーマーはどう思う？」とバックミラーを見ながら答えました。

「うん、すきだよ！」

「ズーマーも髪を切ってほしい？」

ズーマーは首をちょっと振って「ううん」と答えてから、ゴールドフィッシュ・クラッカーを食べ続けました。

ズーマーは長い髪型が気に入っていましたが、三歳になるまでヘアアクセサリーは好みませんでした。たまには、前髪が目に入らないようにゴムや髪どめで留めさせてくれました。シャンプー後に、ブレントにヘアドライヤーをかけてもらうのが好きな時期もありました。M&M'sチョコでつらないと、髪のもつれをとかさせてくれないこともありました。

「ズーマー‼　まるで森から拾ってきた子どもみたいよ。お願いだから、髪をとかさせてよ！」と懇願したものです。時には野生児のように見えても、ズーマーが楽しそうにしていれば、それが私にとって一番重要でした。

ズーマーが大きくなれば、流行りのヘアスタイルに興味を持つようになると思ったたし、今は「きいろい」髪の毛が大好きでも、いろいろなヘアカラーを試したくなる日も来るでしょう。

私は、ジェンダー・クリエイティブな髪型のリソース作りをしたいと考え始めました。完璧なパートナーを思いついて、バーに誘って相談することにしました。友人のエミリーです。エミリーは長年、私の髪を切ってくれているソルトレイクシティのルナティック・フリンジ美容室のスタイリストです。私は以前からこのサロンが大好きでした。多様性のある安全な場所だし、実にさまざまなすてきな髪型の夢を実現してくれる場所だからです。いつでもクィアやジェンダーフルイドのスタイリストやお客さんであふれていて、みんながお互いの髪型をほめ合っている、そんな場所なのです。

エミリーとウォーター・ウィッチ・バーでカクテルを飲みながらプランを練りました。彼女に頼んだ仕事は、このイベントのためにボランティアをしてくれるスタイリスト仲間を募ることと、イベント用のプロダクトを寄付してくれるようサロンのオーナーを説得することでした。私はモデル探し、ブレントは写真撮影の担当です。

エミリーの協力で、子どものモデルが一二人揃いました。三歳から一七歳までの子どもたちで、最年少は二歳のズーマーでした。一〇人ものスタイリストがボランティアで参加してくれました。夏のある日曜日、私たちはルナティック・フリンジ美容室に集合しました。

モデルの子どもたちが到着する前に、スタイリスト全員と話をしました。美容カートとスタイリングチェアの間にみんなで輪になって、私が自己紹介をしました。

「こんにちは。私はカイルです。エミリーの顧客ですが大の仲良しでもあります。私には、ジェンダーをあてがっていないズーマーという二歳になる子どもがいます」

私の脚に寄りかかっているズーマーを見下ろして、微笑みながら続けて言いました。「ズーマーにはthey/themという代名詞を使っていて、できるだけジェンダーにとらわれない世界を作ってやろうとしています。ただ単に、なりたい自分になれるように応援しているのです」私がズーマーの髪をくしゃくしゃにすると、ズーマーは写真機材を運び込んでいたブレントのところへ駆けて行きました。

「髪型は自己表現に大きなかかわりがあると思います。だから、私のような親やズーマーのような子どもにインスピレーションを与えられるような、スタイル集があればいいなと思ったのです。それで今日みなさんに集まっていただいたわけです。大変感謝しています。お休みの日に、イベント実現のためにボランティアとして参加してくださってありがとうございます。今日来てくれる子どもたちは、みんな本当に特別な子どもたちです。シスジェンダーの子、トランスジェンダーの子、ノンバイナリーの子もいます。子どもたちの希望に沿ってあげられる特別な場所と時間を作ることができて、大変うれしく思います。モデルの子どもたちの写真とそれぞれについての情報を少しと、どんなヘアスタイルを希望しているかについてもお知らせしましょう」

私はノートパソコンで、パワーポイントのスライドを開きました。「この子は四歳のアイラです。レインボーカラーのマレット〔横は短く後ろは長くカットした髪型〕を希望しています」と私がアイラを紹介すると、スタイリストたちがみな、マレット愛好者のコールを見て微笑みました。

「いいね！　ぼくがアイラを担当するよ！」とコール。

次々に写真を見せて、スタイリストたちがそれぞれ自分に最も合うモデルを急いで選びました。

午前中のイベントで誰の髪を切るかが決まったところで、一人のスタイリストが近寄ってきてこう言ってくれました。「あなたがズーマーのためにしていることはすごくすばらしいと思います。それをあなたに伝えたいと思ったんだ。この運動に参加できてとてもうれしいよ」私たちはちょっと涙目になって笑みを交わしました。彼との絆を感じられて、感謝の気持ちを述べました。それからは、あわただしい音楽とサロンの喧騒、そしてモデルたちが親御さんと到着して、すっかり忙しくなりました。

子どもたちは黒い回転椅子に飛び乗り、親たちはそのそばに立ったり、子どもを膝に乗せたりしています。スタイリストは幼いモデルの目の高さまでしゃがんで「今日はどんな髪型にしてほしいの？」と話しかけています。

子どもたちは実に想像力に富んだアイディアを、自信を持ってスタイリストに伝えています。「サイドをすごく短く切って、長めのトップをブルーに染めたい」と一人のモデルが言いました。

「よし！　そうしよう！」とスタイリストのスティーブン。

レオは蛍光ピンクの髪、クローバーは馬のたてがみのようなヘアスタイル、ゾウイは綿菓子色のユニコーンの髪型、エミーとノアはバーガンディ色のショートで柔らかい羽を使ったスタイルを希望しました。スタイリストたちがさっそく、幼いモデルたちと交流しながら、シャンプー、トリミング、カラーリング、スタイリングに取り掛かります。

友人のジェスは三歳のアイダを連れてきました。私が二階に駆け上がって子どもの親から写真使用の許諾書をもらったり、一階に駆け降りてブレントの写真撮影のための照明をセットアップしたりする間、ジェスがズーマーの面倒を見てくれていて助かりました。私は手を休めてズーマーに尋ねました。「今日ズーマーも髪型を変えたい？　髪に色をつけたい？」

ズーマーは私を見て「うん、ピンクのかみ、おねがいしましゅ」と言いました。

アイダはジェスに「恐竜の髪がいい！」と言っています。

ちょうどその時、ララという名前のスタイリストがこちらへ来ました。「ヘアエクステを持ってくるから、この子たちに色を塗ってもらいましょう」

子どもたちに色を塗るのを任せて、私はマルティネリのスパークリングサイダーの瓶とラクロワ炭酸水の缶を開けて、小さなプラスチックのカップに注ぎました。それからプリングルスチップスの小箱とフルーツスナックの小袋をトレイに乗せました。私は客室乗務員のようにサロン内を歩き回りながら、子どもたちにおやつを配りました。子どもたちは大喜びで受け取って食べてくれました。黒いケープをまとって、スタイリストが自分の夢のヘアスタイルを現実にしてくれるのを眺めながら。

モデルだけの写真、スタイリストと一緒の写真、親と一緒の写真を撮りました。それからサロンのロビーでみんなでピザを食べながら、お互いのヘアスタイルをほめ合いました。子どもたち誰もがみな、特別な存在で、自分は認められていると感じられるように。

数週間後、ブレントが信じられないほどすばらしいデザインを施したジェンダー・クリエイティブ・ヘアのルックブックを raisingzoomer.com[*28] にアップしました。インスタグラムの #GenderCreativeHair にも写真を載せました。フォロワーの中には、自分や、子どものすてきな写真を #GenderCreativeHair にアップした人もいます。

ある雨の午後、ソファで丸くなりながら私はズーマーにルックブックとハッシュタグを見せました。ズーマーはモデル全員の写真を指さして「この子たちのかみ、だいすき!」と言いました。

ブレントとエミリーとコミュニティと一緒に作り上げたものを誇らしく思いました。「私もみんなの髪好きだよ!」「ズーマーの髪も好きよ!」私はこれからもずっと、ズーマーのヘアスタイルを好きだと言い続けるでしょう。

ズーマーは三歳の誕生日から数か月経った頃から、俄然ヘアスタイルに興味を示し始めました。そして「ティラノサウルスのかみがほしい」と宣言しました。

「そうか、OK。うん、そうだね。ティラノサウルスの髪型にしようね」私はヘアゴムで、ズーマーの頭のてっぺんに小さなお団子を二つ作りました。「ほら、ティラノサウルスの髪だよ」「ありがとうママ」「ガオーッ」と言いながらズーマーは走り去っていきました。

ズーマーの前髪が目にかかり始めたので、ブレントがズーマーを座らせて、髪について話し合いました。

「きみの前髪がまた、目にかぶさってきたね。よく見えないとケガをするんじゃないかと心配なんだ。自分で決めなくちゃならないよ。前髪を伸ばしてもいいけど、耳の後ろにかけられるぐらい長くなるまでは、好きな髪どめかヘアバンドで押さえて目に入らないようにしなくてはいけないよ。それとも、ぼくが前髪を切ろうか？」ブレントは私をちらっと見てにっこり笑いました。「だって、ママはハサミを持ってきみの前髪に近づく権利を失っただろう？」

ズーマーはベンチに座って、選択肢について一生懸命に考えていました。「ながくのばしたい！」

「オッケー。じゃあターゲットストアに買いに行こう。好きな髪どめを選んでいいよ」ブレントは背の伸びたズーマーを抱えて、靴を履かせに階段を下りていきました。

ターゲットストアでブレントはズーマーをショッピングカートに乗せて、ヘアアクセサリーのセクションへ行きました。ヘアクリップやポンポンやバレッタやシュシュのパッケージが陳列されています。

「三つ選んでいいよ」とブレントが言うと、ズーマーはカートの上に立ち上がって、いろいろ選び始めました。

「あれがいい！」ズーマーが叫んでピカピカ光る虹色のスナップクリップを指さしました。

それをブレントが飾り棚から外して手渡すと、ズーマーはスナップクリップをそっとカートに入れてから、再び陳列棚に目をやりました。

「あの、チョウチョのやつ！」ブレントがまたズーマーに手渡します。

「ズーマー、あの虹色のシュシュはどうかな？　自転車に乗る時は、ポニーテールにするだろう？」

ズーマーはブレントを見て言いました。「あれ、いたいの？」

ブレントはパッケージの説明を読みました。「痛くないって書いてあるよ。髪を引っ張らないようにできてるんだね」

ズーマーは納得してうなずき、両手を伸ばして受け取ると、これもカートに入れました。レジに向かう途中、ズーマーはパッケージから紫色のキラキラの蝶々クリップを取り出して、前髪につけました。

「パパ、じてんしゃのこうえんに、もういける？」

「うん、かわいい蝶々ちゃん、自転車の公園に行こうね」

そして、私たちの小さな「きいろい」髪の子どもはバイクパークへと向かいました。

第17章　人魚と陸上競技の夢

ジェンダーのステレオタイプが、予言の自己成就となることもあります。たとえば、ある家庭に男の子と女の子の双子が生まれたとしましょう。もし親が、幼い息子の方が娘より運動能力が高いと考えれば、男の子が活動的になるように、ハイハイやよじ登り遊びをもっと奨励するかもしれません。親の励まし方に男女差があると、男の子は女の子よりも早く自信やスキルを身につけるようになるかもしれません。さらに、何年もの間、男の子には女の子よりも「運動が必要」だからと優先させれば、男の子の方が運動神経がよくなるでしょう。親は、娘には身体能力を高めるような育て方をせずに、「ほらね、男の子はそもそも足が速いのよ」と言うでしょう。

それが生まれつきの能力の違いなのか、幼少期から社会的に構築され形成されてきたものなのか、完全に紐解くのは困難かもしれません。『児童心理学実験ジャーナル（Journal of Experimental Child Psychology）』に、研究者たちが行った、母親と生後一一か月の幼児グループの実験についての啓発的な研究が掲載されています[*29]。（母親の報告によれば）幼児の半数は女の子、残りの半数は男の子でした。実験のために、傾斜の角度を変えられる台を作ってその両側にネットを張りました。台は平坦から、かなり急な傾斜まで、変えることができます。

一人ひとりの母親に、子どもを台に乗せるように言い、どのくらいの傾斜のスロープをハイハイで下りることができるか予想してもらいました。そして実際に赤ちゃんたちを台に乗せて、傾斜を変えて、スロープをハイハイで下りる様子を見ました。

男女とも運動能力の差はまったく見られませんでした。違っていたのは、子どものハイハイ能力についての母親の予想でした。女の赤ちゃんの母親は娘の能力を**過小評価**し、男の赤ちゃんの母親は息子の能力を**過大評価**しました。男女間に見られる身体的、感情的、言語的な差異は、主に社会的に構築され、ステレオタイプによって強化されたものなのです。

子どもたちが男女平等を信じて成長することを望むのなら、幼い頃から対等に扱わなくてはなりません。「男の子＝男らしい」「女の子＝女らしい」という制約を受けずに育ってほしければ、ジェンダーの枠にとらわれずに、何でも興味のあることに取り組めるような環境を作らなければなりません。サイドラインでチアリーダーをするより、実際にフットボールをしたいという女の子もいるかもしれませんし、スポーツには見向きもせずに、アートやお菓子作りやファッションに興味がある男の子もいるかもしれないし、スポーツもお化粧も**どっち**も大好きという男の子もいるかもしれないのです。子どもが実際に何に興味があるかを理解せずに、子どもの興味をカテゴリー分けするのはやめるべきです。

家族でフロリダに休暇に行った時のことです。リゾートホテルが子どものために用意しているアクティビティのリストがありました。「水泳教室！」**おお！ 楽しそう！** しかしチラシをよく読んでみると、「女の子には人魚のしっぽ、男の子にはサメのヒレをつけます」とあります。ホテルの糊のきいた真っ白いシーツに座ってチラシを読んでいた私は、あきれ返ってしまいました。どうして「**楽しい水泳教室では、人魚のしっぽか、サメのヒレかが選べます**」ではいけないの？　子ども水泳教室の計画中に、ちょっと立ち止まって「**人魚になりたい男の子も、危険なサメがお気に入りの女の子もいるかもしれないな！　海には雌のサメもいることだし。しっぽとヒレの両方を並べて、子どもに好きな冒険を選ばせようじゃないか！**」と考えられないのだろうか？　私はたとえ心の中で憤慨していても、外へ向けて提案する時には、思いやりとやさしい言い方を心がけています。だってその方が成功率が高いのですから！

悪意もないし、良かれと思ってしていることを人に責められるのは嫌なものです。フロリダ・オーランドのヒルトンホテルのプログラム・ディレクターは、まさかこんなことは考えていなかったと思います。「この自己主張の強いやり手の女の子は、セクシーなマーメイドという、生まれつき天から授かった役割を捨てようとしているのか！　気の強い女の子のシャークなんか、ごめんだ！」　私が思うのは、こうしたステレオタイプがあまりにも深く無意識下に入り込んでいるため、ついうっかり、偏見を永続させるようなまちがいをしでかしてしまうということなのです。

ズーマーをその水泳クラスに入れませんでしたが、シャークとマーメイドのジェンダー・バイナリーが原因だったのではありません。ズーマーはまだ二歳で泳げなかったし、その日はディズニー・ワールドに行くことにしたからです。この闘いは、また別の急進的なフェミニストの親か、すてきなキラキラのマーメイドのしっぽに足を滑り込ませながら「バイナリーなんてくそくらえ！」と言える男の子のために残しておきましょう。

◆◆◆

私の育った家庭では、陸上競技が盛んでした。マイヤーズ家の子どもたちは、足が速くて競争心に満ちていました。毎年、地域社会で開かれる陸上大会を、私はまるでクリスマスのように待ち焦がれていたものです。

私たちの両親は、子どもたちにKマートストアでアクアソックを買ってくれました。この蛍光色のメッシュ製の「ウォーターシューズ」を、私たちは秘密兵器だと信じていました。このシューズを履けば、小学校の他の子たちより体が軽くなり空気抵抗が少なくなって速く走れると思っていたのです。しかし今にして思えば、親が八・九九ドルのウォーターシューズを成長期の三人の子どもに買い与えていたのは、それがナイキ・シューズよりずっと手頃な値段だったからだと思います。

妊娠する一年前に、地域の高校のフットボールと陸上の競技場のチェーンフェンスに「子ども短距離陸上大会」という横断幕がくくりつけられているのに気づきました。九〇年代によく参加したオレゴン州の陸上大会の思い出が、突然よみがえってきました。母が、ピーナッツバター・ジェリー・サンドイッチやオレンジのスライスやゲータレードをクーラーボックスに詰めてくれました。父は、私たちのオレンジ色の二ガロンのスポーツジャグを氷水でいっぱいにしてくれました。私は、ライムグリーンのウォーターシューズとおそろいのシュシュで髪を束ね、ウッド貼りボディのダッジ・キャラバン車に乗り込んで出発したものです。一〇〇メートル短距離を走って、ひどい日焼けをするために！　その横断幕を見た日、私は、「**子ども短距離陸上大会だって！　私の子どもが陸上大会に出られるようになるまで、待ち遠しいな！**」と思いました。

翌年の六月、私の子宮には受精卵が着床していました。まだ胚盤胞のズーマーは、二〇一五年の陸上大会で走ることはできません。翌年、ズーマーが生後三か月になっても、サイズの合うアクアソックなどあるはずないので、二〇一六年の子ども短距離陸上大会はおあずけです。翌二〇一七年にも最低年齢の二歳に九か月足りませんでした。二〇一八年こそがズーマーの年です！　そしてついに、二〇一八年のある暑い夏の日、仕事から車で帰宅中に、私は見つけました……そう「**子ども短距離陸上大会――六月五日開催！**」の横断幕です。すぐにブレントに電話しました。

「来週の火曜日だよ。子ども短距離陸上大会だ！　参加するよ！」

「オッケー」おそらくまだノートパソコンで仕事をしていたブレントから返事がありました。

「私みたいに興奮していないみたいね？」

「まあ、そうだね。でもきみが喜んでいるから、ぼくもうれしいよ」

「カレンダーにスケジュールを入れておくよ。じゃあね」

ズーマーは、「疾走する」という名前の通り、とても敏捷な子どもに成長していました。走り回るのが大好きで、誰にでも「鬼ごっこしよう！」と呼びかけます。陸上大会でレーンを走るのが好きかどうかを試してみようと思いました。芝生の上を自由に走る方が合っているかもしれません。

陸上大会は火曜日の夕方でした。私は職場を早く出てズーマーを迎えに行き、家で準備をしました。ウォーターボトルをいっぱいにして、私もズーマーも、顔にかからないように髪をしばりました。

ショートパンツとTシャツを着て、私たちの俊足にソックスとスニーカーを履きました。ズーマーはスニーカーを「はしる、おくつ」と呼んでいました。ブレントも帰宅して着替えをし、みんなで車に乗り込んで、まずピザを食べにリトルシーザー・レストランに立ち寄りました。時間を無駄にできません。早く会場に行かなくては！

陸上大会の前日にチラシに目を通しました。特にジェンダー分けされているようではありません。だってそんな必要などありませんから。二歳から一〇歳まで年齢別に分けられています。参加者はすべて思春期前の子どもたちということです。純粋に楽しむためのイベントのようです。当日、私たちは会場で申込用紙に記入しました。

子どもの名前：ズーマー・コートニー・マイヤーズ

保護者名：カイル・マイヤーズ

「お子さんが転倒して体中を骨折しても責任は問いませんか？（これは私の意訳です）」：はい、問いません。

ジェンダー：（空白にしました）

私は申込用紙を、参加費を集めているボランティアに手渡しました。

「イベントは男女分けされるの？」

「いいえ」と、親切なボランティアが二〇ドル札のおつりをくれながら答えました。

ズーマーを五〇メートル走、一〇〇メートル走、ソフトボール投げ、ハードル競争に申し込みました。

私は笑いながらボランティアに尋ねました。「ハードル競争ですって？　二歳児がどうやってハードルをクリアするのかしら?」

ボランティアがペンでフィールドのトラックを指し示しました。走り幅跳びのトラックの隣に、塩ビパイプで作られたハードルがクロッケー〔ゲートボールの原型とされる球技〕の柱ぐらいの高さに並べられていました。

「えーウソみたい！　なんてかわいいの！」私は叫んで、一緒に笑いました。「これが**ハードル**だって！」私はささやきました。なんともかわいらしいハードルに、うっとりしながら。

チーズピザで炭水化物の補給を済ませて私たちは、スタンドに陣取りました。子ども短距離陸上大会の第一試合は、全年齢、全ジェンダー参加の徒歩競争です。子どもたちが一歩ずつ一生懸命にトラックを回っているのを見ながら、お腹を抱えて笑いました。「**子どもたちがみんな一緒に走ってる！　なんてすてきなんだろう！**」と私は思っていました。

五〇メートル競走に参加する二歳児と三歳児はトラックに集まるように、とアナウンスがありました。

「ズーマーの番だよ！　走る番だよ！」

ズーマーは興奮気味に言いました。「ズーマー、はしる！」

私たちは立ち上がってメタルの観覧席を降りてトラックへと向かいました。スタートライン近くの芝生のあたりに来た時、主催者が「二歳と三歳の男の子はこっちの列、女の子はこっちの列に並んで」と言うのが聞こえて、私は凍りつきました。まだ幼い**幼児たち**がジェンダー別に分けられるのがショックでした。ズーマーをどの列に並ばせればいいのか主催者に尋ねようと思いました。ズーマーはまだ自分のジェンダーを決めていないのです。子どもたちをジェンダー分けせずに、一緒に走らせてほしいと頼もうかとも思いました。あるいは、ズーマーに好きな列を選ばせようか、とも考えました。

私は主催者に向かって言いました。「子どもをジェンダーで分けるべきではありませんよ」と。でも私の声が聞こえないようでした。イベントがあまりにも早く進行していました。私は途方に暮れてしまいました。ただ「**こんなの、やめよう**」としか考えられませんでした。

ブレントはゴール近くで、ズーマーが走る姿を写真に撮ろうとしていました。私がズーマーを腰に抱えて、群衆から離れるのをブレントは見つめていました。そして走り寄ってきて、こう言いました。「あれ？　男の子と女の子を分けているの？」

私はうなずき、とても悲しい気持ちになり、すっかり意気消沈してしまいました。「男の子を一つの列、女の子をもう一つの列に並べて、男女別に走らせるのよ。しばらく立ったまま、どうしたらいいか三〇秒ほど考えをめぐらせたけど、これはもうムリ。ズーマーに列を選ばせるなんて、やらせたくない。主催者は忙しすぎて、立ち止まって考えることさえしないのよ。こんなの、おかしいと思った親は、私だけなの？」私は首を振りながらそう答えました。

ブレントは顔をしかめて言いました。「カイル、きみのしたことは正しいよ。でも残念だったね。きみがあんなに楽しみにしていたイベントなのに」

「ズーマーと一緒に荷物を取ってきてくれる？　私は払い戻しをしてもらってくるから」

両手を広げたブレントにズーマーがよじ登り、二人は観覧席へと向かって行きました。

私から参加費を受け取って、これはジェンダー分けしないイベントだと言った受付の人が、にこやかに笑いながら、「何かご用ですか？」と聞きました。

「このイベントはジェンダー区別をしないと思ってたけど」と私。

「ああ、子どもたちをジェンダー分けしていますか？」とボランティア。

「区別してるわよ。うちの子どもを片方の列に入れて場違いな思いをさせたくないの。このイベントをすごく楽しみにしてたけど、幼児をジェンダー分けして走らせるのはおかしいと思うわ。お金を返してください」

ボランティアは私に一〇ドル札を手渡しながら言いました。「申し訳ありません。子どもたちをジェンダー分けするなんて知りませんでした」

「残念だわ。来年はもっとうまくやるように言っておいてね」

私は泣きながら陸上大会を去りました。幼児や保育園児がジェンダーで分けられていることに、とてもがっかりしていました。なぜそんなことをするの？　男女には劇的な違いがあるという種が植え付けられるのは、まさにこういう時なのです。陸上競技では男の子の方が優れているというわけです。

ブレントがズーマーをチャイルドシートに乗せている間、私は涙をズーマーに見られないようにして助手席に座りました。

ブレントがピザの箱と荷物の袋を後部座席に置いて、運転席に座りました。私は何度か深呼吸をしました。ズーマーの前でこの件について話したくありませんでした。

「リバティ公園に行こうか？」とブレントに聞きました。

「そうだね」ブレントは慰めるように私の脚に手を置きました。

「ズーマー、はしらないの？」と後部席から声が聞こえました。

最悪の気分で競技場を去りました。ズーマーはただ走りたかっただけです。でも、もしあの場に居続けたら、これまで必死に壊そうとしてきたバイナリーなシステムの永続に加担することになって、やっぱり、ひどい気持ちになったでしょう。

ブレントが元気な声で言いました。「ズーマー、みんなでリバティ公園に行くよ。ママとパパと競争するんだ！　楽しそうだろ？」

「わーい！」ズーマーは両手を挙げて喜びました。そして「ズーマーが、かつ！」と生意気な口調で言いました。陸上大会をやめても動揺していないようで、安心しました。少なくとも私ほどは怒っていないようです。

妹のストリーが公園で待っていてくれました。私たちは車から降りると運動場へ向かいました。ブレントがピザの箱を抱えたまま「走る準備オッケー！」と言い、ブレントとズーマーとストリーが架空のスタートラインに並びました。私は架空のゴールまで歩道を走って行きました。

「準備はいい？」と私が呼びかけ、競技者全員が「イェーイ！」と叫びました。

二〇メートル離れたゴールから私が「位置について、用意、スタート！」と叫ぶと、走者たちは一斉にこちらに向かって走り出しました。ズーマーがとても速いのに気づいて、ブレントと私は顔を見合わせて笑いました。小さな腕を激しく動かし、決意を新たに、ダッシュしてきます。私が地面に膝をついて両腕を広げると、ズーマーが私の腕の中に飛び込んできました。

ブレントはズーマーのすぐ後ろを走っていました。「ズーマー！　勝ったぞ！　なんて速いんだ！」

ズーマーはにこにこです。

「ちょっと休んだら、今度はママと競争しようよ」と言うと、ズーマーは「うん、ママと、きょうそう！」と張り切って言いました。公園で、うんていにぶら下がったり、滑り台で滑ったりして遊びました。ミニレースもしました。あっちの木まで競争したり、パパのところまで走ったり。予定していた陸上大会とは違いましたが、これが私の望んでいたインクルーシブな陸上大会でした。

◆◆◆

日常的なジェンダー分離に見られるひどい不平等に、より多くのフェミニストに気づいてほしいのです。もっとたくさんのフェミニストたちに立ち上がって「私が見ている限りは許さない！」と言ってほしいのです。性別分離のアクティビティに従うことは、――それが生殖器を使わないアクティビティである限り――ジェンダー・ステレオタイプと不平等の永続に加担していることに他なりません。そのことに気づいてほしいのです。

当然、私は子どもたちが同じクラスで、「男の子」「女の子」に分けられないアクティビティを望んでいます。どうしても二つ以上の列に分けなくてはならない場合は、ジェンダー以外の分け方をするように勧めています。たとえば、春夏の誕生日の子たちと、秋冬の誕生日の子の列に分けたり、「リンゴジュースが好き」「オレンジジュースが好き」で分けたり、という具合に。ジェンダー分けしない課外活動は、人々が思うよりずっと強力なのです。子どもたちに、生涯通じて共に遊び、学び、働くことを教えてくれます。今すぐに、多様性と包摂性を取り入れようではありませんか。

「子ども短距離陸上大会」の実行委員会にEメールを送りました。なぜ私たちが途中で立ち去ったのかを説明しました。そして来年の陸上大会では女の子と男の子を分けないでほしいと丁寧にお願いし、その理由も述べました。数日後、委員長から返事が来ました。実行委員会で私のEメールについて活発な話し合いがなされたと言います。そして問題を提起してくれたことを感謝し、来年の大会では、私の提案を考慮して、すべての子どもの参加を歓迎し奨励したいと言ってくれました。

それから一年経ったある日のこと。仕事の帰りにズーマーを保育園に迎えに行く途中、高校の陸上競技場でイベントの準備をしているのが見えました。「**きっと子ども短距離陸上大会だ！**」あのチェーンフェンスに「子ども短距離陸上大会、六月四日、午後五時一五分開始」という横断幕がかかっていました。**なんとそれは今日でした！**

車のダッシュボードの時計を見ると、もう五時になろうとしています。ブレントは仕事でフェニックスに出張中です。三〇分後には友人が私とズーマーと夕食を共にするために、家にやってきます。二〇一九年度子ども短距離陸上大会には、コートニー・マイヤーズ家の出番はありませんでした。でも私のフィードバックが受け入れられて去年と少し違うイベントになっていればいいなと思いました。

またしても参加できなかった陸上大会の翌日、ブレントとズーマーと私は、友人が出演する学年末ジャズコンサートを聞きに行きました。ステージ上の若いミュージシャンの演奏を応援している観客の中から、友人のトレーシーが手を振りながらこちらへやってきました。

二年ぶりの再会で近況を話し合っていると、肩までの茶色い髪に、かき氷の絵のついたピンクのシャツと、銀河の模様のレギンスと、赤紫のキラキラのスリッポンシューズを身につけた子どもが走ってきて、トレーシーの隣に立ちました。その子が誰なのか気づくまで少し時間がかかりました。

「アローなの？」私は興奮気味に尋ねました。この前会った時よりも、ずいぶん大きくなっています。

「そうだよ！」アローは笑顔で答えました。新しい歯が、乳歯があったところの歯茎を突き破って生え始めていました。

「いくつになったの？」

「七歳だよ」とアローは元気な声で答えました。

私は信じられないというふうに頭を振りました。まだ赤ちゃんだった彼のお守りをしたのが、つい昨日のようです。

「ママから聞いたけど、子ども短距離陸上大会のことで悔しい思いをしたんだってね」とアローが悪びれずに言いました。

私は微笑みながらトレーシーをちらりと見ました。彼女はアローの髪をくしゃくしゃにしながら、「アローったら、車の中で話したことを、何でもしゃべっちゃうんだから！」と言いました。

「あら、いいのよ」「去年の大会のレースで、男の子と女の子を分けていたのが気に入らなかったの」と言ってから、今年の大会が昨日だったことを思い出しました。「あなたたちは今年の陸上大会に行ったの？」

アローがうなずいて言いました。「一〇〇メートル走でぼくが勝ったビデオ見たい？」

「当然、アローの勝利よね！　もちろん見たいわ」

アローが母親の携帯をいじりながら動画を探している間、私はトレーシーに尋ねました。「ジェンダーで分けられたの？」

トレーシーは、「そうなのよ」とうんざりしたように言いました。

その瞬間、昨日行かなくてよかったと思いましたが、同時に去年の私の苦言が何の効果もなかったことに失望しました。

アローが私を見上げて言いました。「ぼくが女の子みたいに見えるから、男の子の列に入るのはおかしいって、他の子たちが言ったんだ。ぼくの髪が長いから、一緒に走れないって言われたよ。ぼくを突き飛ばそうとした子もいたよ」

私はこの自信と回復力に満ちた、ジェンダーフルイドの美しい子どもが、ありのままの自分でいたためにいじめを受けたと聞いて、胸が痛みました。イベント自体がもっと明確に包摂性を打ち出していれば、こんな事態は避けられたのにと腹が立ちました。去年実行委員会に警告したことが、まさに起きてしまったのです。

「アロー、そんなことがあったなんて残念だったね。男の子たちが、きみみたいなすばらしい子をよく知ろうとしなかったのも残念だね。アローのヘアスタイル、すてきだよ。ほら、私を見て。私は女の子だけど、ショートヘアだよ。髪型にジェンダーは関係ないよ。自分が気持ちのいいと思うヘアスタイルをすればいいいんだよ」私はアローに微笑みかけて続けて言いました。「アローはその子たちを圧倒したんだよね？　ビデオ見せてよ！」

アローは、五〇メートル、一〇〇メートル、そしてハードル競争でも、他の男の子たちをぶっちぎって疾走する動画を見せて「ぼく稲妻みたいに速いんだよ」と言いました。「それにぼく、ワンダーウーマンみたいに、おしゃれだし！」

「本当にそうだね」と私はうなずきました。

勝つこともあれば負けることもあります。子ども短距離陸上大会の実行委員会が、私の忠告を聞き入れて、レースをジェンダー分けしなければよかったのにと思います。アローが、場違いな気持ちにならずにイベントを楽しめたらどんなによかったことでしょう。もっと多くの子どもたちに、ジェンダー・アイデンティティやジェンダー表現の多様性を学びながら成長してほしいし、それがよいことだと知ってほしいと願うのです。

子ども陸上大会の主催者たちは、ステレオタイプや不必要な分類を振り捨てるというムーブメントに追いついていません。いつの日か、かれらが目を覚まし、立ち遅れていたことに気づき、ジェンダー平等に向かってダッシュするのが最善の道だと知る日が来ることでしょう。それまでは、ジェンダー・クリエイティブな陸上大会は、私が開催することにしましょう。

第18章　ハーヴェイ・ミルク大通り

子どもの頃、私はカミングアウトしているクィアの人を誰も知りませんでした。子ども時代から思春期にかけても、ゲイやレズビアンについて何も聞いたことがありませんでした。両親にゲイの友人はいなかったし、そのことについて何か意見があるようにも見えませんでした。親が反ゲイ的なことを言うのも聞いたことがありませんでしたが、親がアライであると示唆するようなことも耳にしませんでした。それにもちろん、自分たちの子どもの一人（あるいは一人以上）がクィアかもしれないと思っているような素振りさえありませんでした。

私はシスジェンダーの女子で、喜んで男の子に惹かれていました。自分が女の子やノンバイナリーの人に魅力を感じる可能性があるなんて、まるで気づいていませんでした。一六歳の時、MTVでバックストリート・ボーイズのミュージックビデオを観ていたら、父が居間に入ってきて「あのケヴィンとなら、ゲイになれるな」と言って、私たちは笑いました。それだけのことでした。それが唯一、ゲイ問題について父がアライなのだと推測できたやり取りでした。当時の私は、まだゲイについて何も知りませんでしたが。

二〇代前半になると、自分が男性だけでなく女性にも惹かれることに気づき始めました。二四歳の時、ジェンダークィアのリースと付き合い始めたのです。バイセクシュアルだと母に告げると「そうなの？誰かと付き合っているの？」と聞かれ、リースのことを告げました。

バイセクシュアルであることを、父と彼の妻のエイプリルにEメールで知らせました。直接言ったり電話で伝えたりするのが怖かったのです。Eメールの件名に何と書いたのかよく思い出せませんが、「カミングアウトします！」とか「私はバイです！」と書いたかもしれません。父は返事をくれませんでした。メールを受け取ったことはわかっていましたが、父の私への態度は変わりませんでした。それが彼のスタイルなのです。「事なかれ主義」の善良な人なのです。

当時は、自分のセクシュアル・アイデンティティが、バイセクシュアルからパンセクシュアルへ移行するとは思っていませんでした。二六歳の時には、クィアという言葉が一番しっくりくると思うようになりました。自分のセクシュアリティを発見すると同時に、ソルトレイクシティのクィアのコミュニティを発見し、ユタ州で起きつつあった肯定的な変化の一端を担うことになりました。

デレック・キッチェンに出会ったのは、二〇一一年にスペインのオビエドに留学していた時でした。一週間のスペイン語の集中講座を受けた後、週末にはユタ州の学生一〇〇人が、揃って小旅行へ出かける習わしでした。そしてカヤッキング旅行の時に、デレックが私にパートナーにならないかと誘ってきたのです。

デレックは、赤い髪に帽子をかぶる前に、白い腕と脚、それに顔と耳にも日焼け止めクリームを塗って、「きみもいらない？」と聞いてくれました。

「まだいいよ。もう少しの間、スペインの太陽に身を焦がしていたいから」

私たちは笑みを交わして、ライフジャケットをつけて、カヤックを川まで押してから中に乗り込みました。

カヤックに乗って川に浮かびながら、私たちは、恋愛や家族や自分たちの目標について話し合いました。デレックはパートナーのモウディのことを話してくれました。私は一人でいるのが気に入っていることと、自分のセクシュアル・アイデンティティを模索しているところだと話しました。私たちは構えることなく、弱いところも見せ合ってお互いを受け入れることができました。

二〇一三年の春、デレックとモウディは、別の二組の同性カップルと一緒に、ユタ州に対して訴訟を起こしました。「キッチェン対ハーバート」と呼ばれた訴訟です。ユタ州で同性婚が禁止されているのは憲法違反だと訴えたのです。カリフォルニア州のプロポジション8〔同性婚を禁じる州法改正案〕での経験から、私は州を提訴するのには時間がかかると思っていました。デレックの場合も、三月二五日に提訴してから長い間待たされて、一二月四日にやっと弁論が行われました。春、夏、秋、冬と季節が移り変わっても、デレックは自分が正しいことをしていると自信と希望を持ち続けました。一一月の最後の週に、デレックから電話がかかってきました。

「水曜日に地裁に来ない？　弁論が行われるんだ。きみが来てくれるとうれしいよ」

私は行くべきだと確信していました。

報道陣が写真や動画を撮影する中、デレックとモウディとかれらの弁護人が、他の二組のカップルと一緒に裁判所に入っていくのを、私は裁判所の外から眺めていました。人々が荘厳な裁判所に入り、ロバート・J．シェルビー判事の入廷を待っています。ほとんどの人が原告側を支持しており、傍聴席は立ち見となりました。弁論が終わって、シェルビー判事が弁護人に感謝の言葉を述べ、小槌をすばやく叩いて閉廷しました。あとは待つだけです。

「何かわかった？」一週間後にデレックにメッセージを送りました。

「まだ何にも。でも休暇前には判決が出ると思うよ」

デレックは法的なプロセスについて私よりずっと知識があったので、訴訟停止や控訴についてわかりやすく説明してくれて、待つこともプロセスの一部だと教えてくれました。デレックは年齢以上に賢くて、知能面でも感情面でも非常に知的でした。また注意深く、謙虚で、思いやりがありました。きっといい政治家になるだろうと私は思っていましたが、実際に、後にソルトレイクシティの市議会議員になり、それからユタ州議会の上院議員にまでなりました。

二〇一三年一二月二〇日、シェルビー判事が原告側を支持する判決を下し、同性婚はユタ州で合法化されました……ほんの短い間だけでしたが。[※]州の代理人である弁護士たちは、州側が敗訴した時に備

※　訳注：この後、ユタ州では州政府の要請を受け、二〇一四年一月に最高裁が同性婚の一時停止を命じた。州政府はこの間に結婚した同性カップルの承認を拒否していたが、米連邦政府はユタ州の同性婚カップルに支援を表明。同年一〇月、連邦裁が州の申し立てを却下、州の同性婚の禁止は違憲であるとした。米国最高裁判所もこの判決に介入しない旨通達したことで、ユタ州で同性婚が合憲となった。この経過については本書二四一～二四二ページも参照。参考：AFP BBNews（https://www.afpbb.com/articles/-/3018875　二〇二二年八月三日閲覧）、在デンバー日本国総領事館ウェブサイト（https://www.denver.us.emb-japan.go.jp/itpr_ja/bilateralUT.html　二〇二二年八月三日閲覧）

えて審理の一時停止を求める通常の書類を提出していませんでした。州側の要請がないため、同性婚の禁止は違憲であり、同性カップルの結婚はユタ州で認めるべきだという、判事の下した判断が直ちに法律となりました。それから一七日間の短い間に、ユタ州の二二の郡で一二〇〇組ものカップルが結婚許可書を求めて郡書記官のオフィスに殺到しました。私が育ち、家族がまだ住んでいる保守的なユタ州南部のワシントン郡も例外ではありませんでした。一二月二一日に、私のところに父であるカーリン・S．マイヤーズ判事から電話がありました。

「やあカイル。ぼくのオフィスに結婚を希望するカップルから電話がたくさんかかってきてるよ。ユタ州南部の他の判事の多くは、法律がどうなっているか定かでないので、結婚を認めようとしないんだ。ぼくは、同性婚がユタ州で合法化されたという判決を読んだから、こうしたカップルの結婚を喜んで認めるよ。結婚セレモニーが今週はたくさんあるよ」

私はうれしくてたまりませんでした。「よかった！　お父さんがみんなの結婚を助けてくれて、すごくうれしいよ」

父は続けて言いました。「カイル、こっちに来て、結婚許可書に証人としてサインするのを手伝ってくれないか？」

私は胸がいっぱいで言葉が出ませんでした。

「もちろんよ、明日行くわ。お父さん、私のことを考えてくれてありがとう！」

「いつだって、お前のことを思っているよ、カイル」

私は、ユタ州ハリケーンの父の法廷に入っていきました。ザイオン国立公園から二三マイルほどの小さな田舎町です。初めて父が執り行ったのは、女性二人の結婚式でした。Tシャツとジーンズ姿の二人の足元で、幼い子どもが二人、彼女たちの脚に寄りかかっていました。父は、これまで何百件もの男女間の結婚に使ってきたスクリプトの文言を、目の前の同性カップルのために完璧に置き換えていました。よどみなく、**パートナー、配偶者、妻**という言葉を双方の女性について使っていました。唯一ぎこちなかったのは、最後に「さあ、どうぞキスしてください……もしよろしければ」と言った時でした。次の式の前に、このことを父に指摘しようと私は心に留めておきました。彼女たちは他に誰も連れてきていなかったので、父の裁判所の書記官と私が、証人として結婚証明書に署名しました。次に、二人の男性が裁判所のロビーで待っていました。

「あのね、お父さん……」法廷で二人だけの時に私は切り出しました。

「なんだい、カイル」父は私に笑顔を向けました。進歩的なアライになること、すなわち歴史の正しい側に立つことの満足感を父は感じているようでした。

「さっき、『さあ、どうぞキスしてください……もしよろしければ』と言ったよね。あのねお父さん、彼女たちは結婚したのよ。もちろんキスしたいに決まってるよ！『もしよろしければ』は、いらないよね」

父は笑って言いました。「そうだな。わかったよ！なぜあんなこと言ったんだろう」

その日、法廷がクリスマス休暇に入る前に、クィアの娘が微笑みながら見守る中で、父は数組の同性カップルの挙式を執り行いました。

その後、ユタ州もカリフォルニア州と同じような経過をたどりました。州の控訴により、裁判制度のヒエラルキーに従って上訴と判定の肯定が繰り返され、二〇一四年一〇月に連邦裁が州の申し立てを却下しました。同性婚がユタ州で認められたのです。さらに二〇一五年六月には、米国最高裁が、すべての州における同性婚禁止を無効であると宣言し、五〇州すべてで同性婚が合法化されました。

デレックとモウディは、ユタ州で最も有名なゲイカップルとなり、ソルトレイクのダウンタウンの公共スペースのガリバン・センターですばらしい結婚式を計画し、文字通りすべての人を招待しました。結婚式は一般公開されたのです。二人は、友人や家族や、平等な結婚への道を切り開いたことを感謝する何千人もの支援者に囲まれていました。デレックとモウディが「夫と夫」になるのを、私とブレントは誇らしく見守りました。

◆
◆
◆

ズーマーがもうすぐ三歳になる頃、私たちは、友人のタラとデネルの結婚式の証人として招かれました。式はソルトレイク郡庁舎で一二月下旬に行われます。

ブレントと私に挟まって椅子に座ったズーマーが、タラとデネルの指輪の入った小さな木箱を抱えていました。

「これ、なあに?」

「これはね、タラとデネルの結婚指輪だよ。二人は今日結婚するのよ」

「けっこん、ってなあに?」

「あのね、お互いに好きになって結婚することを選ぶ人もいるんだよ。ママとパパも愛し合っているから、結婚したのよ。タラとデネルも愛し合っているから結婚するんだよ」

ズーマーは私を見つめていました。幼児の頭では、まだ恋愛や結婚がよく理解できないのです。私がちょっとふざけて「主に結婚すると税金対策や健康保険に役立つんだ」と付け加えると、ブレントが笑いながら頭を振りました。

ズーマーはゆっくり瞬きをして、「ぜいきん、ってなあに?」と聞きました。

私はズーマーの長い銅色の髪を指でなぞりました。「まだ心配しなくてもいいんだよ」

挙式の時間になったとタラが言って、私たち五人は、ジーンズとセーターの上に黒いローブを羽織った郡の職員の後について、小さな部屋へ入りました。そこにはいくつかの椅子があり、ホリデイのリースが飾られていました。ズーマーが初めて参加した結婚の儀式は、短くて気持ちのいいものでした。

ズーマーの二歳の誕生日に、私たちはソルトレイクシティの地元の本屋、ウェラー・ブックワークスに本を買いに行きました。私たちは普段は公立図書館を使っていて、毎月五冊から一〇冊の本を借りて袋に詰め、数週間後に返却して、また借りるというルーティンを繰り返しています。しょっちゅう本を買うわけではないので、買う時は意識して、世界にもっと広まってほしいと思うものを作る人をサポートするためにお金を使おうとしています。私たちは、ステレオタイプの匂いのする超ジェンダー化された本を避けながら、本棚を見て回りました。そこで、ジェシー・シマの『夢中になったハリエット(Harriet Gets Carried Away)』という絵本を見つけました。

ベンチに腰掛けて本を開いてみました。主人公のハリエットはニューヨークに住む、毎日コスプレをしている子どもです。ハリエットとお父さんは誕生パーティの買い物にお店に行きます。お店でハリエットは、新しい友だちができたり、冒険に夢中になって家への帰り方がわからなくなったりします。愛らしい絵のかわいい本です。ハリエットが冒険好きな女の子で、お父さんが二人いることも気に入りました。絵本をブレントとズーマーに見せました。二人とも、ズーマーの誕生日にふさわしい本だと賛成しました。

その夜、私はズーマーとベッドにもぐり込んで、絵本を読み聞かせました。ズーマーは絵本の中の二人のお父さんを指さして「パパがふたり」と言いました。

私はズーマーを見て言いました。「そうだよ、ハリエットにはパパが二人いるんだよ」

「ズーマーにはパパふたりいる？」

「ズーマーにはパパが一人とママが一人いるよ。ママが二人いる子も、パパが二人いる子もいるんだよ。ママやアンマやザザみたいに、いろんな呼び方の親がいる子もいるよ。おじいちゃんおばあちゃんと住んでいる子もいるね。いろいろな家族があるんだよ」

「そうか！」とズーマーがうなずきました。

私はズーマーのために新しい何かを作ろうとしているのです。すべてがみんなのためにある世界、みんなが愛されている世界。幸運なことに、私には家族も友だちもコミュニティもあります。裁判所も多くの本も、私が新しい何かをズーマーのために作る手助けをしてくれています。

ズーマーが生まれてまだ数週間の頃、ブレントと私はズーマーを車のチャイルドシートに乗せて、市役所に行きました。市役所の住所を900サウスから、ハーヴェイ・ミルク大通りに変えることを市議会が協議している時でした。私は二〇〇八年の映画「ミルク（Milk）」を見るまでハーヴェイ・ミルクが誰なのか知りませんでした。でもその日、私は何百人もの市民と一緒に、座る場所もない議事堂に立って、道路の名称変更への支持を表明しに来ていました。ゲイの権利を護る運動にこれほど貢献した人の名前を住所にできることに、誇りを感じていました。私たちの主張は、「ソルトレイクシティは誰をも歓迎する」「愛は愛」だということです。私は部屋の後ろのベンチに座り、ブレントは私の後ろにズーマーを抱いて立っていました。私たちは、友人で市議会議員のデレック・キッチェンが道路の名称変更に賛成するのを見守っていました。他の議員たちもそれに続いて賛成票を投じました。これで正式に決定しました。ソルトレイクシティに、ハーヴェイ・ミルクにちなんで名付けられた通りができたのです。

その一か月後、900イーストと、900サウスの角——新しくハーヴェイ・ミルク大通りと命名された交差点で、市主催の記念パーティが開かれました。五月中旬の暑い日、ズーマーに小さなタンクトップのジャンプスーツを着せました。薄いグレイに大きなブルーの水玉模様がついています。ブレントがお出かけに必要なものをすべて詰め込んだおむつバッグを持ち、ズーマーをベビーカーに乗せて、パーティ会場まで歩いて行きました。

交差点を閉鎖して中央にしつらえたステージで、イクオリティ・ユタ〔平等ユタ：ユタ州最大のLGBTQ権利活動非営利団体〕のディレクターが、この献呈がいかに大きな意味を持つかと話していました。ソルトレイクシティ市長ジャッキー・ビスクプスキは、自分がゲイであることを公表して市長の仕事ができるのは、ハーヴェイ・ミルクのおかげだと述べました。バンド「ネオン・ツリーズ」のタイラー・グレンの歌に合わせて、人々は踊ったり、ハグを交わしたりしながら、このインクルージョンと受容と愛に満ちたすばらしい日を祝いました。

新しい緑色の道路標識が何マイルにもわたって信号の下に設置されました。「ハーヴェイ・ミルク大通り」という標識です。ズーマーを抱いて大きな木の下でアイスコーヒーを飲んでいる時に、この新しい道路標識に気づきました。「ブレント、私たちを入れて写真撮ってよ」ブレントにスマホを渡してポーズを取りました。ズーマーを高く抱きかかえた私の真上に、緑色のハーヴェイ・ミルク大通りのサインが見えています。私はズーマーを見上げ、生後八週間のズーマーは小さな笑みを浮かべてパーティの方を見ていました。

私は将来を想像するのに夢中になるタイプではありません。ズーマーが大きくなった時にどんな恋愛をするかなど、わかりませんし、わかるふりもしません。私とブレントは、いかなるセクシュアリティも恋愛も、お互いの同意があれば祝福すべきものだとズーマーが学べるような環境を作ろうと努めているのです。決まりきった前提などありません。私たちが望んでいるのは、ズーマーが好きになった人、惹かれる人、愛する人を、安心して家に連れてきてくれることです。

一〇年後を想像するとしたら、私たちの家が、子どもたちがありのままの自分でいられる安全な避難所になっているといいと思います。私は五、六人分の子どものごはんを作っていて、「ごはんができたよ」とズーマーや友だちに声をかけます。そしてみんなでテーブルの周りに集まって、恋愛やセクシュアル・アイデンティティを表す新しい言葉をかれらに教えてもらいます。かれらは、ミレニアル世代の子どもであるジェネレーション・アルファ世代です。クィアであるとカミングアウトしたばかりで自分の家にいられないため、うちに何日間か滞在しているズーマーの友だちに、クローゼットからきれいなタオルを出して渡している私の姿も浮かびます。一〇代の若者たちを抱きしめながら、「あなたたちは、ありのままで完璧なんだよ」と話しかけている自分もいます。

私自身がクィアであることをズーマーとその友だちに話すつもりです。マイヤーズおじいちゃんが、バックストリート・ボーイズのケヴィンにぞっこんなこと、そしておじいちゃんがユタ州で同性婚を執り行った判事のうちの一人であることも伝えるでしょう。ズーマーが大きくなったら、ハーヴェイ・ミルク大通りの道路標識を指さして、ハーヴェイ・ミルクが誰だったのかを話して聞かせましょう。そして市議会がこの道に彼の名前をつける投票をした時、議事堂にいた最も幼い傍聴人がズーマーであったことも。タラとデネルと集まって食事をしたり、デレックおじさんと冒険に出かけたりもするでしょう。クィアの家族についての物語を読み続け、「クィア・キッド・スタッフ（Queer Kid Stuff）」の動画を見続け、クィアのアーティストや、原告者を支え続けているでしょう。ズーマーもクィアかもしれないし、ストレートかもしれません。私が聞いたこともないアイデンティティを自認するかもしれません。でも確実に言えるのは、ズーマーは、いつだって、自分が無条件に愛されていることがわかっているだろうということです。

第19章　モアブの週末

二月のプレジデントデイの三連休に、コートニー・マイヤーズ・ファミリーは、今年で二度目になる恒例のユタ州モアブ旅行へ車で出かけました。ズーマー三歳の誕生日のひと月前のことです。この数か月、私は長時間労働が続いていたので休暇を切望していましたが、まずは、ズーマーとブレントと過ごす充実した三日間の休みをとても楽しみにしていました。特に多くの予定は立てませんでした。少しハイキングをしたり、モアブジャイアンツ野外博物館に行ったり、食事をしたり、お風呂に入ってリラックスしたり――それを繰り返せればいいと思っていました。でもこの三連休が心臓が爆発しそうなエキサイティングな七二時間になるとは、まったく想定外でした。

四時間のドライブと、ファストフード店での夕食の後、金曜日の夜八時頃にモアブのホテルに到着しました。私もブレントも長い一週間の仕事で疲れきっていたので、ホテルの二一〇号室に落ち着くと、パジャマに着替えて、それぞれのクィーンサイズベッドの上で、ヒトデのような大の字になって寝そべりました。ズーマーはブレントのベッドによじ登りました。テレビで「Diners, Drive-Ins and Dives」〔アメリカ各地を訪ねてダイナーやドライブインを紹介する人気料理番組。日本でも、「食べまくり!ドライブ in USA」のタイトルで放送された)を半分見たところで、九時前には全員寝入ってしまいました。

翌朝、テレビをつけたまま、モアブジャイアンツ博物館に行く準備をしていました。ここは実物大の恐竜模型がある体験型パークです。テレビで湿疹薬のコマーシャルが始まりました。女性に見える役者がかゆくて苦しんでいます。ズーマーは枕で砦を作るのをやめて、スクリーンを見て私に向かってこう尋ねました。「あの人(they)、なにしているの? あの人(they)だいじょーぶ?」

ズーマーが知らない人に they というジェンダー・ニュートラルな代名詞を使ったことは、うれしい驚きでした。私は微笑みながら、ズーマーにこう答えました。「they もズーマーみたいに湿疹が出るんだね。肌がかゆくなるからお薬を使っているんだよ」

「そう」ズーマーは満足してうなずき、再び部屋中の枕を集める作業に戻りました。

大体ズーマーは代名詞よりファーストネームを使うことが多いのですが、友だちや先生のことを she や he と言うこともあって、代名詞をまちがえることもありました。その時点で、ズーマーが代名詞をどう理解しているかは、正確にはわかりませんでした。当然のことながらズーマーは、一日中、ジェンダー化された代名詞を耳にしています。she/her や he/him という代名詞が使われるのを一番よく聞くのは保育園にいる時です。でも、ズーマーのことを人々が they/them と呼んでいるのも耳にしています。私は、相手が自分をどの代名詞で呼んでほしいかがわかるまでは、they/them を使うようにしています。

ズーマーがまちがった代名詞を使うと訂正します。

「パパはどこにいったの? かのじょに、あいたいよ」と言えば、

「私も彼に会いたいよ。彼はもうすぐ帰ってくるよ」のように。代名詞は人について話す時の近道であること、どんな代名詞を使うかは人によって違うこと、相手にどの代名詞を使ってほしいかを尋ねるのが一番良い方法だということなどをズーマーに教える時が近づいていました。

その日、冒険とハイキングを一日中楽しんで、寿司屋で夕食をとってからホテルまで歩いて帰りました。「ホットタブ〔温水浴槽〕に入るの？」ホテルのロビーに入ったとたんにズーマーが興奮気味に言いました。「そうだね！　ホットタブに入りに行こう！　水遊び用のおむつがないかホテルに聞いてみようね」

ズーマーと私はホテルのギフトショップで、「リトルスイマー」おむつと、「スターバースト」キャンディを購入しました。ズーマーはおむつを片方の手に、キャンディをもう片方の手に握って、階段を駆け上がり、私たちの部屋まで廊下を走って行きました。私がドアのカギを開けるのが待ち遠しくて、飛んだり跳ねたりしています。部屋に入ると、ズーマーは靴を蹴って脱ぎ、シャツも脱ぎ始めました。「ママが手伝ってあげるよ」私はズーマーのシャツを頭から引っ張りました。「水遊び用おむつをはかせてあげるから、横になって」

ズーマーは歌うように「ホットタブにいくんだよ～！」と繰り返しています。

「そうだね。ホットタブに行くんだね」

ブレントはティッシュの箱を抱えてベッドにいました。具合が悪いようなので部屋に残ることになりました。私は水着を着てズーマーとホットタブを探しに行きました。

ホテルの荷物カートにズーマーを乗せて行くと、すぐにプールのある場所を見つけました。ホットタブが二つあります。大きくて長いのには小さな滝があって、下の丸くて小さいホットタブにお湯が流れるようになっています。上のホットタブに入っている六〇代後半と思われる夫婦に挨拶をして、今日はどんなことをしたのか尋ねてみました。かれらはアーチーズ国立公園でハイキングをしたと話してくれ、私はモアブジャイアンツの恐竜のことを話しました。ズーマーと私が、下の小さいホットタブに移ると、カップルの姿はもう見えなくなりました。今日見た恐竜の真似をしていると、ズーマーが「ママ、ゾンビ、やってよ！」と言いました。

「どこでゾンビのことなんか聞いたの？」笑いながら尋ねるとズーマーは両腕を前に伸ばして、目を細め、うなり声を上げながらホットタブの中のベンチに沿って歩き始めました。「こんなふうにやるんだよ、ママ。ほら、ゾンビだよ！」

私は笑いながらズーマーに言われたようにしました。ママゾンビが近づくとズーマーが悲鳴を上げました。

今度は、「ごはんをつくろうよ！」とズーマーが提案しました。

「いいよ！　何作ろう？」

ズーマーのリクエストは予想通りマカロニ＆チーズでした。

「どんなマカロニ＆チーズがいいの？」ホットタブの中の空想レストランの、たった一人のお客さんに尋ねました。

「ブルーベリーがはいってるやつ……えーと、それから、えーと、フライドポテトとアイスとトーストもね」

「さあどうぞ！　召し上がれ！」私は大急ぎで注文を揃えて差し出しました。

今度は、ズーマーが料理人で私が注文する番です。「サンドイッチにマカロニ&チーズとロブスターを入れてね」と注文しました。ズーマーはホットタブの中を見回し、私を見上げて、大まじめに「うりきれです」と言いました。

「何でも作れる空想レストランなのに、マカロニ&チーズとロブスター入りのサンドイッチが売り切れなの?」私は笑ってしまいました。

「はい、うりきれなんです」と、ズーマーはまじめくさった表情です。

このすばらしい子どもが私のものだなんて、この子と好きなだけ一緒に時間を過ごせるなんて、信じられない思いでした。「それでは、何かおすすめはありますか?」と妥協すると、私の小さなシェフは「ラジュベリーいりのグリーン・スムージュイー」を作る真似をしました。

ホテルの他の宿泊客がプールエリアにやってきて、ホットタブに入る前にジャクジーをつけていいかと尋ねました。「もちろんいいですよ。どうぞどうぞ!」と答えると、ジャクジーのダイヤルが回され、ジェットが作動し始めて、私たちのホットタブが泡だらけの大鍋のようになりました。

ホットタブに入る時は、注意しなくてはならないことがたくさんあります。足元に気をつけるように、頭をお湯の上に出しておくように、のぼせないように数分ごとにホットタブの縁に腰掛けるように、といったことをズーマーに思い出させなくてはなりません。

「すごーくたのしい!」とズーマーは言い続けます。

「そうね、楽しいね!」と私。

年配の夫婦がホットタブから出て体を拭き、椅子の上から荷物を取って、その一人がこう言いました。

「あなたが娘さんに話すのを聞いているのは、とても楽しかったよ。本当にやさしいんだね。お嬢さんはラッキーね。うちの嫁をあなたにトレーニングしてもらえれば、どんなにいいか……」

「ありがとうございます」私は親切に子育てをほめられてうれしく思いましたが、お嫁さんの件は少し気にかかりました。子育ては簡単ではありませんが、どの親もベストを尽くしていると私は思いたいのです。数分後にズーマーをホットタブから出して体を拭いている時にも、まだかれらの「嫁」の件が頭に引っかかっていました。

プールエリアを出る前に、上のホットタブにいる宿泊客に声をかけました。「ジャクジーのダイヤルをもう一度回しましょうか?」

「お願いします」とその人は言って、また目を閉じてリラックスしました。

「ママ、なにしてるの?」ダイヤルを回しているとズーマーが尋ねてきました。

「泡をまた噴き出させているんだよ」

ズーマーはホットタブの客がリラックスしているのを見て、「おともだちが、ねてるよ!」と言いました。

「そうだね、おともだちはリラックスしているんだよ」と私は微笑みながらうなずきました。

私の頭の中である考えが渦巻いていました。モアブで出会った人のことを、ズーマーは they/them と呼んだり、「おともだち」や「あの人」と言ったりしています。知らない人に私がいい親だとほめてもらえたのはうれしいことでした。ズーマーがとても楽しい子どもに育っていて誇りに思いました。それに、ズーマーの世界観にも驚かされました。もちろん、ジェンダーにとらわれない包摂的な視点を持つように、ズーマーが生まれた日から意識的に接してきました。そして今、やっとその成果を目にすることができました。ズーマーの言った通り、私も「とても楽しんで」いましたから。

私たちがわいわい騒ぎながら廊下を駆けてくるのを聞きつけたのでしょう。ブレントがドアのところで出迎えてくれました。私はとても表情が豊かで気持ちがすぐに顔に出てしまうので、ブレントには私の考えていることがいつもわかってしまいます。

「どうだった?」ブレントがズーマーのびしょびしょのおむつをトイレで脱がせながら聞きました。プールで会った夫婦が、ズーマーへの接し方をほめてくれて、お嫁さんを私にトレーニングしてほしいと言ったことをブレントに伝えました。私には、知りたいことがたくさんありました。お嫁さんの配偶者である、その夫婦の息子さんはよいパートナーでしょうか? 夫婦で同じように子育てに貢献しているのでしょうか? お嫁さんは子育てにしばり付けられてしまったと思っているのでしょうか? それとも自分にとって正しい時期に意図的に親となったのでしょうか? 彼女は満足していますか? 疲れきっていませんか? 支えられていますか?

私は、子育てや家事全般や収入支出管理などを平等に分担してくれるパートナーがいて、とてもラッキーです。ズーマーも妊娠を切に望んだ結果です。安定した好きな仕事と、フルタイムのチャイルドケアといったリソースのおかげで、快適な生活ができています。私たちの結婚は完璧ではありませんが、二人とも幸せで、お互いを愛し、尊敬し合い、平等主義の関係を約束しています。こうしたことによって子育てが楽になり、より楽しくなります。確かに世の中にはひどい親もいるでしょう。しかし、それより多いのは、ひどい状況です。あの夫婦のお嫁さんに必要なのは、「訓練」ではありません。彼女に必要なのは、子育ての平等な分担と、完璧な母親であれという世間のプレッシャーから逃れることかもしれません。

私は白いプール用のタオルを体に巻き付けたまま、ブレントとズーマーのベッドの向かい側のベッドに腰掛けていました。「私のことも、私の育児哲学も知らない、見ず知らずの人に、いい母親だと言われるのは悪い気はしないよね。子どもとの接し方を見ただけで、ほめようとしてくれたのだから」

「きみは本当にすばらしい母親だよ。ズーマーはラッキーだよ」

私は微笑みながら自分の手を見下ろしました。「ありがとう。でも変な気持ちなの。この一年の間、私を知りもしない人やズーマーの生活を見たこともない人たちから、ネットでさんざんひどいことを言われたり、私からズーマーを取り上げるべきだと言われたりしてきたもの。ネットにはすばらしいほめ言葉もあったけど、現実の世界で知らない人にほめられるのは、自分を認めてもらえたようでうれしいな。空想のマカロニ＆チーズも作ったのよ！　私は、なんたって、ママ・オブ・ザ・イヤーだから！」

私は立ち上がって、ホットタブのお湯の化学物質を体から洗い流してほしいかと、ズーマーに尋ねました。裸の小さな大将はうなずくと、そのままバスルームへ歩いて行きました。「ホットタブのかがくぶしつって、なあに?」と聞かれて私は、塩素の説明をしようと思いましたが、これが意外と難しいのです。

ズーマーと一緒にシャワーに入って、ホテルの石鹸を手渡しました。石鹸の表面には四つの半円形のデコボコが二列に並んでいます。

「このせっけん、レゴみたい！」

ブレントは、誰かがレゴを複数形にしてレゴスと呼ぶと気が狂いそうになり、不機嫌になりますが、ズーマーは、ちゃんと単数でレゴと言いました。「あなたの育て方が正しかったね」と、後で忘れずにブレントに言わなくちゃと、私は笑いながら考えていました。

「ほんと、レゴみたいだね」ズーマーはさっそく体ではなく、シャワー室のタイルを洗い始めました。

私は、ズーマーの髪のシャンプーを洗い流すのにプラスチックのカップを持ってきてほしいとブレントを呼びました。ブレントがズーマーにカップを渡しました。私は頭をのけぞらせて髪を濡らしました。そして下を向くと、ズーマーが、私の陰毛から滴るお湯をカップで受けていました。

「ママだったら、そんな水は飲まないよ」と笑って言いました。

するとズーマーが、今にも人差し指で、すぐ目の前にある私の外陰部をつっつこうとしているのに気づきました。その時、私は「**今こそ、教えるのにぴったりの機会だ**」と思いました。

「ズーマー、はじめに聞かないで人の性器をつっつくのはよくないよ」

ズーマーは指さそうとしていた手を止めて、カップを両手で持ち、お湯が入らないように目を細めて私を見上げました。

「ズーマーの体はズーマーのもの、私の体は私のものなんだよ。ママがズーマーの性器を触るのは、おしっこした後や、きれいに拭いてあげる時だけだよ。わかった？」

「わかった」とズーマー。

私は床から石鹸を拾ってズーマーに渡しました。「自分の体を洗ってごらん」

「かがくぶっしつ、ぜーんぶあらうよ！」ズーマーは大喜びでうなずきました。

私たちの生活には、こうした小さな瞬間がたくさんあります。体の器官を示す言葉を正しく教えたり体のすばらしさを祝したりしながら、体の構造、境界、同意について、基本的なことを年齢に応じた方法で教えられる機会に満ちています。モアブに行くほんの一週間前に、ズーマーは私に乳房があることに気づきました。あまり目立たない乳房ではありますが、ズーマーは、最後におっぱいを飲んだ生後四か月の時以来、その存在を忘れていたようでした。それは、ベッドでズーマーにお話を読み聞かせている時でした。ズーマーは私の胸の上に横たわっていて、私のブラジャーを小さなクッションにして頭を乗せていました。ズーマーが起き上がって、私の乳房を眺め、ブラジャーと乳房を手で押しました。

「これ、なあに?」

「これは私の胸だよ。乳房っていうのよ。時々ブラジャーをつけるの」

ズーマーは「へぇ」と言いながら、この新情報を理解しようとしていました。「ママにはちくびがあるの?」

「乳首があるよ」と私。

ズーマーはまた、私の胸に横たわって、「ズーマーにもあるよ」と言いました。それから読んでいた『ロックンロールのABC(ABC's of Rock and Roll)』に戻って、「ゴーゴーってなあに?」「U2ってだあれ?」とアルファベットをまたたどり始めました。

月曜日の朝モアブで目を覚ますと、一五センチも雪が積もっていました。車に乗り込んで家に帰るのは、楽しいような悲しいような気持ちでした。ズーマーの親として、最もすてきな週末の一つとなりました。でも悲しいかな、明日はまた仕事に戻らなくてはなりません。本当はズーマーとずっと遊んだり探検したりしながら、ズーマーがどんなふうに世界を見ているかを垣間見ていたいのです。

前日の午後は、アーチーズ国立公園のパークアベニュー・トレイルを歩きました。石を積み重ねたケルンが、トレイルのところどころにありました。

「このタワーは、なあに?」一つ目のケルンのところでズーマーが尋ねました。

「ケルンっていってね、後ろから来る友だちが道がわかるように、石を積み重ねておくんだよ」

「ズーマーもてつだっていい?」ズーマーは近くの石を拾うと、積み上げられた石の上にそっと置きました。

私は微笑み、ブレントは「いいよ。手伝っていいよ」と言いました。

ズーマーが生まれてからずっと、私は土台を築こうとしてきました。ズーマーの進む道を示してくれる小さな目印、その道が正しいと確信させてくれるような見慣れた目印を、ズーマーのために作ろうとしてきました。親には、子どもに世界の渡り方を教えるという大きな責任があります。私が一番時間をかけてきたケルンは、受容、愛、包摂性、開かれた心、楽しみ、尊重、思いやり、自信、自己認識の目印、そして、もちろんマカロニ&チーズの大きな大きな標識なのです。

その魔法のような週末の間に、ズーマーは積み重ね始めたのです。知らない人にジェンダー・ニュートラルな代名詞を使うたびに、ズーマーは包摂性というケルンに一つの石を乗せたのです。ホテルの宿泊客を「おともだち」と呼ぶたびに、思いやりのケルンに小石を置きました。そして、私の陰部がつつかれないで済んだのも、尊重というケルンの大きな石だったのでしょう。

モアブジャイアンツの小さな劇場で私たち家族は、恐竜のドキュメンタリーを見ました。私の手をズーマーの右脚に、ブレントの手をズーマーの左脚に乗せながら。ズーマーは私たちの手を握りながら、大きすぎる3Dメガネを通して両親に笑いかけていました。まるで愛のケルンに積み重ねた石が、月まで届くようでした。

第20章　ほら、ここにいるよ

毎晩ベッドに入る前に、ズーマーが二冊の本を選び、ブレントが一冊、私がもう一冊を読み聞かせます。ズーマーは本にとてもうるさく、誰に何を読んでもらうかにもこだわります。ベッドの上に二冊の本があるのを見て、私が「ああ！　いいね！　ママが『ピザの日（Pizza Day）』を読んであげるよ！」と言うと、

「ママじゃない。『ピザの日』はパパがよむの！　ママがよむのは、『ようこそ！　ここはみんなのがっこうだよ（All Are Welcome）』〔アレクザーンドラ・ペンフォールド作、スーザン・カウフマン絵、吉上恭太訳、鈴木出版、二〇二〇年〕だよ」ズーマーはビジネスライクに答えて、私用に選んだ本を手渡します。

ズーマーの本の好みは徐々に変わっていきます。一〇日間、毎晩読まされてほとんど覚えてしまった同じ本を一一日目にズーマーに渡すと「ママ、そっちじゃないよ。こっちをよんで！」と新しい本を手渡してきたりするのです。

二歳のお誕生日に、ズーマーの友だちのミシャがオリヴァー・ジェファーズの『ほら、ここにいるよ

このちきゅうでくらすためのメモ（Here We Are: Notes for Living on Planet Earth）』〔tupera tupera 訳、ほるぷ出版、二〇一九年〕という絵本をプレゼントしてくれました。ズーマーは、はじめはあまり興味を示さずに、この本はおよそ一年後まで本棚にしまわれたままでした。三歳の誕生日の二〇日前のある夜のこと。お風呂から出たズーマーが本棚からその本をつかんで、私に手渡したのです。私たちはベッドにもぐり込んで、この本を初めて読むことになりました。

それはかわいいイラストで描かれた地球への案内です。太陽系を簡単に説明したページや陸と海の説明もあります。あるページには子どもが一人描かれていて、こんな文が書かれています。「この ちきゅうには　たくさんの〝にんげん〟がいる／きみも　その　ひとり／にんげんには　からだ　というものがある／からだは　たいせつに　しないとね！／ほとんどの　ぶぶんは／にどと　はえてこないから」〔tupera tupera 訳、一六ページ〕次に二ページにわたって、八〇人ほどのさまざまな人たちが描かれて、こんな文が添えられています。「にんげんは／いろも　かたちも　おおきさも／みんな　それぞれ／（中略）／でも　だまされないで！／ぼくらはみんな　おんなじ　にんげんなんだ[*30]」〔同、一八〜一九ページ〕

それから一週間、私はそのページを読むのが楽しみでした。ズーマーが世界や世界に生きる人たちをどう理解し始めているかを、ちょっとのぞいて見られるからです。ズーマーはそのページを長いこと眺めていました。

「ママ、ひとを、かぞえようよ」とズーマーが言う時は「この人たちについて話そうよ」というズーマーなりの言い方なのです。私はいろいろな人を指さして、その人がどう特別なのかを説明します。

「この人はオレンジ色の風船を持ってるね」

「このお友だちは、車椅子を使うんだね」

「この人は、養蜂家といってハチの世話をする人だよ」

「この人は郵便を配達してくれる人」

「この子はスケートボードを持ってるね」

「この友だちは刑務所にいるね」

「赤ちゃんを抱っこしている人だね」

「宇宙飛行士だよ」

という具合に八〇人も続けていきます。

「あれは、ゆうれい？」

「あの人はブルカを着ているんだよ」ズーマーはブルカを見たことがありません。

「あれはなあに？」ウェスタン調の服を着た子を指さして聞きます。

私は大急ぎで「カウガール」のジェンダー・ニュートラルな言葉を頭の中で探します。「このお友だちは、カウポーク、バッカルーだよ！」

「このおともだちは、かなしいの？」背中を丸めてうつむいている黒い服の人を指さします。

「そうだね、ちょっと悲しそうだね」

「うん、かなしそう」ズーマーは腹ばいになって頭を手に乗せています。「そのおともだちは、おなかがいたいのかな、ハグしてほしいのかな」

「ハグしてあげようか？」我が子が思いやりのある小さな人間に育ったことをとても誇りに思って、私は微笑みました。

ズーマーは身を乗り出して本を抱きしめて、絵のおともだちに尋ねます。「もうだいじょーぶになった？」

「ズーマーみたいな人は絵の中にいるかな？」

ズーマーは多様な人たちを眺めてから、赤と紫のスーパーヒーロー姿の子どもを指さしました。

「あれがズーマーだ！　スーパーヒーロー・ズーマーだよ」

「そうだね、ズーマーは本当にスーパーヒーローだよ！」

私の子どもに贈りたいものがありました。それは、ジェンダーとは複雑で美しいもので、自分で決めるものだと理解すること、バイナリーなジェンダーとそれに付随するすべてのステレオタイプの制約と制限から解放されることでした。それが私自身にとっても、大きな贈り物になるとは考えていませんでした。

子育てはツアーガイドをするようなものです。子どもが世界を切り抜けるのを助け、すばらしい場所に案内し、危険な場所から遠ざけます。ズーマーが自分の興味を探求し、自身のアイデンティティを見つけるために、どんな経験をさせればいいか選別していくうちに、偶然にも私自身のアイデンティティと自分が世の中でどう機能しているかに、より目を向けられるようになりました。ズーマーのスーパーパワーは、周囲のノイズに耳を貸さずに、人をあるがままに見られることです。ズーマーはステレオタイプから人々を救い出すスーパーヒーローなのです。

◆◆◆

我が子が、「男」という言葉を初めて使った時のことを、私ほど鮮明に覚えている親はほとんどいないでしょう。それはズーマー三歳の誕生日の数か月後、五月一七日のことでした。その日まで、ズーマーが「ママ」「パパ」以外にジェンダー化された言葉を使うのを聞いたことがありませんでした。みんな、子どもか大人か、友だちか、あるいは単に、人でした。その金曜日の午後、ズーマーを保育園に迎えに行った帰りの車の中でした。その日のできごとを尋ねました。「いいひだったよ。ておしいちりんしゃ（手押し一輪車）をみたよ」

私はバックミラーのズーマーを見ながら聞きました。「そう！　よかったね。おもちゃの手押し車だったの？　それとも大人が使う大きいのだった？」

「おとこの、ておしぐるまだったよ」

脳で、壊れたレコードが引っかかれるような音がしました。**「なんてことだろう！　ズーマーがたった今『男』と言ったよ。でも、こんな変な気持ちがするのは、なぜだろう？」**

「ズーマー、誰か人が、手押し車を使っていたの？」

「うん、おとこのひとだよ」

ズーマーはその人が男の人だったと私にわからせようとしているんだ！

「そうなんだ。ねえズーマー、『男』ってどういう意味かママに教えて」

その言葉がズーマーにとって、どんな意味を持つのかを少しでも知りたいと思いました。もっとも、私にとって「男」が何を意味するか完全に説明できるわけではありませんが。ただ、ズーマーがジェンダーをどう理解し始めているか、頭の中をちょっとのぞいてみたかったのです。

「そのおとこのひとのなまえは、ジェイムズだよ。ジェイムズは、にわし、なんだ」

「ジェイムズさんは庭師なのね！　それはすてきね。ジェイムズさんはきれいなお花を保育園に植えてくれたの？」

「うん、そうだよ」

きっと友だちか先生の誰かが、ジェイムズについて「男」という言葉を使っていたので、ズーマーがそれを吸収したに違いありません。子どもはそうするものですから。これまでの三年間、人をあまり多くのサブカテゴリーに分けずに教えられてきたことをありがたく思いました。ジェンダー化された言葉は、ズーマーの周囲にあふれていたでしょう。でもズーマーは三歳になるまで、ほとんどそれを拾い上げてきませんでした。私はズーマーの前では、ジェンダーについてあいまいな話し方をしてきましたが、今、ズーマーは私にジェンダーを伝えようとしています。

「ジェイムズさんとお話ししたの？　ジェイムズさんは親切？」

「うん。かのじょは、しんせつな、おとこのひとだよ」ズーマーは窓から外を見ながら答えました。

私は、ジェンダー・クリエイティブな子育ての新しい領域に足を踏み入れることに興奮と緊張を覚えていました。この三年間、ズーマーに、世の中のことをジェンダー・エクスパンシブなやり方で教えてきました。でも今は、ズーマーが会話をリードしています。リアルタイムでズーマーの理解を形成するためには、ジェンダー・アイデンティティやジェンダー表現や代名詞を教える次のステップに進まなくてはなりません。赤ちゃんがどこから来るのかとか、ペットの死といったひどく大きく、同時に微妙なテーマについて、省略した言葉は使わないでシンプルに子どもに説明しなくてはならないのは、親にとってよくある共通体験です。私にそれができないわけではありませんでした。ただ、正しく教えなくては、というプレッシャーを感じていました。ジェンダーとはバイナリーではない無限のスペクトラムだとズーマーに理解してほしいのです。人のアイデンティティは一つだけではないということをズーマーが理解した今、新しい方法で教える機会が訪れたのです。人にはジェンダー・アイデンティティがあるということを。

アリ・デニスという友人が、**アンテジェンダー**（ante-gender）という言葉を教えてくれました。ジェンダー**以前**、という意味で、部屋に入る前の待合室を意味する anteroom から来ています。[*31] ズーマーのはじめの三年間にジェンダーは不要でした。ジェンダーというものが理解できないし、少なくとも私が教えたいような複雑な意味合いとしては、理解できませんでした。ジェンダー・クリエイティブな子育てによって、ズーマーは新しい部屋に入る前に、アンテジェンダーで控えることができました。新しい部屋では、ジェンダーについて質問したり、批判的な思考を凝らしたりすることができるようになるのです。

アンテジェンダーの時期には、人を人間として一般化して教えてきました。今、新しい段階に入り、人間はいろいろな方法で自認できること、決めつける前に相手に聞く方がよいということをズーマーに教えるのです。私はズーマーの手を取ってアンテジェンダーの空間から出て行きます。アンテジェンダーという初めての家を懐かしく振り返りながら、新たな冒険に胸を躍らせています。

◆◆◆

ズーマーがたまに、私たちをファーストネームで呼ぶのは微笑ましいものです。二歳の時にディズニー・ワールドで私たちを名前で呼んだのが最初でした。ブレントがズーマーを抱いて、ジャングル・クルーズの列に並んでいる時でした。一日の終わりでみんな疲れていました。ロープの張られた列に静かに並んでいました。

急にズーマーが「ブレント」と言ってブレントの胸を触りました。それから振り返って私を指さして「カイル」と言いました。私とブレントは驚いて顔を見合わせ、口をあんぐり開けていました。それからズーマーはロープの向こう側にいるカップルを見ながら、自分の胸に手を当てて、「ミーミー」と言いました。まだ小さくてZとRをうまく発音できないので、こんなかわいい言い方をするのです。ズーマーは自分の家族を紹介してから、見知らぬ二人を指さして辛抱強く待っています。

「私はエスター、この人はディエゴよ。はじめまして！」列が動き出し、私たちとそのカップルは反対方向へ進みました。ズーマーはブレントの胸に頭を預け、私は少し涙目になりました。ズーマーは人に惹かれ、人とつながり、人を知りたいと思うのです。

ズーマーが初めて私の名前を言ってから何か月も経ったある日、私たちは家でかくれんぼをしていました。

「ママ、かくれて！」私がパントリーに隠れるのが見えないように、ズーマーは両手で目を覆って、壁に向かって立っています。「いーち、にー、さーん、はーち、なーなー、じゅうよーん。もういいかーい？」

　私たちがズーマーを探す時の言い方を真似しながら、ズーマーが家の中を歩き回っています。「ママ、うえきの、なかかな？　ちがうね」「ママ、そふぁのしたかな？　ちがった」そしてパントリーに近づいた時、こう叫びました。「カイル！　いったいどこにいるの？」

　ジェンダー・クリエイティブな子育てには、もれなく巨大な鏡がついてきます。自分自身のジェンダーに向き合い、直面することを余儀なくされるのです。「カイル！　いったいどこにいるの？」と自問自答を強いられます。私はズーマーの親になる前の三〇年間よりも、この三年間で、自分のジェンダー・アイデンティティとジェンダー表現についてより深く考えるようになりました。ズーマーのために、バイナリーなジェンダーの鎖から自由になれる環境を作ろうとしながら、私は自分自身のもつれを解きほぐし、自分のジェンダーのどこが本物で、どこが規定されたものなのか、大人になった今では、その違いを見つけることすらできないのか、と考え続けました。

　私は自分のアイデンティティを形成するすべての部分を取り出して、じっくり見てみようとしています。好きだから残したいと思うのはどの部分か、押し付けられたから捨ててしまいたいのはどこなのか。誕生時にあてがわれた女性の性の因習的な規範を克服しようとしています。自分の体が好きです。でも、そのために特定のジェンダー役割を割り当てられたことは好きではありません。身だしなみや化粧や服装に関する自分の習慣や、子どもの時から浸かりきってきた美の基準といったものをしっかり見直しています。髪をショートにし、腋毛を伸ばしていることに違和感はありません。しかしそう思えるまでには時間がかかりました。それは物心ついた時から、アメリカの主流である美の基準に迎合し続けてきたせいです。

これは、目の前に置かれた理想の女性像という長いリストを再点検する許可を、自分に与えるような作業です。好きなものや、嫌いなものを選び、何を選んでも罪悪感を持つ必要はありません。私はマニキュアが大好きです。ハイヒールはなしで済ませられます。運動や一人でいるのが好き。結婚や親になることによって自分が完全になるとか、宿命を全うするとかとは思いません。目標達成のためには、他にもたくさんの側面があるのですから。こうして自分の性格や行動の一部を見直し、さまざまな状況でジェンダー化された自分の行動や、自分のどの部分が本物で、どの部分が演技のように感じられるかを解きほぐそうとしています。私は自己主張が強く、達成感もあります。それを悪いとは思いません。私はまた、やさしく、繊細で、笑ったり学んだりするのが好きです。三〇代のはじめには、一九八六年に入れられた女の子という箱から抜け出そうとしていました。別の箱を探そうとしていたわけではないけれど、ジェンダー・スペクトラムの中をあちこちさまよいながら、新しいラベルや代名詞を試してみました。私はただ、「カイルとしての居場所」を見つけたかっただけなのです。

ズーマーにジェンダー・クリエイティブな子育てを与えることで、自分が育ったのとは異なる世界観を与えることができました。そしてその世界観を生涯持ち続け、人とも共有してほしいと願っています。多様なジェンダーが祝福され、ジェンダーに基づく抑圧や暴力が存在しない世界は、どんな世界になるだろうと想像します。ズーマーのような子どもがスーパーヒーローになると思っています。どうすべきかと子どもに言うのではなく、子どもたちの方が私たち大人にどうあるべきかを教えてくれるようになるかもしれません。そのためには、子どもたちの道をふさいではなりません。

私は妊娠中に、両親やブレントの両親やきょうだいたちが、ズーマーと有意義な関係を保ってくれることを願っていました。うっかりズーマーにまちがったジェンダー代名詞を使ったり、私の気持ちを傷つけたりするのを家族が恐れて、距離を置こうとするのではないかと心配していました。ありがたいことに、そんなことは起こりませんでした。家族は私たちを応援してくれて、ジェンダー・クリエイティブな子育てをサポートしてくれました。そしてそれぞれがズーマーと特別な関係を結んでくれました。

母はおばあちゃんから受け継いだピスタチオ・ケーキの作り方をズーマーに教えてくれました。私が悪い親だと非難され、ネットでいじめを受けた時は、母が真っ先に愛にあふれたコメントで言い返してくれました。母が知らない人について、they/them の代名詞を使うのを聞いたこともあります。私たちの関係は、私が親になる前よりも強くなりました。

出産後に退院する日、ソルトレイクシティまで車で来てくれたのは父でした。私の家族でズーマーを初めて抱いたのも父です。私たちがセントジョージに行く時も、ズーマーの世話をしてくれます。ブレントと私がゆっくりデートできるようにしてくれるのです。ズーマーとおじいちゃんは、湯船に浸かりながらアイスを食べます。私が家に戻ると、リクライニングチェアの父の腕に抱かれたズーマーが、父と一緒にHGTVの住宅リフォーム番組を見ていたりします。

ある週末、私と父はオレゴン州の祖母を訪ねた後、ユタ州に帰るためポートランド空港へ車を走らせていました。家でブレントと留守番をしている二歳半のズーマーのことを考えながら、父に言いました。

「ジェンダー・クリエイティブな子育てをすると決めたことは、お父さんにとってつらいことだった?」
父は少し考えてから私の方を向いて首を横に振って一言「ノー」と言って、また海岸沿いのハイウェイに目を戻しました。

私のもう一人の母であるエイプリルは、ズーマーが望む間はずっとどこにも行かず、床に座り続けて遊んでくれます。エイプリルは私たちのすばらしい代弁者でもあります。ジェンダー・クリエイティブな子育てについて、彼女の家族に教えるという責任を自ら果たしてくれるのです。去年の感謝祭を親族の牧場で過ごした時のこと、私たちが到着すると、もう何年も会っていなかったエイプリルの家族たちがいました。私とズーマーに挨拶をしてくれて、やさしく、愛情をこめて近況を尋ねてくれたり、「ズーマーは背が高いね」と言ってくれたりしました。

エイプリルの一二歳の姪のシェルビーがズーマーに近づいて言いました。「ズーマー、お馬を見に行かない?」そして私を見上げて尋ねました。「theyを私のお馬に乗せてあげてもいい?」シェルビーがとても自然にジェンダー・ニュートラルな代名詞を使ったことや、初めて会ったズーマーにやさしくしてくれたことに、意表を突かれた思いでした。「ええ、いいわよ。ズーマー、シェルビーのお馬に乗りたい? エコーっていう名前なの」
「わーい!」ズーマーは興奮して飛び跳ねながら、シェルビーや他の一〇代のいとこたちと、ドアの外へ飛び出していきました。私はズーマーの後を追いかけてエコーの背中に乗せ、シェルビーがエコーを馬小屋の中で歩かせる間、ずっとズーマーを支えていました。妊娠中の私には、こんな状況は想像できませんでした。親に告げるのも怖かったし、まだ知らないことに恐れを抱いていました。このように受け入れられ、肯定される状況が訪れるなんて、それもまた「知らなかったこと」だったと言えます。

　ブレントの両親は初孫のズーマーを熱愛してくれました。ズーマーはブレントの父を「パッパ」、ブレントの母を「マンマ」と呼びます。オーストラリアからカードやプレゼントを送ってくれて、ズーマーと会える日を毎年指折り数えて楽しみにしてくれます。ソルトレイクシティに会いに来てくれた時も、目が覚めている間はずっとズーマーと過ごしていました。私たちが両親をキャンベラに訪れた時は、ズーマーと庭で遊んでくれました。どのトマトが熟しているか教えてくれたり、ビニールプールに水をいっぱい入れて、裸のズーマーを喜ばせてくれたりしました。ズーマーはマンマが家族のために夕食の準備をするのを手伝ったり、一緒にソファに寝そべってズーマーの写真がたくさん詰まったアルバムを見たりします。私が妊娠中に初めてズーマーが蹴ったのを感じたのもそのソファでした。

　ズーマーとパッパはいつも「つかまえた！」という遊びをします。相手を驚かせるゲームです。背後からズーマーが忍び寄り、椅子の後ろからうなり声を上げて飛び出すと、パッパはびっくりしたふりをしてくれます。ズーマーは「ちゅかまえた！」と大喜びです。

　ズーマーは八人のおじさん、おばさんとも、それぞれ特別な関係を持っています。ブレントと私のきょうだいは、私たちが二人だけで出かけられるようにズーマーと遊んでくれるし、ズーマーの興味に合わせて話をしてくれます。バイク、バブルバス、ホットチョコレートのことを話し、もう一回滑り台を滑りたいね、シャボン玉を吹きたいね、歩道にチョークで絵を描きたいね、というような話にも合わせてくれます。私たちのきょうだいは、非常にリベラルな信条の人から、とても保守的な人まで、さまざまですが、みんながジェンダー・クリエイティブな子育てをサポートしてズーマーを愛してくれています。

家族との良好な関係に、私たちの子育てが何か影響を与えるのではないかと心配していました。でも今にして思えば、ジェンダー・クリエイティブな子育てが私たちの絆をより深めてくれたと思います。なぜ私がズーマーをステレオタイプにはめないでほしいと思うのか、といった気まずい会話を両親とする必要もありません。なぜなら、両親はズーマーのために買う玩具や洋服や、ズーマーとの接し方に、すでに意識的にジェンダー・クリエイティブな考えを取り入れてくれているからです。

私たちの家族や親戚は、ズーマーにジェンダー・ニュートラルな代名詞や多様な形容詞を使ってくれます。そしてズーマーを愛して世話をしてくれます。そう考えると、胸が熱くなります。同じジェンダー・クリエイティブな子育てをする仲間の中には、それほどラッキーでない人もいます。家族が快く支えてくれないために、家族と音信不通になったり、関係がひどくこじれたりしてしまった人もいます。ある祖父母は、ジェンダー・クリエイティブな孫が遊びに来ると、孫が選んで着てきた服を脱がせて、前もって用意してある典型的な性別の服装に着替えさせています。

ジェンダー・クリエイティブな子育てをしている友人の中には、家族に児童保護サービスに通報された人もいます。ジェンダーを割り当てないというだけの理由で、孫を虐待していると言うのです。またある友人は、子どもとお店に行った時に、何か月かぶりにばったり会ったお姉さんに、ジェンダー化された代名詞や大げさなジェンダー的な形容詞をさんざん使われて、ジェンダー・クリエイティブな子育てを公然と拒絶され侮蔑されたと言います。みんながブレントと私のように楽ではありません。こうしたことが、私がこの子育ての提唱者になろうと強く決心した理由の一つです。自分たちのジェンダー・

クリエイティブな子育てについて安心してオープンに語ることもできない、サポートやリソースのない人が大勢いるのです。

私たちは家族に、ジェンダー・クリエイティブな子育てを突然押し付けました。それをすぐに受け入れてくれたことを、いつの日かきちんと感謝したいと思っています。私たちの子育てプランをサポートすると決断し、理解し、一緒に行ってくれました。私たちの精神面の労苦を分かち合い、私たちに代わって親族や友人、職場の同僚、隣人、友人を教育してくれました。私たちの家族は、ジェンダー・ニュートラルな代名詞を使うプロです。そして何よりも重要なのは、ズーマーをステレオタイプ化せずに、ズーマーの興味を制限したり、侮辱したりしなかったことです。ズーマーは、祖父母、おじおば、いとこたちの愛情に包まれています。ズーマー・コートニー・マイヤーズは、家族ガチャに大当たりしたのです！

第21章　美しきプリンセス・シャークマン

ジェンダー・クリエイティブな子育てのはじめの数年間は、バブルに覆われていました。ズーマーは文字通りすべての時間をブレントや私と過ごしたり、完全に信頼できる大人の家族や、保育園の先生たちと一緒にいたりしました。こうした人たちは、ジェンダー・クリエイティブな子育てが私たちにとってどんな意味を持っているかを理解してくれています。また、意識的に、ステレオタイプやジェンダー化されたスクリプトに頼らずにズーマーと接してくれます。しかし、ズーマーが日々成長するようになって、バブルを保護する層は薄くなりました。ズーマーが自分に自信を持てるように、私は十分なことをしてきたと信じたい。そしてズーマーにインクルーシブな観念を植え付けられたと信じたら、あとは子どもの速い成長に任せて、バブルが割れるがままにするしかありません。

ズーマー三歳の誕生日の一一日後、午前零時少し前に、私たちはロサンゼルス空港でフィジー航空に乗り込みました。家族でビチレブ島のバケーションに出かけるのです。この旅行は私たちにとって一つの節目になると思っていました。ズーマーはもう私たちの小さな赤ちゃんではありません。自称「大きな子ども」でした。長いフライトと車での移動の後、これから六日間を過ごすリゾートホテルに到着しました。

「ブラ！〔フィジー語で「こんにちは」〕」

「ブラ！　プリンセス！」

「ブラ！　ハンサム！」

「ブラ！」

すれ違うたびに、ホテルのスタッフが「ブラ！」と声をかけてくれます。フィジーのスタッフは、特に子どもに、とてもやさしく、社交的です。行く先々で、かれらは足を止め、ズーマーに注意を向けてくれました。髪をなでたり、こっそりお菓子をくれたり、くすぐったり、しゃがみこんでズーマーに質問をしてくれたりします。かれらはズーマーのジェンダーを推測し、バイナリーな性別の規範に沿った対応をしています。

ある人はズーマーを女の子として、またある人は男の子として扱うのを、私はとても興味深く見ていました。

「かわいいプリンセス、お名前は？」とレストランの案内係が聞きました。

「ズーマーだよ！　三さい！」

朝食の席に案内してもらってから、スムージーバーに行きました。店員が「ポーポースムージー」を少し入れたショットグラスをズーマーに渡して「これを飲めばすごく速く泳げるようになるよ。シャークマン君！」と言いました。

「サンキュー！」スムージーを受け取ってテーブルに戻ったズーマーに、スクランブルエッグを一さじ食べさせようとしましたが、ズーマーはもっとスムージーがほしいとねだります。

「スクランブルエッグを少し食べたら、もう一つスムージーをあげるよ」

私はブレントに言いました。「美しいプリンセス・シャークマンは、百杯でもスムージーを飲みそうね」

旅行中、ズーマーがホテルスタッフや他の宿泊客や子どもたちと交流している間、私たちは少しリラックスしていました。ズーマーは三歳です。社交的です。ある程度自立の練習をさせようと思いました。ズーマーがプールで一人の子どもに近寄ると、少しの間バービードールで遊ばせてくれました。また別の子は、少しの間「パウ・パトロール」に出てくる犬の消防士マーシャルのおもちゃを貸してくれました。ズーマーは他の子どもたちと、色とりどりのダイビングスティック〔水中用のおもちゃ〕をシェアして遊びました。深いところに投げ込むと、他の子や私たちの誰かが回収に行きました。大人たちが首をかしげてズーマーを眺めています。性別がわからないのです。ズーマーの背中まで届く長い金髪が、薄いピンク色のサンハットから出ています。ブルーとピンクのサングラスをかけて、アクア色の長袖のラッシュガードとオオハシが描かれたボードショーツをはいています。青いライフジャケットにはサメの絵が描いてあります。ズーマーのサンダルは紫色です。どれもズーマーが自分で選んだものです。「かわいいお嬢さんね」と言う人も、「行儀のいい男の子だね」と言う人もいて、私たちはただ微笑んで「ありがとう」と答えていました。

六歳ぐらいの子どもがズーマーを数秒間眺めていましたが、近寄ってきて尋ねました。「きみ、男の子？　女の子？」ズーマーは、チッチッと舌を何度か鳴らして答え、私の周りを泳ぎ回っています。私は興味津々の子どもに笑いかけて、「ごめんね、役に立てなくて」というように肩をすくめ、泳いでズーマーを追いかけました。

バケーションの何日目かに船でティヴア島へ行きました。

「島ではシュノーケリングができますよ」係員が申込用紙を配りました。

「シュノーケリングしたくない？　楽しそうよ。交代でズーマーを見てればいいいし」

とその時、別のスタッフがやってきて自己紹介をしました。「こんにちは、サローテです。みなさんが島で好きなアクティビティができるように、私が子どもたちのお世話をします。あなたのお子さんのお名前は？」

「ズーマーです」

「彼女は何歳ですか？」

「三歳になったところよ」

ズーマーは白黒のストライプのシャツ、カーキー色のショートパンツ、カーキー色の帽子、それに紫色のサンダルといった格好です。この日の船のクルーやスタッフのほとんどが、ツアー最年少のズーマーに she/her の代名詞を使っていました。

「サローテ、ありがとう。シュノーケリングをする少しの間、お願いしようかしら」

船の他のお客さんがズーマーに興味を持ったようです。「かわいいプリンセス、一緒に写真を撮りましょうよ」

ズーマーは双眼鏡で遊ぶのに夢中で、その女性にも、他の誰にも無関心です。それにたった今、クルーが小さなケーキを並べているのに気づきました。女性がしつこく「あなた、本当にかわいいわ！きれいなお嬢さんね！　キャンディをあげようか？」と言うと、ズーマーが興味を示して、彼女の方を向きました。それから「いいの？」と言うように私を見ました。

「一つだけならいいよ、ズーマー」

女性はミントをくれました。ズーマーはだまされたというようにミントを見つめています。「**これキャンディじゃないよ！**」と思ったようです。

「ほんとにきれいなプリンセスね。髪にお花をつけてあげましょうか？　もっと、きれいになるわよ」女性がズーマーに尋ねています。

私は少しうんざりしていました。ズーマーは首を振って「ノーサンキュー」と答えています。

島が近づくと、私はズーマーを抱きかかえて島がよく見えるように船首へ行きました。六分もあれば一周できるような小さな島で、ヤシの木が生い茂り、白い砂浜と浅いリーフと青緑色の海に囲まれています。海に向かって伸びる長いドックに船が停泊します。昼食を用意する小さな建物と、バレーボールのネットもあります。ハンモックも木に下がっています。

船から降りて、この日のために借りた小さなコテージに向かいました。そこで水着に着替え、白い肌に日焼け止めを塗って、ビーチへ冒険に出かけました。そこでサローテを見つけて、私たちがシュノーケリングをする間、三〇分ほどズーマーを見ていてもらえないかと頼みました。

「もちろんです！　喜んで！　一緒に砂場に行きましょう」サローテはズーマーを見下ろして、ほんの少し首をかしげました。ズーマーの服装に見入っています。白い帽子、青緑色のラッシュガード、オオハシの絵の青いショートパンツ。女の子だと思い込んでいたのを検証し直しているようです。

「ズーマーは砂場が大好きよ。きっと気に入るわ」私はズーマーの手を取って砂場へ向かいました。砂場に着くと、ズーマーはオレンジ色のプラスチック製シャベルを片手につかんで、もう片方の手に持った空のペットボトルに砂を入れ始めました。

「少しの間、ママとパパは海に行ってくるよ。サローテが一緒にいてくれるから、大丈夫だね？　すぐ戻って来るからね！」ブレントと私は、ゴーグル、シュノーケル、フィンを手にドックからビーチへ向かいました。

しばらくシュノーケリングをしていると（海が怖いのでちょっと過呼吸になりながら）、昼食を知らせるベルが鳴りました。

「ズーマーを迎えに行くね」

「OK。少し写真を撮ったら、ぼくもすぐ行くよ」

私はシュノーケリングの道具を小屋に返して、砂場へ行きました。ズーマーはサローテと小さな椅子に座っていました。目の前の小さなテーブルには、紙皿いっぱいに食べ物が乗っています。

「全部ズーマーが選んだんですよ」と子ども用の椅子に座ったまま、サローテが笑いながら言いました。

「まあ、かわいいこと。食べるのが大好きなのよ。ズーマー、ママたちと一緒に大きいテーブルで食べようか？」ズーマーはにっこり笑ってうなずきました。顔にはポテトサラダがこびりついています。私はズーマーのお皿を手に取りました。「さあ、行きましょう」ズーマーは椅子から立ち上がると、パピリオンにいるブレントの方へ走って行きました。

「ズーマーは女の子ですか？　男の子ですか？」ランチビュッフェの方へ歩きながら、サローテが尋ねました。

「私たちはジェンダー・クリエイティブな子育てというのをしているの。ズーマーが生まれた時に、ジェンダーを割り当てなかったのよ。子どもらしく育てたいし、ズーマーに自分のジェンダー・アイデンティティを決める自由を与えたいの」

サローテは礼儀正しく微笑みながら、今聞いたことを理解しようとしていましたが、何と言っていいのかわからないようでした。

「フィジーでもそういう育て方はしないの？」

「いいえ、そういうのはありませんね」サローテは首を振って答え、それ以上は、何も聞きませんでした。

「ズーマーを見ていてくれてありがとう。おかげでシュノーケリングができたわ。本当にありがとう、サローテ」

「どういたしまして。島での残りの時間を楽しんでくださいね」

それからまた二時間ほど、小さなリーフシャークを見たり、木登りを試みたり、温かい海でプラスチックごみを拾ったりしながら遊びました。それからナンディへ戻る船に全員、乗り込みました。

船の中でズーマーをパンダの絵のついた紫色のタンクトップのワンダースーツに着替えさせました。ズーマーは裸足で、髪は日焼け止めと海の塩の匂いがしています。背の高さほどもある木の車輪につかまりながら、船を操縦するふりをしたり、クルーが切ってくれた新鮮なココナッツを食べたりしています。ズーマーが床に座ってペットボトルの水を飲んでいると、キャンディをくれて、髪に花をさしてあげようと言ったあの女性が近づいてきました。

「私、わからなくなっちゃったわ。いったい、あなたは女の子なの？　それとも男の子？」彼女は直接ズーマーに尋ねました。

ズーマーはペットボトルから目を上げて言いました。「ズーミーだよ！」

「でも女の子？　男の子？」彼女はしつこく食い下がります。

「三さい！」

「教えてよ！　女の子？　男の子？」まるでだだをこねる三歳児のようです。

ズーマーが彼女を見て、「おとこのこ？」と言うのが聞こえました。

それは私には、質問に聞こえました。ズーマーは男の子という言葉をよく知らないので、意味を尋ねたのだと思いました。しかし、その女性はそれを確認だと解釈したようです。安堵の波が彼女を包みましたが、そこには少し裏切られた気持ちがにじんでいるようでした。

「男の子なのね？　私がさっき、『プリンセス』って呼んだ時に、どうして言わなかったの？　私、まちがっていたわね。あなたは、ハンサムな王子様だものね！」

ズーマーは彼女を無視して、ペットボトルの蓋をいじるのに夢中になっています。ズーマーが男の子だと思い込んだ女性は、もうズーマーにそれ以上かかわろうとはしませんでした。私はズーマーに近づいて、かがみこんで聞きました。「ズーマー、もうおしまい？」

「うん、おしまいだよ」

おしまいの意味が、水を飲み終えたことなのか、あの女性の質問のことだったのかはわかりません。ズーマーは私にペットボトルを渡しました。ズーマーを抱き上げると、腕と足をからませてきました。二人で木のベンチに座ってしばらく海を眺めました。

「なんだか変な感じだったよね。もっと早く介入して何か言えばよかったかな?」ホテルに戻った夜遅く、ズーマーが眠ってからブレントに尋ねてみました。

ブレントはベッドの上の洋服を片づける手を休めて言いました。「本当に奇妙だったよね。でもぼくたちが介入しなくて正解だと思うよ。ズーマーはきっと保育園でも大きい子たちに、男の子? 女の子? って聞かれているだろうし。ぼくたちがそれを初めて実際に目にしたというだけだよ」

ズーマーはソファベッドでぐっすり眠っていました。親指を口にくわえ、ぬいぐるみの犬のダンテを抱きしめながら。**こんなに小さいのに、もうこんなに大きいなんて!** 私の赤ちゃんは、もう赤ちゃんではありません。いつも私が代弁することもなくなりましたが、まだ私を必要としない段階になったわけではありません。私たちは移行期にあるのです。zwischen の新しい段階です。この三年間、ズーマーが恥じることも強制されることもなく、自分の興味を探求できる環境を作ってきました。世の中が、家庭と同じように無償の愛と自由をズーマーに与えてくれる保証はありませんが、それに身を委ねるしかないのです。

翌朝、ズーマーとホテルのプールに行きました。浅いところで遊んでいると、「二分後に水中エアロビを始めます」というアナウンスがありました。

「ズーマー！　ママと水中エアロビしない？　水の中でやる体操とダンスみたいなものだよ」私は興奮して言いました。

「OK、ママ」

何人かの宿泊客とエアロビのインストラクターがいるあたりまで泳いでいきました。ズーマーは水中ベストを着ているので水に浮かんでいます。水面下でアヒルのように足を蹴り、腕と水でしわしわになった指で水面をかいています。

ズンズンズンズンズン　音楽のベースが聞こえてきました。

フィジー人のインストラクターが、五人の大人と一人の笑顔の園児に、次々に動作を教えてくれました。私たちは九〇年代のダンスポップのビートに合わせて、両腕を空に向かって突き上げたり、空気を叩いたり、水面下で足を蹴ったりしています。ズーマーと私も顔を見合わせて笑いながら、みんなについて行きます。

一瞬、時間がゆっくり流れるような気がしました。私はこのすべてを吸収しようとしました。信じられないほど、遠くまで来ました。三年前には、私はお腹の中のズーマーと一緒にプールに浮かんでいました。どんな生活になるのか怖くてたまりませんでした。今の私はズーマーと並んでプールにいます。生命力にあふれ、自意識と、周囲に伝播する前向きさを持った、このすばらしい子どもと一緒に。

二〇一六年にタイムスリップして、妊娠中の自分と一緒にプールに入りたいと思いました。必死に逆子を戻そうとしながら水に浮かんで、これからのことをひっそりと心配している私に、こう言ってやりたいのです。「あなたが心配していることのいくつかは、確かに現実になるでしょう。でもそれを乗り越えてあなたはより強くなり、自分の選んだ道をより信じることができるようになるんだよ」と。彼女の髪をなでながら、こう言ってやりましょう。「良いことをもっと考えるようにしなさい。この子はあなたが出会う最高にすばらしい子どもになるし、この子の両親になることは想像できないほどすごいことなのだから」そして、二〇一六年の私が、不安な中で決断をしてくれたこと、恐れずにジェンダー・クリエイティブな子育てをしてくれたことを感謝したいのです。なぜなら、それが彼女が決断した最もすばらしい子育てだから！

エピローグ

これからどうなるかはわかりません。ある意味、ジェンダー・クリエイティブな子育てのはじめの三年が最も困難だったのかもしれません。まず自分に自信をつけなくてはなりませんでした。自問自答もたくさんしました。これが正しい決断だと信じて、多くの見ず知らずの人にまちがいだと断言されても、自分の立場を貫かなければなりませんでした。ズーマーが大きくなるにつれて、毎日私たちの生活は少しずつ楽になっていきました。でもそれがずっと続くとは思っていません。ズーマーが私のいないところで過ごす時間が増えるこれからの三年間が一番困難になるかもしれません。私が与えた影響と、友だちや先生や見知らぬ人や文化やメディアからズーマーが受ける影響とが競い合うことになるでしょう。

ズーマーは今三歳半で、まだジェンダー自認をしていません。少なくとも私たちに向かって声に出して言うことはありません。しかし、これからの数年の間に、その橋を渡ることになるでしょう。ズーマーの友だちがジェンダー・アイデンティティ、ジェンダー表現、代名詞の使い方を明言するようになれば、ズーマーのコミュニケーションや質問をする能力も発達していくでしょう。私はズーマーにこう言っています。「ズーマーが大きくなったら、女の子、男の子、ノンバイナリー、その他のジェンダーのどれかとして自認《アイデンティファイ》するかもしれないよ」と。「ジェンダーは自分で決めて、定義するものなんだよ」と。ジェンダーとセクシュアリティはバイナリー以上のものだと理解させるために、最大の努力を払ってきました。ズーマーがジェンダーについてクリティカルに、そして創造的に考えられるように、私たちは最善を尽くします。そしてズーマー自身の進化を支えていこうと思います。

他者の体、感情、パーソナルスペースを尊重し、自分も同じように尊重してもらう方法、友だちが好きなことや、その人を特別にしている特徴や興味を探して、より深いレベルでつながる方法を、私はズーマーに教えています。衝突を解決する方法——叩いたり突き飛ばしたりしてはいけない——を教え、友だち同士は傷つけ合わないと教えています。共有すること、でも同時に自主性と自分の権利を護ること、ズーマーも周りのみんなも安全であるべきで、暴力を受けてはならないこと、そして危険を感じたら私や大人に言うことを教えています。ズーマーは自分にはたっぷりの愛情を受け、無限に抱きしめられる価値があると知っています。でもハグやキスをしたくない時はしなくてもいいし、それは他人にも言えるということもわかっています。私はズーマーに大声で歌うこと、好きなものを着ること、そして生き生きとしたすてきな人生を送ることを教えています。

こうしたことを一貫して教えてきましたが、これはまだ初歩的なレッスンでしかありません。ズーマーの成長に従って、レッスンはさらに高度になっていくでしょう。ズーマーの人生に植え付けようとしてきたこれらの原則が、家父長制、白人至上主義、階級主義、能力主義を解体するツールであると知ってほしいのです。そして多様性を祝福し、受け入れ、歓迎し、同意と自律を正常化し、制度的な不公正と抑圧に立ち向かうための道具だと知ってもらいたいのです。ズーマーがラディカルな自己表現や愛情表現を安心してできるよう願っています。自信を持って自分のアイデンティティを発見し、それに正直に生きること、そのためのサポートを受けられると同時に他者もサポートできることを望んでいます。

ジェンダー・クリエイティブな子育てをしている仲間で年長の子どもがいる人では、どうやら四歳頃になると、ジェンダー自認をし、特定の代名詞を使い始める子どもが多いようです。私の友人ゾウイの長男アスターは、四歳の誕生日の頃に、「he/him がしっくりくるよ」と言ったそうです。六歳になってもまだその代名詞が一番自分に合っていると言っています。彼はティンカーベルやハリーポッターのような凝った服装をするのが大好きで、いろいろな男の子がいてもいいんだと、周りの子どもたちに理解させる助けになっています。彼は自分を「ベンダーボーイ〔ゲイボーイ〕」だと言っているそうですが、私はアスターの生殖器については何も知りません。私には関係のないことですし、彼のアイデンティティとジェンダー表現を尊重するのに必要なことでもありませんから。

アスターの下のきょうだいたち、オリオールとイヴァも、ジェンダー・クリエイティブな育て方をされています。四歳のオリオールはピンクや、フリフリ、キラキラしたものを好み、自分は they/them だと両親に言ったそうです。ドレスを着ていると、人に「かわいいね」と言われるけど、誰にも「賢いね」と言われないとオリオールは気づいています。この子たちは世の中のステレオタイプに気づき、それを押し返しています。自分らしさに自信を持って、どんなタイプの箱にも押し込められるのを拒否するのです。

they/them の代名詞と、ジェンダー探求の自由を与えられて育った子どもたちは、さまざまなタイプのアイデンティティを持ち、いろいろな方法で自己表現をするようになります。自分に一番合う代名詞を見つけるのです。she/her を使う子、he/him を使う子、they/them を使う子、he/him/they/them を組み合わせて使う子どももいます。新しい名前を選ぶ子もいます。ほとんどの子どもは、一人の人間として見てもらいたいと思っています。アスターも、オリオールも、ヘイゼルも、スカウトも、ソジャーナーも、イオも、ズーマー・コヨーテも、一人の人間なのです。五歳から七歳の子どものいる仲間の共通した考えは、この子たちが、より複雑でより包摂的なジェンダー観を持って成長しているということです。この子どもたちは、自分のアイデンティティに自信を持ち、他者のために立ち上がることができます。

アスターは五歳の誕生日に、「美女と野獣」のベルのような黄色いドレスをリクエストして、祖父母が買ってくれたそうです。パレードに出かけた時、大きい男の子たちがアスターを指さして「男の子はドレスを着ちゃいけないんだよ」と言いました。

アスターはにっこり笑って、スカートを両手でつかみ「何でも好きなものを着ていいんだよ！」と答えたのです。男の子たちは黙ってしまいました。もちろん、男の子がドレスを着たっていいんです。子どもは誰でも自分が着たいものを着るべきです。私たち親の役割は、子どもたちが多様性を祝福するのを助けることです。それを押しつぶすことではありません。

先日、ズーマーに「結婚しているの？」と聞かれました。「そうよ、あなたのお父さんブレントと結婚しているんだよ」

ズーマーは玄関でベンチに座って靴を履いていました。そして「けっこんしたとき、ママはおひめさまのドレスをきたの？」と言いました。おそらく、園庭で結婚式ごっこをしたり、先生が結婚式に行くと話すのを聞いたりして、ズーマーの好奇心が頭をもたげたのでしょう。

「ううん、お姫様のドレスは着なかったよ。ママのスタイルではないからね。紺色のジャンプスーツを着たんだよ。写真見たい？」携帯をスクロールして結婚式の写真を見つけて、ズーマーに手渡しました。ズーマーは携帯の両親の写真をじっと見ていました。

「結婚式には、好きな服を着ていいし、誰とでも好きな人と結婚してもいいんだよ」

ズーマーは私の結婚の平等の講義には興味がないようです。ベンチから飛び降りると、「ママ、はやくいこうよ。きょう、ほいくえんでウォータースライドができるんだよ」と言いました。まだしばらくは、こんな調子なんだろうなと思って私は微笑みました。保育園やテレビで見聞きするジェンダー規範に立ち向かう機会は、まだあまり訪れていないようです。

ズーマーがこの美しいバブルの中にいつまでも存在し続けるとは思っていません。「待て！　そんなことしちゃだめだ」と誰にも言われずに、好きなものを着て、好きな遊びをして、好きなようにふるまえるバブルはいつまでも続きません。違いを恐れる人がいることをズーマーに教えるのは大変だろうと思います。ステレオタイプに当てはまらない人に対して意地悪な人がいることや、人を傷つける人もいるということを、ズーマーに教えなくてはならないと、私は心の準備をしています。

私はズーマーの、のびやかな自信を守りたいのです。「もうこれは着られないよ」とズーマーが言ったり、「これで遊んじゃいけないんだ」と大好きなおもちゃを手放したりする日が怖いのです。ズーマーがまちがっているんじゃない、ジェンダー・バイナリーがまちがいなんだと、理解させたいのです。

これからの三年間はきっと激しい「モグラたたき」のようになるでしょう。私は、毎日毎日、頭を出すステレオタイプやマイクロアグレッションや不公正を叩こうとするでしょう。でも、このラウンドでは、後ろに隠したズーマーを守るのではなく、ズーマーも一緒に巻き込みたいのです。

ズーマーの四歳の誕生日が近づき、ブレントと私は、優れた小学校のある学校区と幼稚園を探し始めています〔アメリカの学校制度では、幼稚園が小学校に付随している〕。ズーマーが学び、成長できるところ、包摂と受容を重視し、子どもの健全さをサポートするような学校を探しています。ズーマーのアイデンティティが何であっても、ジェンダー不公正などの世界の問題を解決しようとする大人や家族にズーマーが囲まれていることを願っています。

私たちは、この冒険を一日一日続けていくだけです。ズーマーははじめの三年間のことはあまり覚えていないでしょう。私も自分の幼少期のことはあまり覚えていませんから。でも、ズーマーが大きくなって、この本をはじめから終わりまで読んでくれることを願っています。私たち家族の物語の一ページとして楽しみながら読んで、私たちのした決断と払った犠牲の理由を理解してくれればと思うのです。この本はある意味でズーマーへのラブレターです。すべては、まだ始まったばかりです。

謝　辞

すばらしい人たちが、この本の出版と、出版に至るまでのすべての実現のためにかかわってくれました。

私の両親、レネー・レニック・マイヤーズ、カーリン・マイヤーズ、そしてエイプリル・マイヤーズ、私をこのように育ててくれたことに感謝しています。私が人生を乗り越えて行けるように自律性を与えてくれました。私がたどり着いた分野や状況が、あなたたちが予期したものと違っていても、私の誇りを傷つけたり疑ったりすることはありませんでした。私がこの世界で自分の道を見つけられるように、与えてもらった自由、今でも与えてくれている自由に、限りなく感謝しています。ジェンダー・クリエイティブな子育ての冒険を一緒に歩んでくれたこと、ズーマーにユニークな子ども時代を与えてくれたことにも感謝しています。こんな祖父母を持てたことがいかに幸運なのか、いつの日かズーマーに伝えたいと思っています。あなたたちからあふれ出るズーマーへの愛は、すべての面で心を温かくしてくれます。それを瓶に詰め込めればどんなにいいでしょう。世界はあなたたちのような愛をもっと必要としています。

ジョンとエリザベス・コートニー・フロストへ。まずはじめに、ブレントをこのようなやさしい、思いやりのある、繊細で正直で才能のある男性に育ててくれてありがとうございます。お二人のようなすばらしい人たちを家族と呼べること、私を愛情をもって受け入れてくださったことに心から感謝しています。ズーマーにとって、すばらしいパッパとマンマです。ブレントと私のジェンダー・クリエイティブな子育ての決心を信頼し支えてくださったことには、感謝してもしきれません。

私とブレントの最高のきょうだいであり、ズーマーのすばらしいおじさん、おばさんであるジェイフェス、マッケンジー、ストリー、ダコバニー、ハーリー、タナー、ネイサン、キンバリー、ありがとう。この小さな家族を楽々と支えてくれただけでなく、ズーマーの子育てにも貢献してくれました。私たちのつらさを共有してくれました。質問を投げかける多くの人たちに、あなたたちは数えきれないほど何度も説明をしてくれました。私とブレントが二人っきりでデートに出かけられるよう、ズーマーと遊んでくれました。そしてズーマーを「ちいさなニブリング」と呼んで、特別な関係を築いてくれました。ありがとう！　ありがとう！　ありがとう！

「家族計画課」の同僚のみなさんと仕事ができたことは、私の人生にとって最もすばらしいできごとの一つです。あなた方の励ましと寛容さがなければ、この本を書くことはできなかったでしょう。友人として、私のワーク・ライフのバランスを支えてくださり、私と家族を愛してくれてありがとう。

私はすばらしいメンターと先生に恵まれました。ディキシー・ステート大学、リバーサイド・コミュニティ・カレッジ、ユタ大学の先生方は、私の中に可能性を見出し、私がそれに気づいて世界と共有できるよう励ましてくださいました。教育は私に変容をもたらしてくれました。ユタ大学のジェンダー学と社会学のプログラムに大変感謝しています。私の頭をかち割って、より良い新しい見解を組み立てる助けをしてくださいました。

インスタグラム・アカウント@raisingzoomerで出会ったコミュニティには感謝の言葉もありません。世界中の見知らぬ人たちのネットワークによって支えられたことは、言葉にできないほど、特別なことです。みなさんは親切な先生でもあり、愛すべき友でもあります。

Facebookに優れた「Parenting Theybies Facebook group」を作ってくれた友人のみなさん、ありがとう。ズーマーが生まれた時の私は孤独な気持ちでした。Facebookのコミュニティに紹介してくれたリア・ジェイコブスさんに心から感謝しています。あなたたちは、子どもたちのためにより包摂的な世界を作ろうと、感情面の労力と愛情を注ぎ込んでいます。そのおかげでこのムーブメントがどれほど大きくなったことでしょう。頭の下がる思いです。

私の物語の大部分は、伝統的な先住民の土地で起きたものです。土地を奪われた先住民のみなさんに感謝の気持ちを伝えたいと思います。私の生まれたマリコパ郡のマリコパ族、私が育った地のカラプヤ、パイユート、ナバホ族のみなさん。私のパートナー、ブレントが生まれ育ち、私たちが出会った地のウグナワル族とガディナル族、私たちが今子どもを育てているのは、ショショニ、ゴシュート、パイユート、ユート族のみなさんの土地なのです。

私の物語を記事にして世に出してくれたアレックス・モリスさん、ありがとう。

クリスティ・ギオラ・オールポートさんは、ジル・ソロウェイさんに紹介してくれました。ソロウェイさんは、私のメッセージを出版して広げたいと言ってくれました。TOPPLE出版ファミリーの一員として、家父長制を倒す貢献ができることを大変誇りに思います。

私の編集者、カルメン・ジョンソンさん、あなたはレジェンドで、ヒーローで、マジシャンです。この原稿のいくつものバージョンを通して、私を導き、より良いものにしてくれました。自分自身をより深く掘り下げることを、あなたに教えられ、あなたと出会えたことをうれしく思います。アレックス・カピタンさん、フィードバックや提案をありがとうございます。あなたはとても急進的なコピーライターです。完璧なブックカバーを作ってくれたフィリップ・パスクッツォさん、ありがとうございました。

まだ何もわからない大学生のころからすばらしい友人でいてくれたチェルシー、ありがとう。私はあなたの友情に支えられてきました。

そして、ブレント。どこから始めればいいのでしょう？ 私と人生を共にしてくれてありがとう。この子育てを受け入れて、飛び込んできてくれてありがとう。私たちのすばらしい子どものために、最も献身的で愛情深い父親になってくれて、ありがとう。真のパートナーシップとは何かを教えてくれてありがとう。あなたと人生を歩めることにとても感謝しています。そして、最後に……

ズーマー・コヨーテ、この本はあなたのための本です。すべてあなたのためのものです！

訳者あとがき

「『男の子？　女の子？』前触れもなく降りかかるこんな質問」――本書の著者カイルはプロローグの冒頭にこう書いていています。カリフォルニア州で息子二人を産み育てた私にも、同じ質問がうんざりするほど浴びせかけられました！（そして、見も知らぬおせっかいな先輩ママから、出産がどれほど苦しかったかという「自慢ホラー話」もたっぷり聞かされたものです。）日本でもよく行われるようになりましたが、臨月になると家族や友人が集まってベビーシャワーを開き、赤ちゃんの必需品がプレゼントとして贈られます。その時点で「男の子なのか女の子なのか」がわかっていないと、ピンクのドレスなのか、青いシャツなのか決められなくて困る、という声が周囲から上がります。親が赤ちゃんの性別にこだわらない（あるいは知らない）場合は黄色い服やおもちゃを贈るのが慣習のようです。

二〇〇八年には、ジェナ・カーヴニディスというSNSのインフルエンサーが「ジェンダー・リビール・パーティ」という、胎児の性別発表パーティなるものを始めて話題になりました。医療の発達により、妊娠六か月目ぐらいから外性器の形がはっきりわかるようになったのです。通常ベビーシャワーが女性限定のパーティなのに対して、「ジェンダー・リビール・パーティ」は男性も招かれる盛大なものとなっていきました。パーティ会場はピンクとブルーの飾りであふれています。お皿、リボン、風船、？（クエスチョンマーク）の描かれた大きなケーキが並び、参加者がお腹の中の赤ちゃんの性別を予想するゲームなどが行われます。そしていよいよパーティの最後に、鳴り物入りで性別が発表されるのです。風船の中にブルーやピンクの紙吹雪が仕込まれていたり、大きなケーキに入刀すると中からピンクかブルーのクリームが出てきたり、というような（物理的に）無害な方法から、屋外のパーティで色つきの煙の花火を打ち上げたりと、どんどんエスカレートしていき、その結果、二〇一七年と二〇二〇年にアリゾナ州とカリフォルニア州で花火が原因の山火事が起きました。数万エーカーもの広大な森林と住宅が焼かれる大惨事でした。インフルエンサーのカーヴニディスは、このようなあまりにもばかげたパーティをやめるようSNSで訴えかけ、同時にLGBTQコミュニティに謝罪もしました。「子どもにペニスがあるかどうか知らせるために森を焼き尽くすなんて、愚の骨頂よ！　お願いだからやめてちょうだい。赤ちゃんの性器に興味があるのは、あなただけなんだから」と強い口調で訴えました。ちなみに彼女が二〇〇八年のパーティで性別を発表したお腹の中の娘は、今はジェンダー・ノンコンフォーミングを自認しているそうです。

◆　◆　◆

生まれる前から子どもを男女の枠にはめることに、どんな意味があるのでしょうか？　乳児から子どもをピンクとブルーに分けることは、早くからジェンダー・バイナリーの感覚を押し付けてしまうことです。乳幼児には、ジェンダー観はまだ備わっていません。ジェンダー・バイナリーは親、大人、社会が子どもに与える制約です。

著者カイルは、二〇二〇年九月三日のタイム誌のオンラインマガジンで、こう述べています。


ジェンダー・クリエイティブな子育ての目標は、ジェンダーをなくすことではありません。ジェンダーに基づく抑圧、格差、暴力をなくすことが目標なのです。ジェンダーレスな世界を作ろうというのではありません。**ジェンダーフル**な世界作りに貢献したいのです。すべての子どもが健全で公平な大人になれるように、私たち大人は、幼少期のジェンダー社会化に揺さぶりをかけることができるのです。それによって家父長制を失うことに、何の意味がありましょうか！　いい厄介払いでしかありません！

◆　◆　◆

ジェンダー・クリエイティブな子育てを実践している人はまだ少ないでしょう。でも、世界のジェンダー観は確実に変わりつつあります。

一九九七年以降に生まれたジェネレーションZと呼ばれる年齢層のうち、成人になっている若者を対象としたギャラップ世論調査によれば、かれらのおよそ五人に一人、二〇・八%がＬＧＢＴＱのいずれかとして自認しています。さらに今年二〇二一年六月のプライド月間（ＬＧＢＴＱ＋の理解と権利の向上を促す月間）に、アメリカの首都ワシントンＤＣを拠点とするシンクタンク「ピュー・リサーチ・センター」が発表した調査（二〇二二年五月一六日〜二二日に一万人以上を対象に行った調査）によっても興味深いことがわかっています。誕生時に割り当てられた性別と自分のジェンダーが異なっていると答えた人の割合は、アメリカ人の成人全体の一・六％で、一八歳から二九歳では五・一％でした。これは二〇人に一人の割合です。またトランスジェンダーやノンバイナリーの人を個人的に知っていると答えた成人は四四％、三〇歳以下では五二％にも上ります。さらに、二七％の成人が自分にはトランスの友人がいると言い、一三％は職場に、一〇％は家族や親族にトランスの人がいると答えています。またアメリカ人の七九％が、ノンバイナリーやジェンダーフルイドという言葉を聞いたことがあると言っていますが、その概念についてよくわかっていると答えたのは二六％に留まっています。he や she の代わりに they を代名詞として使う人を個人的に知っていると答えた人は二〇一八年では一八％でしたが、二〇二二年では二六％でした。一〇代の人に限って言えば、三人に一人が、they を代名詞として使う人を個人的に知っていると言います。こうした割合は、年齢や、住んでいるところ（都会か郊外か）、教育レベルによっても違い、民主党を支持する人の方が共和党支持者より割合が高くなっています。日本にはあまりなじみのないノンバイナリーや they という代名詞が、アメリカでは浸透しつつあることがこうした数字からもわかります。

◆ ◆ ◆

本書の主人公ズーマーはジェネレーション・アルファ（二〇一二年以降に生まれた世代）です。これからのアメリカを担うジェネレーションZやジェネレーション・アルファが、より自由に性的指向やジェンダー自認を口にすることができるようになったのは、近年のＬＧＢＴＱへの理解と権利の向上が高まったことによるものですが、まだまだ逆風もあります。

共和党支持者の多いアメリカ南部フロリダ州のデサンティス知事は、二〇二二年三月に、小学校三年生までの授業で、ジェンダー自認や性的指向に関する話を取り上げることを規制する法律に署名しました。低学年の子どもには読み書きや算数を教えておけばいいのだ、というわけです。これに対して、フロリダ州にとって大きな財源であるウォルト・ディズニー・カンパニーをはじめとして、多くの企業、人権団体やＬＧＢＴＱ関連団体が反発する声明を出しています。バイデン大統領も、Twitterで「すべての生徒は教室で安心して受け入れられるべきだ。ＬＧＢＴＱＩの子どもたちは、ありのままの自分を肯定され、受け入れられるべきだ。私の政権は、すべての生徒と家族の尊厳が守られ、正しい機会が与えられるように、闘い続ける。フロリダだけでなくアメリカ中で！」とこの決定を強く批判しています。

私の住むカリフォルニア州は民主党支持者の多い、最も急進的な州の一つですが、最近、ある小さなコミュニティでのできごとが全米のニュースに上りました。スプレックルズという、古き良きアメリカ的な小さな町の、生徒数三六〇人の中学校でのできごとです。この中学の二人の女性教師が、ＵＢＵというクラブを作りました。ユー・ビー・ユー（You Be You あなたのままで）という意味です。自分のジェンダーに違和感を持ったり、性的指向で悩んだりしている生徒たちが安全に集えるクラブです。ある時、一人の女子生徒が代名詞と名前を変えたいと二人の教師に相談してきました。親にはまだ相談できていないと言います。後にそのことを知った生徒の母親が激怒し、親に知らせずに、教師たちが生徒を「リクルートし、コーチングして、ジェンダー自認を変えさせようとしている」と訴えました。多くの親も賛同し、学校区は第三者委員会を設置してこの問題に当たらせました。その間、UBUクラブは解散、二人の教師は休職させられました。第三者委員会の意見がまとまり今年二〇二二年七月八日に発表され、UBUクラブは九月の新学期から再開されることになりましたが、教師たちの休職はまだ解かれていないようです。

◆◆◆

こうした闘いはいつまでも続きそうですが、良いニュースもあります。二〇二二年四月一一日より、アメリカのパスポート申請書にXというジェンダーチョイスが記されるようになりました。医師の証明書は不要ですし、他の公的書類上で別のジェンダーとなっていても、パスポートでXを選ぶことができるようになったのです。この決定をブリンケン国務長官は、こう発表しています。「国務省は、ジェンダー自認にかかわらず、すべての米国市民により良いサービスを提供するための活動において、新たな節目を迎えました」また、ある裁判官が、X表記について「塩の容器に砂糖のラベルを貼っても塩が甘くなることはない」と述べていますが、名言だと思います。ニューヨーク州では州発行の運転免許証や身分証明書にもX表記が可能になっただけでなく、子どもの出生証明書にも、「父」「母」に加えて「親」という欄ができました。

theyという代名詞が浸透しつつありますが、最近ではジェンダー自認によって、they/them、she/her、he/him、she/they、he/theyなどいろいろな代名詞が書かれたネームタグやピンがイベントで使われるようになりました。she/theyとは、sheの気分の日もtheyの気分の日もあるということです。代名詞は自由自在なのです。

IBM、WALMART、VIRGINといった大企業でも、社員が日頃からジェンダーピンを胸につけたり、Eメールの署名欄に書き加えたりということが多く見られるようになりました。カマラ・ハリス副大統領は自身のTwitterのバイオ欄にshe/herと記載しています。また、ゲイであることを公表しているピート・ブティジェッジ運輸長官はhe/himと書き入れています。they/themは、主にノンバイナリーやトランスジェンダーの人が使っていますが、she/her、he/himなどをあえて表記するのは、自分がアライであることの表明でもあるのです。

◆◆◆

最近のアメリカのジェンダーをめぐる目まぐるしい動きをいくつかご紹介しましたが、UBU(ユー・ビー・ユー)を追求したのがこの本のジェンダー・クリエイティブな子育てです。カイルと夫のブレントは、ズーマーがジェンダーに制約されずに育つこと、そしていつの日か、自分自身でジェンダー自認をするための基盤を作ろうとしたのです。

その「いつの日か」は、二〇二〇年三月にやってきました。およそ一年後の二〇二一年五月二五日のブログでカイルは、ズーマーがhe/himの代名詞を選んだことを発表しました。カイルの家族は定期的にお互いの代名詞を尋ね合う習慣でした。ズーマーが代名詞を選んだ日のことをカイルはブログにこう書いています。

それはズーマー四歳の誕生日の月、二〇二〇年三月のある特別な日でした。ズーマーに「最近どんな代名詞が気に入ってるの?」と尋ねると、「he/him が大好き!」という答えが返ってきました。私は笑顔で「そう! いいね! 大好きな代名詞が見つかってよかったね!」と答えました。(中略)でも、みなさんに思い出してほしいのは、ズーマーの選んだ代名詞が生殖器の情報を伝えるものではないということです。いつかズーマーが自分にしっくりくる代名詞を見つけるだろうということはわかっていました。私はジェンダー・クリエイティブな子育てをする親として、ズーマーがすべての代名詞を耳にし、一つひとつ自分で試しながら、「これは違うな」「いいかも」「好きかも」「これが大好き!」と仕分けする機会が与えられることが重要だと思ってきました。

ブログの最後に、カイルはこう付け加えることも忘れませんでした。「ズーマーは、一生同じ代名詞を使い続けても、私のように代名詞を使い分けても、代名詞を放棄しても、新しい代名詞を作ってもいいのだということをちゃんと知っています。ジェンダー・クリエイティブな冒険はまだ続くのですから」と。

◆ ◆ ◆

二〇二二年七月一三日、世界経済フォーラム(WEF)が世界の男女格差についての「ジェンダーギャップ報告書」を発表しました。日本のジェンダーギャップ指数は一四六か国中、なんと一一六位。主要先進国で最下位です。この世界からジェンダーギャップという言葉がなくなるように、私たちは努力をしていきたいものです。新しい世代の子どもたちが、ジェンダー・バイナリーにとらわれず、一人ひとりが個性的な人間として自由に生きられる社会を私たちが作れるよう祈ってやみません。

さて、この本を読み終えた読者のみなさん、https://www.raisingzoomer.com/ をぜひご覧になってください。ズーマーのかわいらしい写真だけでなく、ジェンダー・クリエイティブなヘアスタイルの写真も満載です!

上田勢子

二〇二二年七月

カリフォルニアにて

Hachette, in press), www.lisaselindavis.com/tomboy. リサ・セリン・デイヴィス著、上京恵訳『男の子みたいな女の子じゃいけないの? —— トムボーイの過去、現在、未来』原書房、2021 年

*第4章

17 Shelley Correll, Stephan Benard, and In Paik, "Getting a Job: Is There a Motherhood Penalty?" *American Journal of Sociology* 112, no. 5 (March 2007): 1297–338, http://gap.hks.harvard.edu/getting-job-there-motherhood-penalty.

*第7章

18 Jana Studelskan, "The Last Days of Pregnancy: A Place of In-Between," *Mothering*, April 10, 2012, www.mothering.com/articles/the-last-days-of-pregnancy-a-place-of-in-between.

*第9章

19 "Breastfeeding Info: Transgender and Non-Binary Parents," La Leche League International, www.llli.org/breastfeeding-info/transgender-non-binary-parents.

*第13章

20 Lance Allred, "What Is Your Polygamy?" TEDxSaltLakeCity, TEDx Talks, posted October 7, 2016, www.youtube.com/watch?v=MbXzVrzTXHQ.

21 Piper Christian, "Tell a Story, Protect the Planet," TEDxSaltLakeCity, TEDx Talks, posted October 7, 2016, www.youtube.com/watch?v=wJq2lpeb3rQ.

22 Kyl Myers, "Want Gender Equality? Let's Get Creative," TEDxSaltLakeCity, TEDx Talks, posted October 7, 2016, www.youtube.com/watch?v=12t7PYilNQQ.

*第15章

23 Alex Morris, "It's a Theyby!" *New York*, April 2018, www.thecut.com/2018/04/theybies-gender-creative-parenting.html.

24 Amy Packham, "Gender Creative Parenting: A Mum Explains Why She's Not Disclosing Her Child's Sex," HuffPost UK, April 10, 2018, www.huffingtonpost.co.uk/entry/gender-creative-parents-what-to-know_uk_5acb5696e4b0337ad1e9f726.

25 "'Theybies': Letting Children Decide Their Gender," with Budd Rishkin, recorded July 24, 2018, www.wbur.org/onpoint/2018/07/24/theybies-children-gender-designation.

26 "Get Your Chin Hair Out," *MamaMia Out Loud*, April 10, 2018, www.mamamia.com.au/what-is-a-theybie.

27 "Kyl Myers Is Letting Her Child Decide Their Gender," No Filter with Mia Freeman, August 26, 2018, https://omny.fm/shows/no-filter/kyl-myers-is-letting-her-child-choose-their-gender.

*第16章

28 Kyl Myers, "Gender Creative Hair," www.raisingzoomer.com/article/gender-creative-hair.

*第17章

29 Emily R. Mondschein, Karen E. Adolph, and Catherine S. Tamis-LeMonda, "Gender Bias in Mothers' Expectations about Infant Crawling," *Journal of Experimental Child Psychology* 77, no. 4 (December 2000): 304–16, www.ncbi.nlm.nih.gov/pubmed/11063631.

*第20章

30 Oliver Jeffers, "Here We Are: Notes for Living on Planet Earth," Philomel Books: 2017. オリヴァー・ジェファーズ著、tupera tupera 訳『ほら、ここにいるよ　このちきゅうでくらすためのメモ』ほるぷ出版、2019 年

31 Nama Winston, "'You Got It Wrong': Sparrow and Hazel Are Being Raised by Multi-Adult Parents as 'Theybies,'" *MamaMia*, May 19, 2019, www.mamamia.com.au/what-is-a-theyby.

原　注

＊プロローグ

1 Kimberlé Crenshaw, "The Urgency of Intersectionality" (TED Talk, posted December 7, 2016), www.youtube.com/watch?v=akOe5-UsQ2o.

2 Nikki Graf, Anna Brown, and Patten Eileen, "The Narrowing, but Persistent, Gender Gap in Pay," Pew Research Center, Washington, DC, Fact Tank, March 22, 2019, www.pewresearch.org/fact-tank/2019/03/22/gender-pay-gap-facts.

3 "Gender Pay Gap Starts with Kids in America," BusyKid, June 29, 2018, https://busykid.com/2018/06/gender-pay-gap-starts-with-kids-in-america/.

4 Kim Parker, Nikki Graf, and Ruth Igielnik, "Generation Z Looks a Lot Like Millennials on Key Social and Political Issues," Pew Research Center, Washington, DC, Social Trends, January 17, 2019, www.pewsocialtrends.org/2019/01/17/generation-z-looks-a-lot-like-millennials-on-key-social-and-political-issues.

5 Margit Tavits and Efrén O. Pérez, "Language Influences Mass Opinion toward Gender and LGBT Equality," *Proceedings of the National Academy of Sciences* 116, no. 34 (August 2019): 16781–86, www.pnas.org/content/116/34/16781.

6 Elizabeth A. McConnell, Michelle A. Birkett, and Brian Mustanski, "Families Matter: Social Support and Mental Health Trajectories among Lesbian, Gay, Bisexual, and Transgender Youth," *Journal of Adolescent Health* 59, no. 6 (December 2016): 675–80, www.ncbi.nlm.nih.gov/pubmed/27707515.

＊第2章

7 H. Dean Garrett, "The Three Most Abominable Sins," in *The Book of Mormon: Alma, the Testimony of the Word*, ed. Monte S. Nyman and Charles D. Tate Jr. (Provo, UT: Religious Studies Center, Brigham Young University, 1992), https://rsc.byu.edu/archived/book-mormon-alma-testimony-word/10-three-most-abominable-sins-0.

8 German Lopez, "Utah Just Repealed a Law That Banned Teachers from Talking about Gay People in Classrooms," Vox, March 21, 2017, www.vox.com/identities/2017/3/8/14855342/utah-no-promo-homo-law.

＊第3章

9 Susan B. Sorenson, "Gender Disparities in Injury Mortality: Consistent, Persistent, and Larger Than You'd Think," *American Journal of Public Health* 101 (Suppl 1) (December 2011): S353–58, www.ncbi.nlm.nih.gov/pmc/articles/PMC3222499.

10 Holly Hedegaard, Sally C. Curtin, and Margaret Warner, "Suicide Rates in the United States Continue to Increase," US Department of Health and Human Services Centers for Disease Control and Prevention, National Center for Health Statistics, NCHS Data Brief no. 309 (June 2018), www.cdc.gov/nchs/data/databriefs/db309.pdf.

11 Helene Schumacher, "Why More Men Than Women Die by Suicide," BBC, March 18, 2019, www.bbc.com/future/story/20190313-why-more-men-kill-themselves-than-women.

12 Claude M. Steele, *Whistling Vivaldi: How Stereotypes Affect Us and What We Can Do* (New York: Norton, 2011). クロード・スティール著、藤原朝子訳『ステレオタイプの科学 ——「社会の刷り込み」は成果にどう影響し、わたしたちは何ができるのか』英治出版、2020 年

13 Lin Bian, Sarah-Jane Leslie, and Andrei Cimpian, "Gender Stereotypes about Intellectual Ability Emerge Early and Influence Children's Interests," *Science* 355, no. 6323 (January 27, 2017): 389–91, https://science.sciencemag.org/content/355/6323/389.

14 Deborah J. Vagins, "The Simple Truth about the Gender Pay Gap," *AAUW*, Fall 2018, www.aauw.org/resource/the-simple-truth-about-the-gender-pay-gap.

15 Carolyn de Lorenzo, "The Gender Pay Gap Might Start with Children's Allowances, a New Report Suggests," Bustle, July 10, 2018, www.bustle.com/p/the-gender-pay-gap-might-start-with-childrens-allowances-a-new-report-suggests-9715383.

16 Lisa Selin Davis, *Tomboy: The Surprising History and Future of Girls Who Dare to Be Different* (New York:

〈著者紹介〉

カイル・マイヤーズ Kyl Myers

社会学者、教育者であり、ジェンダー・クリエイティブな子育ての世界的な提唱者。「ジェンダー平等を求めるなら、クリエイティブになりましょう（Want Gender Equality? Let's Get Creative.)」と題したTEDxトークでは、子ども時代のジェンダー社会化について考え直し、バイナリーな考え方が始まる前に、それを打ち破ろうと提案している。www.raisingzoomer.comとインスタグラム・アカウント@raisingzoomerのクリエイターでもある。ユタ州ソルトレイクシティに家族と住んでいる。詳しくは、www.kylmyers.comを参照のこと。

〈訳者紹介〉

上田 勢子（うえだ・せいこ）

東京生まれ。慶應義塾大学文学部社会学科卒。1979年より米国カリフォルニア州在住。現在までに100冊以上の児童書と一般書の翻訳を手がける。主な訳書に『イラスト版　子どもの認知行動療法』シリーズ全10巻、『LGBTQってなに？』『見えない性的指向　アセクシュアルのすべて――誰にも性的魅力を感じない私たちについて』『第三の性「X」への道――男でも女でもない、ノンバイナリーとして生きる』『ノンバイナリーがわかる本――heでもsheでもない、theyたちのこと』（以上、明石書店）、『わたしらしく、LGBTQ』全4巻、『教えて！哲学者たち――子どもとつくる哲学の教室』（以上、大月書店）、『レッド――あかくてあおいクレヨンのはなし』『4歳からの性教育の絵本　コウノトリがはこんだんじゃないよ！』『8歳からの性教育の絵本　とってもわくわく！するはなし』（以上、子どもの未来社）などがある。二人の息子が巣立った家に、現在は夫と一匹のネコと暮らしている。

ピンクとブルーに分けない育児
ジェンダー・クリエイティブな子育ての記録

2022年10月 4日　初版第1刷発行

著　者　カイル・マイヤーズ
訳　者　上田 勢子
発行者　大江 道雅
発行所　株式会社 明石書店
〒101-0021
東京都千代田区外神田6-9-5
TEL　03-5818-1171
FAX　03-5818-1174
https://www.akashi.co.jp/
振替 00100-7-24505

装丁　谷川 のりこ
組版　明石書店デザイン室
印刷　株式会社文化カラー印刷
製本　協栄製本株式会社

（定価はカバーに表示してあります）　ISBN 978-4-7503-5457-6